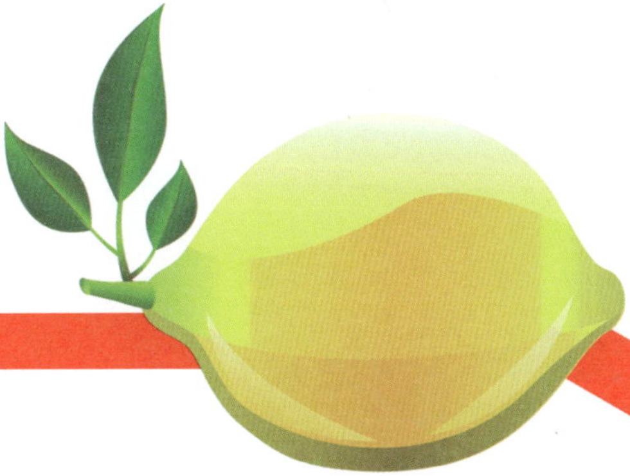

汽车维修与美容彩图解答丛书

彩图解答

汽车发动机维修必知365问

CAITU JIEDA QICHE FADONGJI WEIXIU BIZHI 365WEN

李昌凤 /主编

本书针对初学入门者的特点，以汽车发动机的系统结构为基础，按照“一问一答”的形式，讲述了汽车发动机维修过程中必须掌握的维修技能、故障检测和诊断方法。全书分为11章，共365问，每个问题都是初学者必知必会的，同时提供的解答具有可操作性和实用性。

本书理论与实践相结合，侧重实际操作的指导，易学易懂、形象直观、图文并茂，可作为广大汽车维修人员入门和自学用书。

图书在版编目（CIP）数据

彩图解答：汽车发动机维修必知365问 / 李昌凤主编 . —北京：机械工业出版社，2017.4

（汽车维修与美容彩图解答丛书）

ISBN 978-7-111-56187-3

Ⅰ . ①彩…　Ⅱ . ①李…　Ⅲ . ①汽车 – 发动机 – 车辆修理 – 问题解答 Ⅳ . ① U472.43-44

中国版本图书馆 CIP 数据核字（2017）第 039353 号

机械工业出版社（北京市百万庄大街 22 号　邮政编码 100037）

策划编辑：杜凡如　连景岩　责任编辑：张丹丹　杜凡如

责任校对：王　欣　　　　　责任印制：李　飞

北京铭成印刷有限公司印刷

2017 年 4 月第 1 版第 1 次印刷

145mm × 210mm · 8.25 印张 · 240 千字

0 001—3 500 册

标准书号：ISBN 978-7-111-56187-3

定价：49.00元

前言

随着汽车保有量的持续增长，汽车诊断与检修成为汽车服务的主要内容之一。为了让从事汽车维修的人员在岗前快速掌握维修技能和解答维修过程中的实际操作问题，我们以问答形式编写了本书。

本书注重“实际应用知识”的培养，重点讲述了汽车发动机各项操作技能、故障检测和诊断方法。全书分为 11 章，即发动机维修与故障诊断基础、发动机机械故障诊断与检修、润滑系统故障诊断与检修、冷却系统故障诊断与检修、燃油系统故障诊断与检修、点火系统故障诊断与检修、传感器及发动机控制单元的故障诊断与检修、怠速控制系统的故障诊断与检修、进排气控制系统的故障诊断与检修、充电系统的故障诊断与检修、起动系统的故障诊断与检修。

全书共 365 问，按照“一问一答”的思路来“教会你干活”，让你轻松地全面掌握汽车发动机维修知识。全书理论与实践相结合，图文并茂、通俗易懂，力争让读者一看就会、一学就懂，从而达到即学即用的目的，它可作为广大汽车维修人员入门和自学用书。

本书由李昌凤主编，参加编写的人员还有李富强、李素红、朱其福、陈春燕。在本书编写过程中，得到了许多汽车维修企业以及广大技师朋友的大力支持和协助，并参阅了大量的相关资料，在此表示诚挚的感谢！

由于编者水平有限，书中难免有不足之处，恳请广大读者批评指正，以便补充完善。

编　者

目　录

三、配气机构故障诊断与检修 /47

四、发动机机械常见异响故障的诊断 /64

第三章

润滑系统故障诊断与检修 /74

一、润滑系统基础知识 /74

第一章
发动机维修与故障诊断基础

一、发动机维修基础

1. 发动机类型有哪些

发动机是将化学能转化为机械能的机器，它的种类繁多，根据不同的特点有不同的分类，见表 1-1。

表1-1　各类型发动机介绍

分类标准	类型及特点	图　示
（1）按照所用燃料分类	汽油发动机 汽油发动机以汽油为燃料，转速高、质量轻、噪声小、起动容易、制造成本低	
	柴油发动机 柴油发动机以柴油为燃料，柴油机压缩比大，热效率高，经济性能优于汽油机	
	LPG 发动机 以 LPG（液化石油气）为燃料的发动机称为 LPG 发动机。LPG 热值高，气体与空气混合好，燃烧完全，气缸与燃烧室积炭也少，发动机运转平稳	

（续）

分类标准	类型及特点	图　示
（1）按照所用燃料分类	CNG发动机 以CNG（天然气）为燃料的发动机称为CNG发动机。CNG的辛烷值高，抗爆性好，且燃烧完全，热值高，运行成本低，尾气排放对大气的污染少	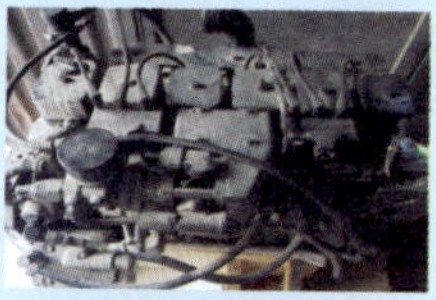
（2）按照进气状态分类	自然吸气式发动机 进入发动机前的空气或可燃气体未经压缩称为自然吸气式发动机，它的功率相对增压式发动机要低	
	增压式发动机 进入发动机前的空气或可燃气体经增压器压缩称为增压式发动机，它的功率相对较大，主要应用在柴油发动机上。但随着发动机技术的发展，高级品牌轿车的汽油发动机也采用了增压式发动机	
（3）按气缸数目分类	单缸发动机 仅有一个气缸的发动机称为单缸发动机	
	多缸发动机 有两个或两个以上气缸的发动机称为多缸发动机。现代汽车发动机多采用四缸、六缸、八缸等形式	
（4）按气缸排列方式分类	直列发动机 发动机的各个气缸排成一列，称为单列式或直列式发动机	

（续）

分类标准	类型及特点	图　示
（4）按气缸排列方式分类	双列式发动机 发动机的气缸排成两列，称为双列式发动机。当两列之间的夹角 <180°（一般为90°）称为V形发动机；当两列之间的夹角为180° 则称为对置式发动机。一般V形发动机较常见	

2. 发动机主要参数是什么

发动机参数是指发动机基本构造和性能的参数，如气缸数目、气缸排列方式、气缸直径、活塞行程、压缩比、发动机排量、额定功率、最大转矩等。这些参数决定了发动机的基本尺寸，而且和发动机的基本性能有着直接的关系。

评价一台发动机性能最直接的参数是额定功率和最大转矩。额定功率表明该发动机能产生多大的功率，即有多大的动力；最大转矩常出现在某一转速范围内，用来表征发动机的加速性能。广州本田雅阁 2.4L 轿车的发动机主要参数，见表 1-2。

表1-2　广州本田雅阁2.4L轿车的发动机主要参数

项　目	参　数
发动机型号	K24Z2
发动机布置形式	前置、横向布置
气缸数	直列 4 缸
（缸径 /mm）×（行程 /mm）	ϕ 87×99
发动机排量 /cm³	2354
压缩比	10.5∶1
排放标准	欧Ⅳ
额定功率 /kW，转速 /（r/min）	132，6500
最大转矩 /N · m，转速 /（r/min）	225，4500
电喷系统	多点喷射

3. 发动机总体构造如何

现代发动机总体构造基本相同，如图 1-1 所示。它通常由两大机构和五大系统组成，见表 1-3。

图1-1 发动机总体构造

表1-3 发动机的基本结构

名 称	主要部件	功 用
曲柄连杆机构	主要由机体组、活塞连杆组和曲轴飞轮组等组成	曲柄连杆机构是产生和输出动力的机构，是发动机实现热功能转换的主要运动部件。机体是发动机的基本骨架，提供活塞运动的空间。活塞与连杆用来承受气体压力，推动曲轴旋转做功，对外输出动力。曲轴与飞轮将连杆传来的力变成旋转转矩，经飞轮传给传动系统，同时驱动冷却液泵、发电机等附件工作
配气机构	大多采用单顶置 / 双顶置气门配气机构，主要由气门组（包括气门、气门弹簧、气门导管）和气门传动组（正时齿轮、正时链条或正时带、凸轮轴、液压挺柱、摇臂、摇臂轴）组成	配气机构的功用是根据发动机的工作顺序和工作过程，定时开启和关闭进气门和排气门，使可燃混合气或空气进入气缸，并使废气从气缸内排出，实现换气过程。进、排气门的开闭由凸轮轴控制。凸轮轴由曲轴通过正时链条或正时带驱动
燃料供给系统	主要由燃油箱、燃油泵、燃油滤清器、空气滤清器、进气歧管、排气歧管、传感器、喷油器和发动机控制单元等组成	燃料供给系统的功用是根据发动机的要求，配制出一定数量和含量的混合气，供入气缸，并将燃烧后的废气从气缸内排出到大气中

（续）

名　称	主要部件	功　　用
润滑系统	一般由润滑油道、机油泵、机油滤清器和一些阀门等组成	润滑系统的功用是向做相对运动的零件表面输送定量的清洁机油，以实现液体摩擦，减小摩擦阻力，减轻机件的磨损，并对零件表面进行清洗和冷却
冷却系统	通常由冷却水套、冷却液泵、电子风扇、散热器、节温器等组成	冷却系统的功用是将受热零件吸收的部分热量及时散发出去，保证发动机在最适宜的温度状态下工作
点火系统	通常由蓄电池、发电机、点火线圈和火花塞等组成	将蓄电池或发动机的低压电变成高压电，并按发动机的工作顺序，依次击穿缸内火花塞间隙，产生电火花，点燃可燃混合气
起动系统	由蓄电池、起动机和点火开关等组成	发动机的起动系统使发动机由静止状态过渡到工作状态的过程。起动系统依靠起动机带动发动机的曲轴转动，使活塞做往复运动，气缸内的可燃混合气燃烧膨胀做功，推动活塞向下运动使曲轴旋转自行运转

4. 发动机工作原理如何

发动机通过循环燃烧汽油和空气的可燃混合气产生热能，热能在燃烧室内产生高压，从而迫使活塞运动产生动力，如图 1-2 所示。以四冲程发动机为例，发动机工作过程主要反复经历进气→压缩→做功→排气四个行程，如图 1-3 所示。

图1-2　活塞运动示意图

（1）进气行程

活塞在曲轴的带动下由上止点移至下止点。在此过程中排气门关闭，进气门打开。在活塞向下移动的过程中气缸容积逐渐增大，气缸内形成一定的真空度使可燃混合气从打开的进气门吸入到气缸中。

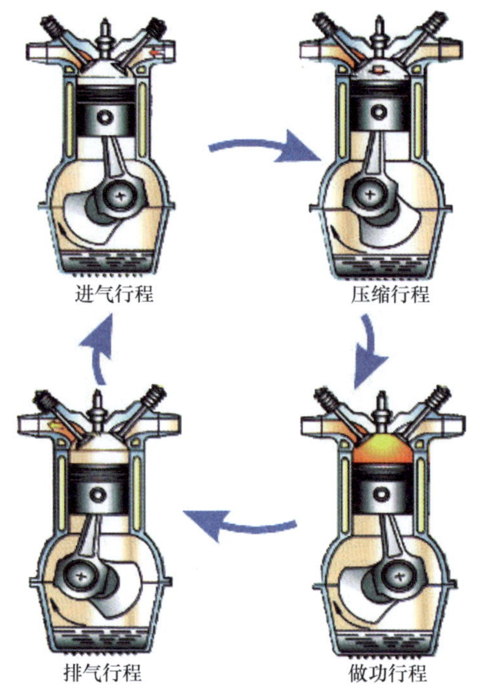

图1-3 发动机工作过程

（2）压缩行程

活塞完成其向下行程后进气门关闭，活塞由下止点向上运行，吸入气缸内的可燃混合气被压缩。快要到达上止点时，火花塞产生火花点燃气缸内的可燃混合气。

（3）做功行程

当活塞完成其压缩行程后，迅速燃烧的混合气的温度、压力快速升高，体积迅速膨胀，推动活塞向下运动，带动曲轴旋转做功。

（4）排气行程

在活塞即将完成向下行程时，排气门打开，将废气排到气缸外。

5. 发动机支座控制系统如何构成

发动机支座控制系统由前、后主动控制支座和ACM控制单元组成，如图1-4所示。它通过上推和下拉发动机来消除发动机振动。

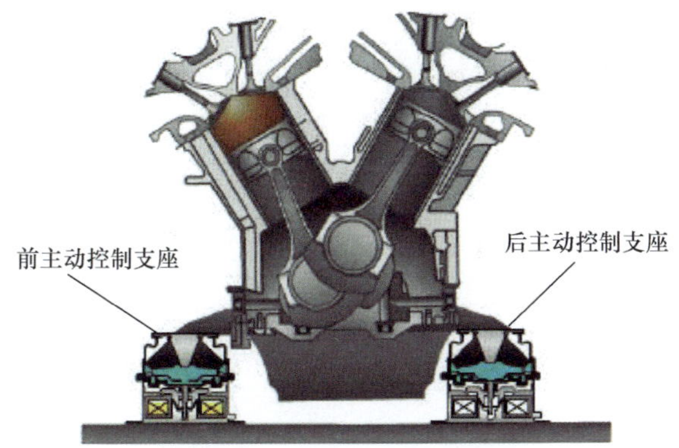

图1-4 发动机支座控制系统

主动控制支座是一个充液式发动机支座，由一个上密封液体室和一个下线性电磁阀驱动室组成，如图 1-5 所示。主动控制支座由 ACM 控制单元控制其内部的电磁阀工作来实现支座内液体的流向，从而使柱塞上升或下降达到减振的目的。

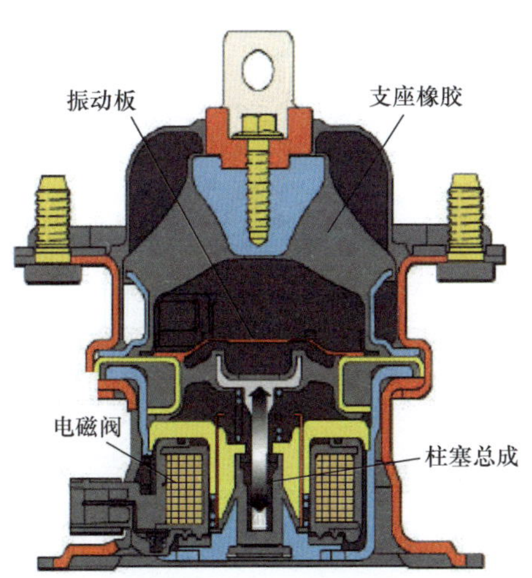

图1-5 主动控制支座结构

6. 发动机支座如何更换

以雅阁发动机前支座为例，它的更换方法见表 1-4。

表1-4　以雅阁发动机前支座为例的更换方法

步　　骤	技术规范	图　　示
（1）拆卸发动机前支座	要求： 拆下真空软管、真空管线装配螺栓和前发动机座锁止件，然后拆卸发动机前支座装配螺栓 提示： 拆卸时最好使用千斤顶或等同的工具支撑住发动机，避免发动机侧偏	
（2）取出发动机前支座	要求： 从发动机上取出损坏的发动机前支座 提示： 操作时小心发动机烫手	
（3）安装发动机前支座	要求： 拧紧发动机前支座螺栓，然后安装发动机前支座锁止件、真空管线装配螺栓与真空软管 提示： 按照与拆卸相反的顺序安装发动机前支座	

7. 发动机如何吊装

发动机吊装方法主要有两种，一种是直接将发动机从发动机舱内吊出，此方法操作相对比较困难，因为操作空间比较狭小；另一种是直接将发动机和变速器一起从前桥上拆下，然后分离出发动机。该方法操作空间比较大，相对比较容易。下面以后面一种吊装方法为例，它基本的操作步骤见表1-5。

表1-5　发动机吊装方法基本的操作步骤

步　　骤	操作内容	图　　示
（1）拆卸发动机舱相关的附件	①将发动机舱盖打开并固定 ②释放燃油压力，并断开供油软管 ③拆卸空气滤清器壳体总成及其他相关的附件 ④断开发动机线束与发动机控制单元的插接器 ⑤断开空调连接管路及其相关的附件 ⑥拆下变速器的相关线束及其附件	

（续）

步　骤	操作内容	图　示
（2）排出发动机油液及拆卸底盘相关部件	① 升起车辆，排放机油，然后拆开与发动机连接的油管 ② 拧松散热器排放塞，然后排出发动机冷却液，最后拆下与发动机连接的冷却液管路 ③ 拆下前部轮胎及排气管等底盘相关部件	
（3）拆下发动机前部悬架紧固螺栓	将汽车降到一定的位置，然后在发动机底部放置一个发动机支撑平台，然后小心地拆下前部悬架紧固螺栓	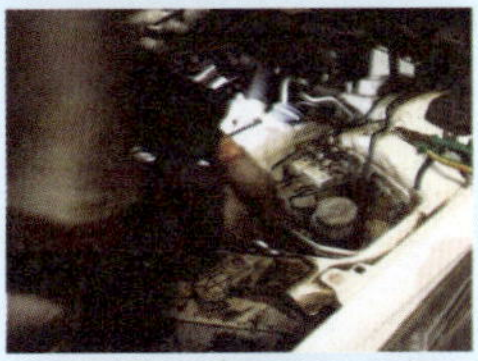
（4）拆下发动机和变速器	① 拆下前桥上的八颗固定螺栓 ② 检查发动机和变速器上的真空软管、燃油／冷却液软管及导线是否完全断开 ③ 缓慢地将汽车升起即可将发动机和变速器拆下，但是在升起汽车的过程中要重新检查所有软管及电线是否与发动机和变速器断开	
（5）分离出发动机	用发动机吊装工具将发动机吊起，然后从发动机和变速器上分离出发动机	
（6）放置好发动机	将发动机移到规定位置放置。操作发动机吊装工具时一定要注意安全，避免发动机直接掉落	
（7）重新安装发动机	安装时按照与拆卸相反的顺序将发动机吊装到前桥支架上	

（续）

步　　骤	操作内容	图　　示
（8）安装发动机与变速器的固定螺栓	按照规定力矩拧紧发动机与变速器的固定螺栓	
（9）安装发动机和变速器	将发动机和变速器放置到发动机舱下部，然后调整好前桥螺栓孔的安装位置，缓慢地放下汽车，然后安装好前桥紧固螺栓	
（10）安装前悬架	使用支撑工具将前悬架顶起，然后安装前悬架紧固螺栓	
（11）装复发动机其他附件	按照相反的顺序恢复安装发动机相关的线束以及其他部件，然后重新加注空调制冷剂及发动机冷却液，当发动机工作正常即可完成发动机的吊装工作	

二、发动机故障诊断基础

8. 什么是直观诊断

直观诊断（图 1-6）就是通过人的感觉器官对汽车故障现象进行看、摸、听、问、试、嗅等，了解和掌握故障现象的特点，进行分析、判断，初步确定出故障范围及部位的诊断方法。

1）看。用眼睛观察线路是否有松脱、断裂，油路是否漏油，进气管路有无破损漏气等。

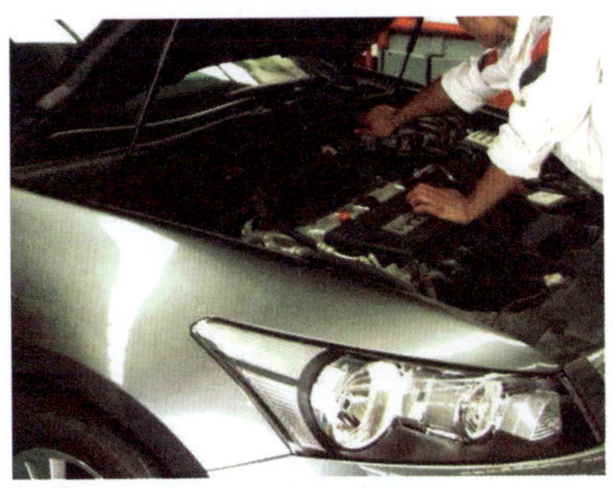

图1-6　直观诊断

2）摸。用手摸一摸可疑线路连接处有无不正常的高温以判断该处是否接触不良等。

3）听。用耳朵或借助于螺钉旋具、听诊器等听一听有无漏气声、发动机有无异响、喷油器有无规律的“咔嗒”声等。

9. 如何利用自诊断系统诊断

利用自诊断系统诊断就是使用特殊的操作方法激活故障自诊断系统，然后根据指示灯的闪烁读取故障码（图 1-7），并根据故障码的提示，

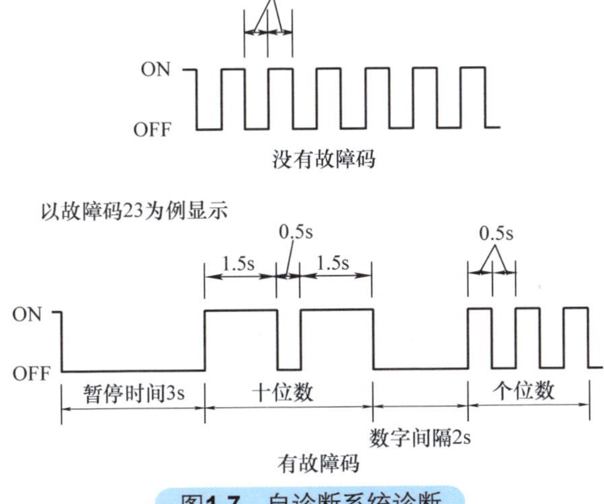

图1-7　自诊断系统诊断

找出故障所在的方法。

10. 如何利用简单仪表诊断

简单仪表诊断（图 1-8）就是利用以万用表、燃油压力表、气缸压力表等简单仪表对汽车参数进行检查，从而确定故障的一种方法。

图1-8 利用简单仪表诊断

11. 什么是故障征兆模拟试验方法

故障征兆模拟试验方法就是模拟该车发生故障时相同或相似的情况和环境，主要包括振动法、加热法、水淋法和电器全接通法。

（1）振动法（图 1-9）

当认为振动是造成故障的主要原因时，可按以下方法模拟故障：

1）插接器。沿垂直和水平方向轻轻摇晃插接器，检查插接器与相应部件相连的电线线束是否松脱；端子是否肮脏；是否由于端子拉长而导致接触松动。

2）配线。在垂直和水平方向轻轻摇晃电线线束，彻底检查插接器的连接振动区域及发动机 / 驾驶室仪表中的线束断开情况。

3）零件和传感器。用手轻轻拍打被认为是故障原因的传感器或零件，检查是否失灵，但不可用力拍打继电器，否则可能会使继电器断路。

（2）加热法（图 1-10）

当认为某可疑区域导致故障产生时，用电吹风或类似装置加热最有

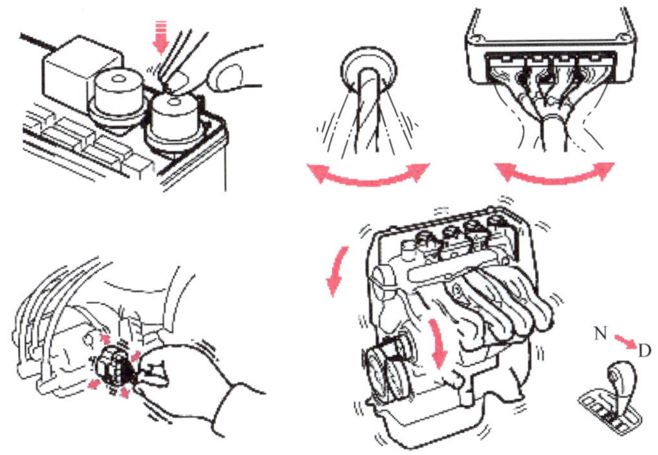

图1-9　振动法

可能导致故障发生的组件，以检查故障是否出现。

注　意

加热不要超过60℃（加热温度应以用手触摸元件不烫为限），不要对电子控制元件加热。

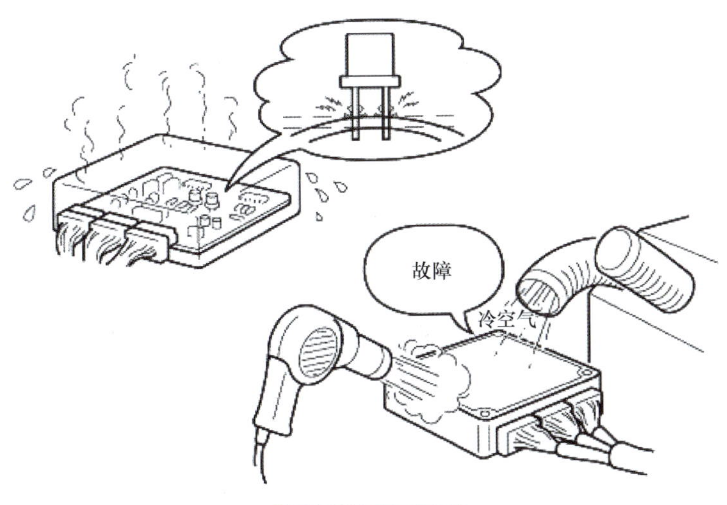

图1-10　加热法

（3）水淋法（图 1-11）

当认为故障发生在雨天或天气潮湿时，可对车辆淋水，以检查故障是否出现。

注　意

1）不要向发动机直接淋水，而应将水洒在散热器的正面，间接改变温度和湿度。

2）不要将水直接淋在电子元件上。

3）对漏水的车辆淋水时，必须特别小心，因为漏入的水有可能损坏发动机 ECU。

图1-11　水淋法

（4）电器全接通法（图 1-12）

当故障可能是用电负荷过大而引起时，接通所有电器负载，包括暖气鼓风机、前照灯和后窗除霜器，以检查故障是否发生。

在故障症状模拟试验中，在确认症状的同时，必须找出故障部位或故障零件。为了做到这一点，就要在开始试验及预先连接测试器之前，根据故障症状缩小可能发生故障的电路范围，然后进行症状模拟试验，判断所测电路是否正常。

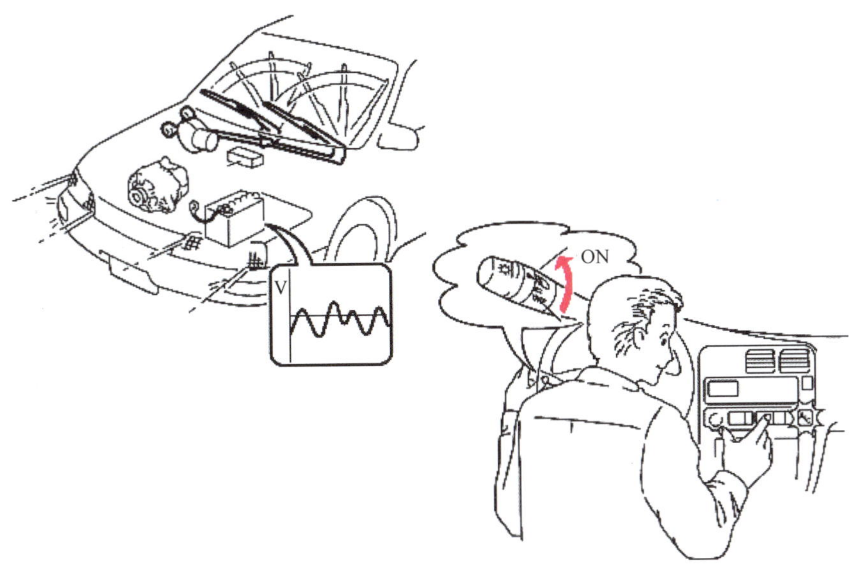

图1-12　电器全接通法

12. 如何运用部件互换法诊断

部件互换法是将怀疑有故障的汽车部件用正常的部件替代，然后对汽车进行试验以判断故障原因的一种方法，如图 1-13 所示。

图1-13　部件互换法诊断

13. 如何使用便携式计算机诊断仪进行诊断

使用便携式计算机诊断仪（也称故障诊断仪，如图 1-14 所示）进行诊断即将其连接到车载诊断系统，通过读取发动机故障码、数据流等信息，找出故障原因的一种方法。

图1-14 便携式计算机诊断仪诊断

14. 发动机综合故障诊断与排除步骤是什么

发动机综合故障诊断与排除步骤见表 1-6。

表1-6 发动机综合故障诊断与排除步骤

步骤	技术规范	图示
（1）询问用户	要求： 询问用户故障产生的时间、现象、当时的情况，以及是否经过检修、拆卸等 提示： 初步确定出故障范围及部位	
（2）检查并分析故障部位	要求： ① 查出发动机故障信息，然后进行测试确定故障范围 ② 如发动机没有故障信息显示，则根据故障现象，大致判断出故障范围 提示： 利用无故障车辆对其系统的有关参数进行测量，作为检查同类车辆的检测比较参数	
（3）排除故障	要求： 若所怀疑的故障点经过维修未消除，则应检查可能存在其他故障的部位 提示： 先对常见故障部位进行检查，若未找出故障原因，再采用逐一检查其他元件工作性能加以排除	

第二章 发动机机械故障诊断与检修

一、气缸体及气缸盖故障诊断与检修

15. 测量气缸压力应注意什么

1）首先确保发动机处在正常工作状态，冷却液温度在 80~90℃范围内，然后熄火即可测量发动机气缸的气缸压力。

2）拆卸火花塞之前应用压缩风枪吹干净火花塞孔附近的脏物（图 2-1），以防脏物掉进气缸内。

3）测量气缸压力时起动机不能连续工作,需要间隔 2~3min 后进行，同时还要注意蓄电池的电量是否足够，否则将会导致车辆电量不足无法起动发动机。

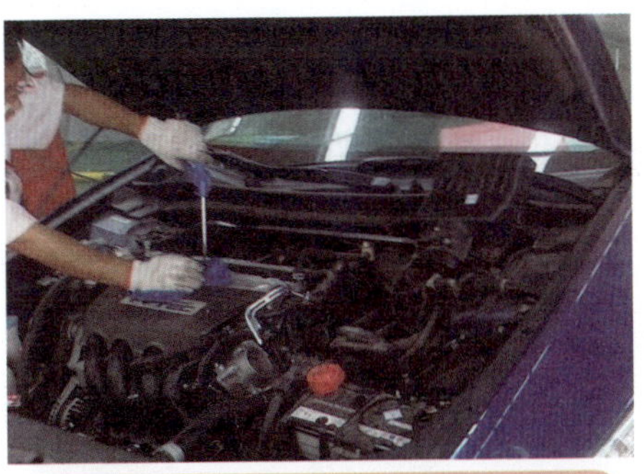

图2-1 吹干净火花塞孔附近的脏物

16. 怎样测量气缸压力

测量气缸压力见表 2-1。

表2-1 测量气缸压力

步 骤	技术规范	图 示
（1）拆下发动机点火线圈	要求： 将发动机升温至正常工作温度（电子风扇开启工作） 提示： 将点火开关旋至LOCK（0），方可拆卸发动机点火线圈	
（2）拆下发动机火花塞	要求： 将火花塞依次拆下，并在原始位置做上标记，以免安装错位 提示： 在拆卸中要防止杂物落入气缸，拆卸时用火花塞套筒套牢火花塞，转动套筒将其卸下	
（3）测量气缸压力	要求： 将气缸压力表的锥形橡胶头压紧在火花塞孔上，由一人起动起动机使其转动2~3s，另一个人将压力表塞头严密堵塞在要检查的气缸火花塞孔内 提示： 连续测量两次，以最大读数的一次为准，然后与原厂规定的气缸压力数据进行比较判断气缸的密封性	

17. 怎样判断气缸垫密封是否良好

（1）就车判断

1）首先打开散热器盖子，在散热器中加满发动机冷却液。

2）起动发动机使其保持中速运转，此时观察散热器内的情况，如有气泡不断涌上，说明气缸密封不良。气泡越多，漏气就越严重。当气缸垫损坏严重时，可在气缸盖与气缸体接合处的周围抹上机油，如观察接合处也有气泡冒出，说明气缸垫失效，应更换气缸垫；当气缸盖与气缸体接合处渗油严重时（图2-2），也应及时更换气缸垫。

（2）车下检查（图2-3）

拆出气缸垫进行检查，如果发现有破损的情况必须更换新的气缸垫。

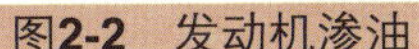

图2-2 发动机渗油

图2-3 车下检查

18. 怎样更换气缸垫

更换气缸垫的操作见表 2-2。

表2-2 更换气缸垫

步 骤	操作内容	图 示
（1）拆下气缸盖附件	① 排放发动机冷却液 ② 拆下传动带 ③ 拆下气门室盖及其他附件等	
（2）拆下气缸盖总成	① 拆下三元催化转化器 ② 拆下气缸盖螺栓，然后将进气门歧管及气缸盖总成取下 ③ 取出旧气缸垫	
（3）清洁干净气缸盖与气缸体	使用刮刀及清洗剂将气缸盖与气缸体接触面清洁干净	

（续）

步　　骤	操作内容	图　　示
（4）安装气缸垫	安装气缸垫时光滑面应朝向气缸体，气缸垫有两个定位销孔，销孔对准气缸体上表面的定位销，并且使缸盖螺栓孔完全吻合后按照与拆卸相反的顺序安装	
（5）安装气缸盖总成	① 将所有气缸盖螺栓的螺纹部位涂抹新的发动机机油 ② 按顺序紧固气缸盖螺栓 ③ 安装好其他附件即可	

19. 气缸盖损坏的原因有哪些

1）发动机长期处于高温状态，气缸盖发生热变形。

2）气缸盖发生锈蚀，如图 2-4 所示。

3）气缸盖磨损严重。

4）气缸盖扭力过大造成损坏等。

图2-4　气缸盖锈蚀

20. 如何检查气缸盖

1）使用精密直尺和塞尺，检测气缸盖平面情况，如图 2-5 所示。

一般气缸盖平面度最大值为 0.05 mm（具体数据应以维修车型的参数为主）。当平面度大于最大值时，则更换气缸盖。

2）同理，使用精密直尺和塞尺，检测气缸盖侧面的平面情况。一般平面度最大值为 0.08mm，当平面度大于最大值时，则更换气缸盖。

3）检查气门座之间、气门座和火花塞螺纹孔之间是否存在裂纹，若存在裂纹必须进行修复或更换。

图2-5 检查气缸盖平面度

21. 气缸盖损坏怎样检修

（1）气缸盖裂纹的检修

若裂纹未触及气缸盖上的机械加工平面、润滑油道和加强肋等部位，可以焊补裂纹或用其他方法补堵。当焊补裂纹时，对受力不大的部位既可熔焊，也可钎焊。

（2）气缸盖变形的检修

对于气缸盖接合面变形量不大的情况，可以用铲刀修刮突出的部分，对于凹坑或麻点可先补焊再修刮，最后用较细的砂轮片将其磨平。

对于气缸盖接合面变形量大的情况，可以铣削或磨削平面，但是易使各燃烧室容积改变，其容积变化差值，一般不应大于同一发动机各燃烧室平均值的 4%。对于汽油发动机，燃烧室容积还不应小于原设计容积的 95%，否则，会出现怠速不稳。

22. 气缸盖螺栓孔损坏的原因有哪些

1）使用不合规格的气缸盖螺栓。因为不合规格的气缸盖螺栓的加工精度往往达不到规定要求，主要特点是直径较小、螺纹尖锐。这样，当拧入螺孔后，紧度小，为了牢靠往往拼命往下拧，由于螺栓拧到螺孔底部，而无螺纹的一段胀紧，以致螺孔出现胀裂现象。因此，使用的气缸盖螺栓（图 2-6）必须要符合原厂要求。

2）拧紧螺栓的力量过大或不均匀，使气缸体上的螺栓周围的金属被拉得凸起来。有的发动机上气缸盖螺栓的螺母下没有垫圈，使用时间长久后螺母下的接触表面就会磨损。再次拆装气缸盖螺栓后螺母再也不能以整个端面同气缸盖贴合。当发动机运转时间长后，螺栓就会产生松动，而使其他螺栓受过大的应力，造成螺栓孔的损坏。

图2-6　气缸盖螺栓

对上述螺栓孔的修理办法是将螺栓孔扩大，较原直径大1~2mm，然后按加大尺寸攻螺纹，再选用相应的螺栓。但一般只允许加大一次。

3）气缸盖螺栓都应该可以用手指的力旋到与气缸盖平面相碰，在旋入过程中，如发现过紧时，应注意螺纹孔内是否有污渣，切勿误认为是螺纹过紧所致，而盲目用力往下旋紧，严重时会使气缸体上螺纹孔挤裂。

23. 怎样拧紧气缸盖螺栓

1）所有气缸盖螺栓应分两步拧紧，而且按对角拧紧气缸盖螺栓。

2）拧紧时应使用力矩扳手缓慢拧紧，切勿过度拧紧，如图2-7所示。当旋紧螺栓时，如果螺栓发出任何异常响声，则旋松螺栓，并确保无异常后再重新拧紧。

图2-7　拧紧气缸盖螺栓

3）气缸盖螺栓的拧紧力矩会根据车型不同而有所差异，常见的力矩如下：

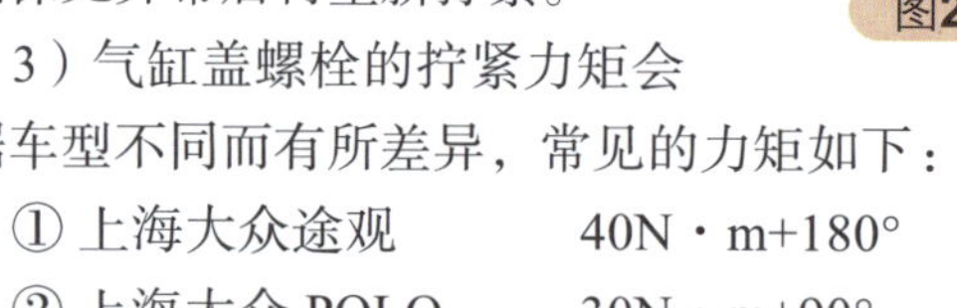

① 上海大众途观　40N · m+180°

② 上海大众 POLO　30N · m+90°

③ 东风本田思铂睿　39N · m

④ 东风本田思域　29N · m+180°

⑤ 丰田凯美瑞　70N · m+90°

⑥ 北京现代悦动　27N · m+60°

24. 气缸损坏的原因有哪些

气缸损坏的原因主要有水腐蚀损耗、季节性温差冻裂、人为的气缸损坏、机体上下温差崩裂、故障性破裂等，但最主要是水腐蚀损耗。

由于车辆久停或在潮湿地区时用时停，发动机注入冷却液后气缸体水套内不可避免地会产生一些水垢（水锈）或铁锈（图 2-8），天长日久金属壁将逐渐变薄。由于铸造时水套壁的厚薄不可能均匀一致，较薄部分的强度逐渐降低以至穿通。如气缸筒水道壁，在保修换气缸套时，就可以从缸筒看到水套（干式气缸套）。总之，水腐蚀对气缸体威胁很大，轻者还可修补，重者则使气缸报废。

图2-8　水锈

25. 怎样测量气缸内径

1）按照使用说明书组装好量缸表，如图 2-9 所示。

2）按照规定慢慢地将量缸表的测杆倾斜，使其先进入气缸内。用量缸表在止推方向和轴向的位置测量缸径直径，如图 2-10 所示。如果四个位置平均直径大于最大值，则更换气缸体；如果在维修范围内则更换气缸套即可。

图2-9　组装量缸表

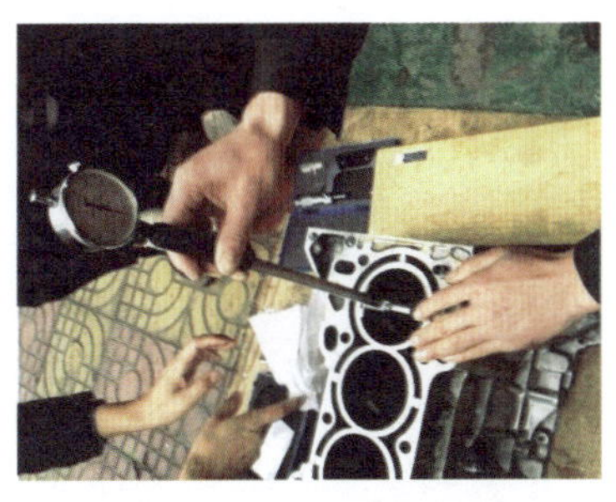

图2-10　测量气缸内径

26. 怎样检查气缸的磨损状况

1）选用适当量程的内径百分表分别在气缸体上部距气缸上平面10mm 处、气缸中部和气缸下部距缸套下部 10mm 处三点，按①、②两个方向分别测量气缸的直径，如图 2-11 所示。

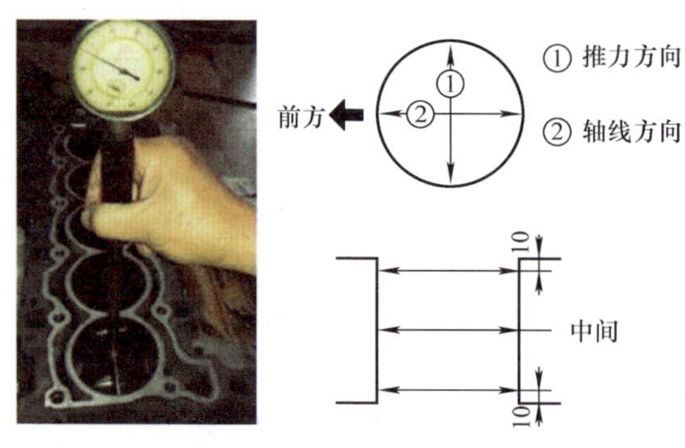

图2-11　测量气缸磨损量

2）选择合适的测杆，并使其压缩 1~2mm 以留出测量余量。将测杆伸入气缸中，微微摆动表杆，使测杆与气缸中心线垂直，量缸表指示最小读数，即为正确的气缸直径。用量缸表按方向①（垂直于曲轴方向）测量，旋转表盘，使“0”刻度对准大表针，然后，将测杆在此横截面上旋转 90°，此时表针所指刻度与“0”刻度之差的 1 / 2 即为该缸的圆度误差。

3）用量缸表在方向①处的上部测量并找出正确直径位置。旋转表盘，使“0”刻度对准大指针。然后在方向①的中部、上部以及方向②的上部、中部、下部，依次测出其他五个数值，取六个数值中最大差值之半作为该气缸的圆柱度误差。

4）一般发动机最大磨损位置在前后两缸的上部，应重点测量这两缸。测量时，用量缸表在方向①的上部向测量并找出正确气缸直径的位置。旋转表盘，使“0”刻度对准大指针，并注意观察小指针所处位置。取出量缸表，将测杆放置于外径千分尺的两测头之间，旋转外径千分尺的活动测头，使量缸表的大指针指向“0”，且小指针处于原来的位置（在气缸中所指示的位置）。此时，外径千分尺的尺寸即为气缸的磨损尺寸，按此找出该发动机气缸的最大磨损尺寸。

27. 怎样更换气缸套

更换气缸套的方法见表 2-3。

表2-3 更换气缸套

步 骤	技术规范	图 示
（1）选择缸套	要求： 第一次更换气缸套应选用标准尺寸的气缸套，其外径表面粗糙度不高于 $Ra3.2\mu m$，圆柱度不超过 0.02mm；如有倒锥形时，其圆柱度不超过 0.005mm，圆度不超过 0.05mm 提示： 镗削量需要根据新缸套外径来计算	
（2）镗削旧缸套	要求： 定准中心后调整镗刀，即可进行开镗 提示： 将气缸体平放到镗缸机平台上，用夹具固定，然后确定气缸镗削中心	
（3）气缸套压入	要求： 将气缸套放正，用压力机缓慢压入缸筒 提示： 为保证气缸套垂直地压入，在压入前应用直角尺在气缸套各方向上进行测量。气缸套确实垂直于气缸体上平面时，在缸筒涂抹上机油再缓慢施加压力将其压入	
（4）检查压入的气缸套	要求： 全部压入气缸套后，将气缸体翻起来，从底部检查每个气缸套是否都压到底 提示： 如果气缸套没有安装到位，应拆出重新安装	
（5）粗镗	要求： 确定粗镗尺寸，粗镗进给量一般在 0.03~0.05mm 提示： 将气缸体搬回到镗缸机平台上，再次固定住气缸体；测量新活塞的精确直径尺寸，根据配缸间隙，留出粗镗、精镗加工余量及珩磨余量	

（续）

步　　骤	技术规范	图　　示
（6）割掉高出缸体平面的缸套	要求： 用镗刀割掉高出缸体平面的气缸套 提示： 固定住气缸体，确保切削平整	
（7）精镗	要求： ① 确定精镗尺寸，精镗时留珩磨余量为0.03mm ② 一边精镗一边测量，控制活塞和缸套的配合间隙 0.03mm 左右 提示： 精镗时应进行润滑降温处理，而且不能磨大	 
（8）珩磨	要求： 在砂条上包一层砂纸进行珩磨，让其达到规定尺寸及表面粗糙度 提示： 使用粒度为 400 或更细的砂纸 注意： 如果珩磨至维修极限后划痕或刮伤仍然存在于缸筒内，则再次珩磨缸体。但轻微的竖向划痕或刮伤是允许的	 
（9）手工推磨缸套	要求： 用砂轮手工推磨气缸套平面 提示： 推磨之前用机油润滑	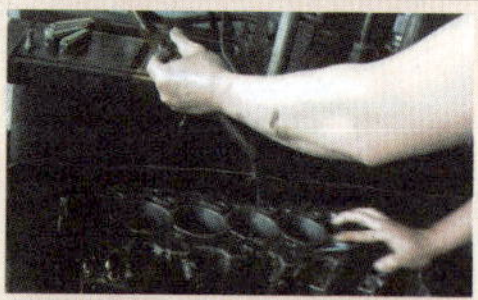 

28. 怎样清洗气缸体

清洗气缸体见表 2-4。

表2-4　清洗气缸体

步　骤	技术规范	图　示
（1）高压水枪清洗	要求： 每个油孔、水道、螺钉孔都要用高压水枪清洗干净 提示： 用热肥皂水清洗比较彻底	
（2）用气枪吹干净	要求： 每一个油孔、螺纹孔、水道的细小角落都必须吹干净 提示： 镗缸时里面的铝屑、铁屑不吹干净将会堵塞水道及油道	
（3）清理毛刺	要求： 用细砂纸对气缸套的毛刺擦拭一遍，再次进行清洗，吹干即可 提示： 清洗时切不可使用溶剂清洗，要使用专用的发动机清洗剂（俗称机头水），否则溶剂只能使颗粒重新分散在气缸壁上	

二、曲柄连杆机构故障诊断与检修

29. 曲轴的作用和结构是怎样的

（1）曲轴的作用

1）曲轴与连杆配合将作用在活塞上的气体压力变为旋转的动力，

传给底盘的传动机构，如图 2-12 所示。

图2-12　曲轴产生动力示意图

2）曲轴还可以驱动配气机构和其他辅助装置，如冷却液泵、发电机、压缩机等工作。

3）利用曲轴旋转惯性，经连杆带动活塞上下运动，完成排气、进气、压缩等行程，为发动机持续做功做准备。

（2）曲轴的结构

曲轴主要由前端轴、主轴颈、连杆轴颈、平衡重、曲轴后端等构成，如图 2-13 所示。

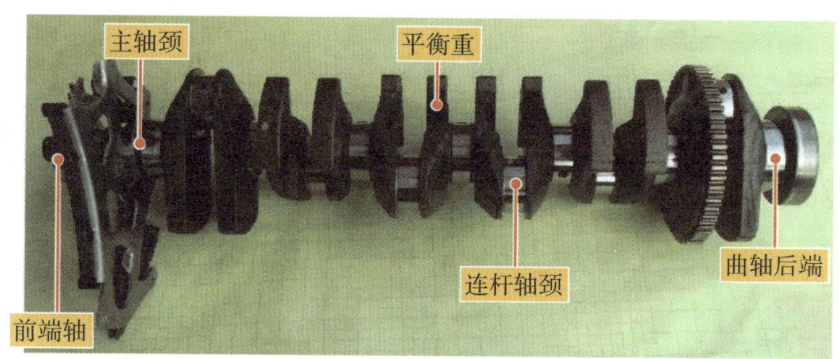

图2-13　曲轴的结构

30. 活塞连杆组的结构是怎样的

活塞连杆组由活塞、活塞环、活塞销、活塞销锁环、连杆、连杆轴瓦及连杆螺栓等组成，如图 2-14 所示。

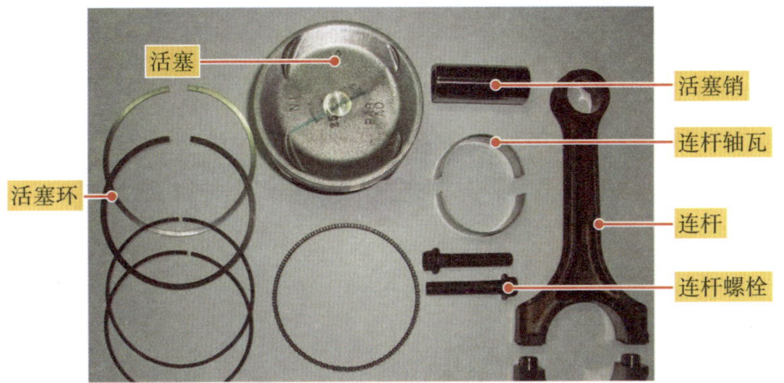

图2-14　活塞连杆组

31. 如何外观检查曲轴的磨损

1）彻底擦干净曲轴，特别是检查部位应无油污。

2）检查曲轴轴颈是否存在明显的磨损痕迹，如图 2-15 所示。如果轴颈存在严重的损坏，必须更换新的曲轴；如果磨损不严重，用砂纸打磨后可以继续使用。

图2-15　曲轴轴颈磨损

32. 如何检查曲轴轴颈的磨损量

1）用外径千分尺先在油孔两侧测量，然后旋转 90° 再测量，同一截面最大直径与最小直径差的 1/2 为圆度误差；轴颈各部位测得的最大与最小直径差的 1/2 为圆柱度误差；当圆度、圆柱度误差大于 0.025mm 时，应按修理尺寸磨修，如图 2-16 所示。

2）如果磨损量超出极限值，则更换新的曲轴。

图2-16　测量曲轴轴颈的磨损量

33. 如何检查曲轴的变形

1）将曲轴的两端用 V 形铁支撑在检测平板上，用百分表的测头抵在中间主轴颈表面，如图 2-17 所示。

图2-17　检查曲轴的变形

2）转动曲轴一周，百分表指针的最大值与最小值之差，即为中间主轴颈对两端主轴颈的颈向变形量。如果变形量大于 0.15mm，应进行校正或更换新曲轴。

34. 如何测量曲轴止推间隙

1）安装主轴承盖，然后用螺钉旋具前后撬动曲轴，同时用百分表测量止推间隙，如图 2-18 所示。

2）一般止推间隙为 0.04~0.24mm，维修极限为 0.30mm。车型不同间隙有所差异，如果止推间隙大于最大值，则成套更换止推垫圈，必要时更换曲轴。

图2-18　测量曲轴止推间隙

35. 如何检查曲轴的裂纹

1）首先使用煤油或柴油浸洗整个曲轴，然后擦拭干净，将曲轴的两端支撑在木质托架上。

2）用小锤轻击各个曲柄，如发生清脆的“铛、铛”金属声，表示无裂纹；如发出低哑的“波、波”沉闷声，则表示有裂纹。此时，用放大镜细致观察裂纹的易发部位，如发现油渍渗出或出现黑色油线即是裂纹处。

3）若裂纹是沿轴颈的轴线方向，未裂到两端圆角处或油孔边缘处时可以使用光磨修复消除裂纹（图 2-19），如果裂纹严重必须更换曲轴。

图2-19　修复曲轴

36. 如何外观检查活塞

图2-20　活塞裙部严重磨损

检查活塞表面，主要包括如下内容：

1）活塞顶部是否腐蚀。

2）活塞环岸和环槽是否有裂纹、翘曲、磨损和导致卡滞的划伤或毛刺。

3）活塞裙部涂层是否严重磨损，如图 2-20 所示。

4）活塞裙部是否有裂纹。

5）活塞销孔是否磨损、开裂。

6）活塞销卡环槽是否有毛刺等。

7）如果发现以上任何异常情况，则应更换活塞。

37. 如何测量活塞

图2-21　测量活塞

1）在距活塞顶 14mm 左右处测量活塞直径。

2）用百分表在与活塞销孔成直角的方向上测量活塞的直径，如图 2-21 所示。

3）将所测得的值与活塞的标准值进行比较，如果直径不符合规定，则更换活塞。

注　意

活塞标准直径与发动机型号有关。

38. 活塞环的结构与特点是什么

活塞环分为气环和油环，其中气环可用来密封燃烧室内的可燃混合气体，油环则用来刮除气缸上多余的机油。

活塞环是一种具有较大向外扩张变形的金属弹性环，它被装配到剖面与其相应的环形槽内，如图 2-22 所示。往复和旋转运动的活塞环，依靠气体或液体的压力差，在环外圆面和气缸以及环和环槽的一个侧面之间形成密封。

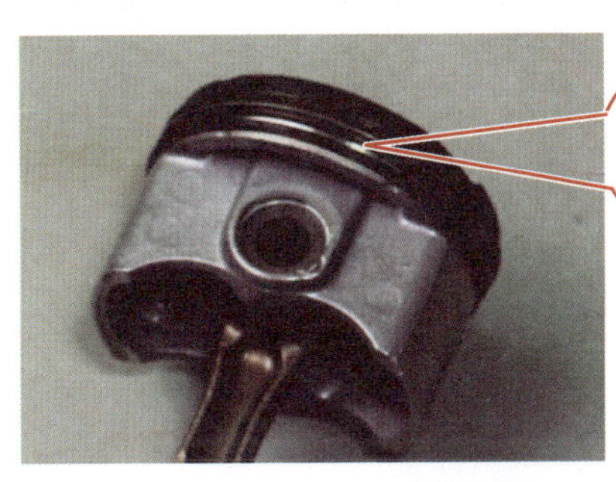

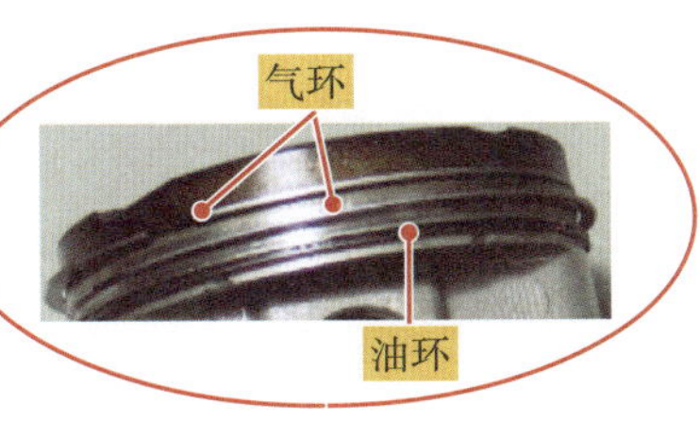

图2-22　活塞环的结构

39. 如何测量活塞环的端隙

1）使用一个无活塞环的活塞，将一个活塞环推进缸孔中距离底部 15~20mm 处，如图 2-23 所示。

2）用塞尺测量活塞环开口端隙，一般 1 号环为 0.20~0.30mm，2 号环为 0.50~0.60mm，油环为 0.10~0.35mm。如果活塞环开口间隙低于规定值，用锉具将多余材料锉掉，增加活塞环开口间隙，如图 2-24 所示。

图2-23　放置活塞环

图2-24　测量活塞环的端隙

40. 如何测量活塞环的侧隙

1）用塞尺测量活塞环与活塞环槽壁之间的间隙，如图 2-25 所示。

2）一般 1 号气环为 0.02~0.07mm，2 号气环为 0.02~0.06mm，油环为 0.7~0.15mm。测量时塞尺松紧度要适合，不能过紧或过松。如果没有符合规格的活塞环，将砂纸放在玻璃上，打磨活塞环至规定值。

图2-25 测量活塞环的侧隙

41. 如何测量活塞环的漏光度

1）首先用不带环的活塞倒置将活塞环压入气缸中，以保证环平放，用一盖板遮住环的内圆，在气缸下放置灯光，然后从上部查看环与气缸壁间的漏光情况，如图 2-26 所示。

2）一般要求在环的开口端左右 30° 范围内，不允许有漏光点存在，在其他部位漏光区的夹角不大于 25°，漏光间隙不大于 0.03mm，同一环上漏光弧长的总和不大于 45°。

图2-26 测量活塞环的漏光度

42. 如何清洁活塞及活塞环槽

1）用断环或环槽清洁工具，将活塞环槽清洁干净，如图 2-27 所示。

2）将活塞浸泡在汽油或溶剂中，然后使用刷子将活塞表面清洁干净。

注 意

清洁时不要使用钢丝刷，否则将划伤工作表面。

图2-27 清洁活塞及活塞环槽

43. 活塞销有什么作用

活塞销是装在活塞裙部的圆柱形销子（图 2-28），它的中部穿过连杆小头孔，用来连接活塞和连杆，把活塞承受的气体作用力传给连杆。

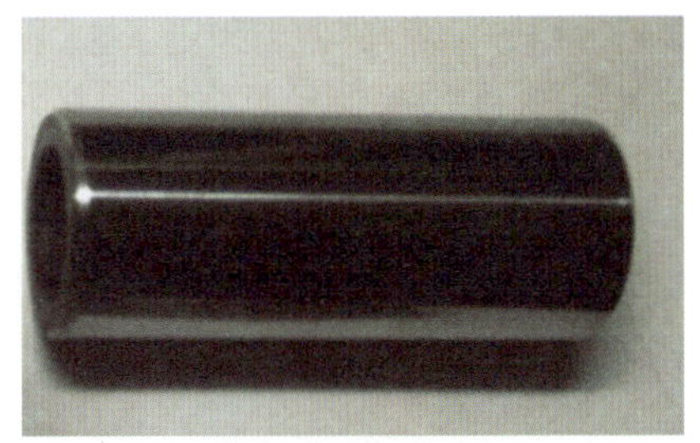

图2-28　活塞销

如果活塞销发生弯曲变形可能使活塞销座损坏，必须更换活塞及活塞销；如果活塞销磨损严重，则应更换活塞销，否则将会导致活塞销异响。

44. 如何测量活塞销

1）使用百分表测量活塞销直径，如图 2-29 所示。如果直径不符合规定，则更换活塞销。

注　意

活塞销直径参照发动机维修参数表。

2）使用千分表检查活塞销配合间隙，如图 2-30 所示。如本田轿车活塞销与活塞销孔的间隙为 −0.004 ~0.003mm，维修极限为 0.006mm，如果不符合规定应进行更换活塞销。

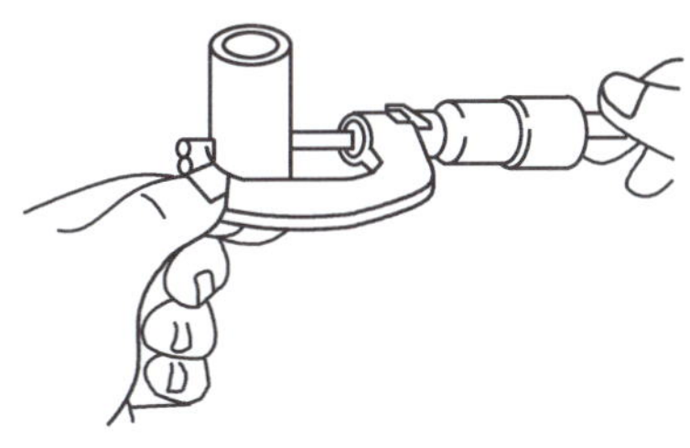

图2-29　测量活塞销直径

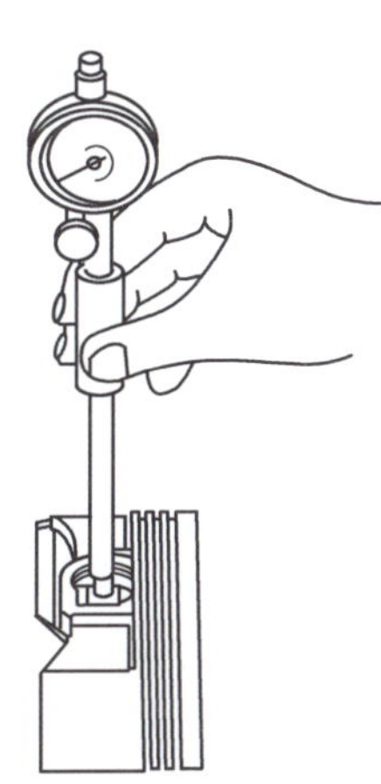

图2-30　检查活塞销配合间隙

45. 连杆轴承有什么作用

连杆轴承是一种类似滑动轴承的装置，分上下两半，合起来使用，如图 2-31 所示。它具有保持油膜、减少摩擦阻力的作用。在检修时禁止刮削轴瓦的电镀层，在安装连杆轴承时要保证活塞连杆位于气缸的中心，防止安装连杆轴承后造成偏磨，烧轴瓦。

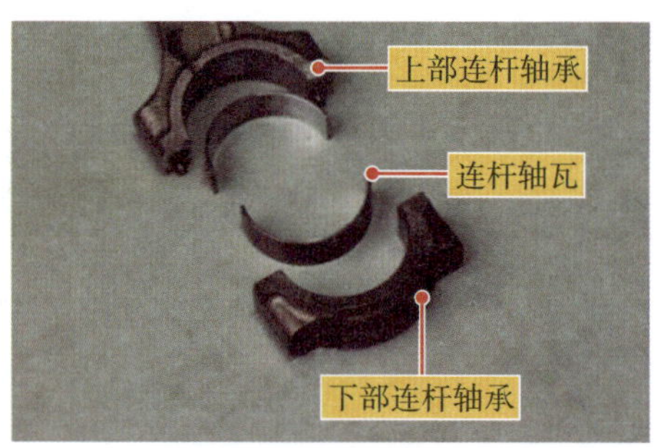

图2-31　连杆轴承

46. 怎样检查与校正变形的连杆

连杆在工作中，由于受力较大，容易产生杆身的弯曲、扭曲或弯扭并存等现象。连杆弯曲或扭曲，会使活塞在气缸内歪斜，造成活塞与气缸及连杆轴承的偏磨、活塞与气缸间漏气和窜油。因此，必须对连杆进行检查和校正。

（1）检查连杆弯曲和扭曲

1）首先肉眼进行检查，如果发现连杆弯曲和扭曲严重（图 2-32），必须更换。

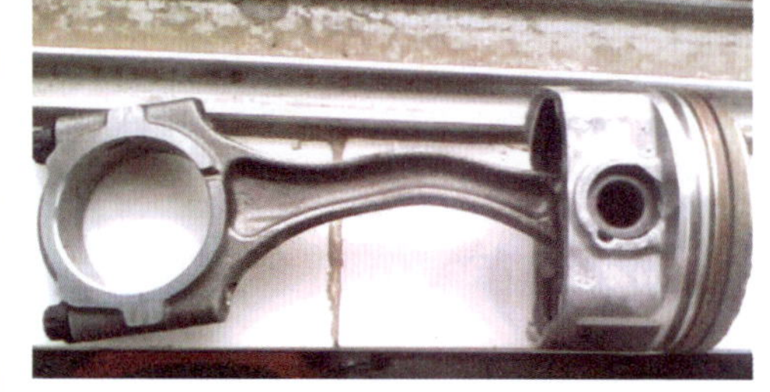

图2-32　连杆弯曲或扭曲严重

2）如果连杆弯曲和扭曲不明显，可用连杆校直器检查连杆定位。一般每 100mm 偏移 0.05mm、扭曲 0.15mm 以内为正常。如果扭曲或偏移值大于最大值，则更换连杆。

（2）校正连杆弯曲和扭曲

如发现连杆弯曲和扭曲在修复的范围内，应使用专用工具予以校正，如图 2-33 所示。连杆校正后，连杆杆身部位存在的残余应力是不易消除的。因此，必须将连杆加热至 400~450℃并保温 0.5~1h，以消除杆身的残余应力，避免连杆在工作中恢复弯曲状态。

图2-33　连杆弯曲和扭曲修复

47. 怎样检查曲轴轴承及曲轴轴瓦

1）检查曲轴轴承（瓦）有无不正常的接触、擦痕（图 2-34）和脱皮现象。

2）检查曲轴轴承及曲轴轴瓦是否有足够的弹力，以靠手指的压力能将轴承压入轴承盖而不会自行松脱为宜。

3）检查曲轴轴承间隙可通过分别测量各轴颈的外径及各轴承孔的内径来确定。

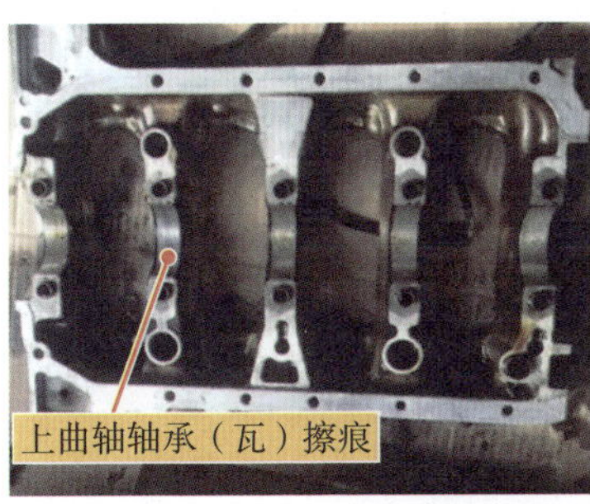

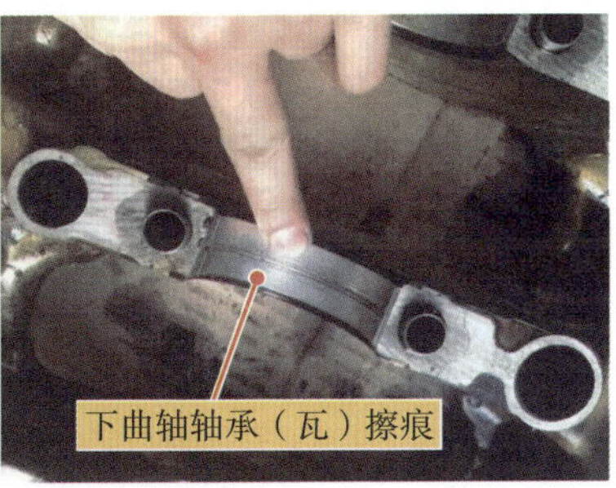

图2-34　曲轴轴承（瓦）擦痕

48. 怎样拆装活塞环

1）当使用活塞环扩张器时，用环卡卡住活塞环开口间隙，轻握手柄慢慢收缩，在杠杆力的作用下，活塞环会逐渐张开，当其略大于其活塞直径时，便可将活塞环从环槽内取出，如图 2-35 所示。

2）安装活塞环时活塞环要与活塞环扩张器面紧贴，手柄要轻握；

当张开活塞环时，不可用力过猛，以防滑脱，然后慢慢地放入对应的环槽内，如图 2-36 所示。

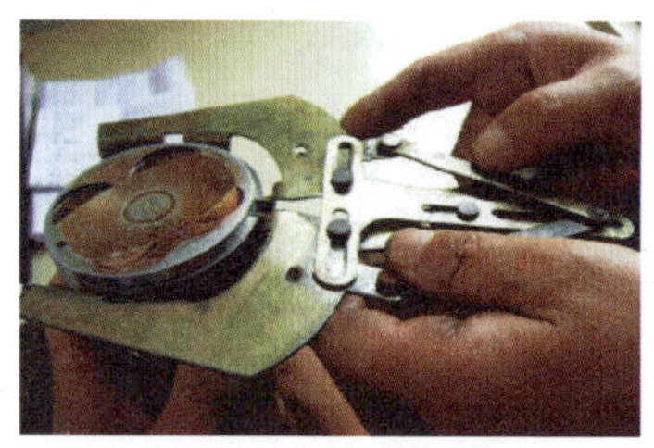

图2-35　拆出活塞环

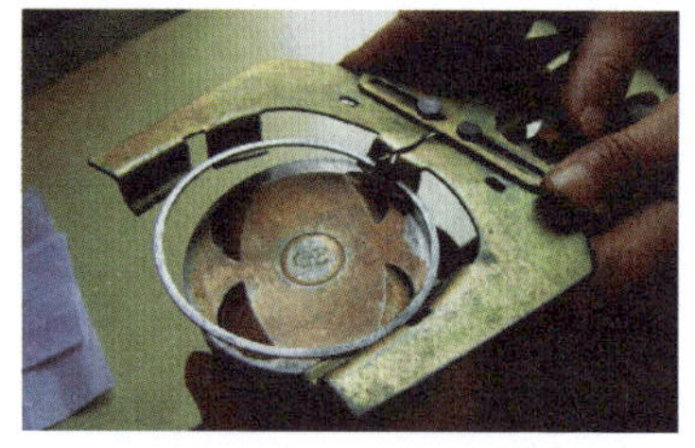

图2-36　安装活塞环

49. 安装活塞环的注意事项有哪些

1）安装活塞环时必须要分清 1 号气环和 2 号气环的标记。1 号气环有一个 1R 标记，而 2 号气环有一个 2R 标记，并且安装时制造标记必须朝上，如图 2-37 所示。

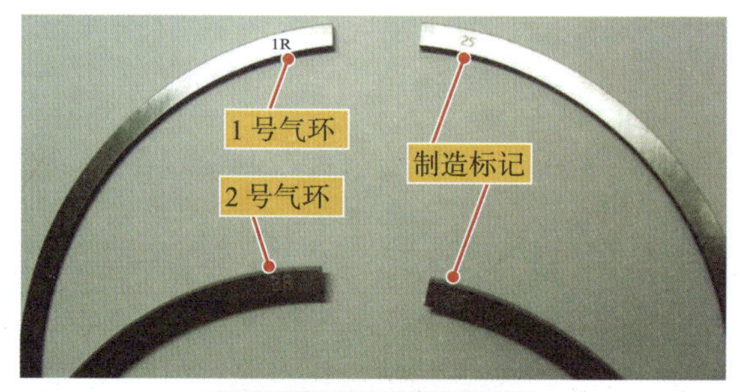

图2-37　活塞环标记

2）安装时由最下面的环槽开始依序往上装配。在环槽中转动活塞环以确认其未卡滞。

3）活塞环安装好完成之后必须设置油环、第二道活塞环（2 号气环）和第一道活塞环（1 号气环）的开口间隙，如图 2-38 所示。

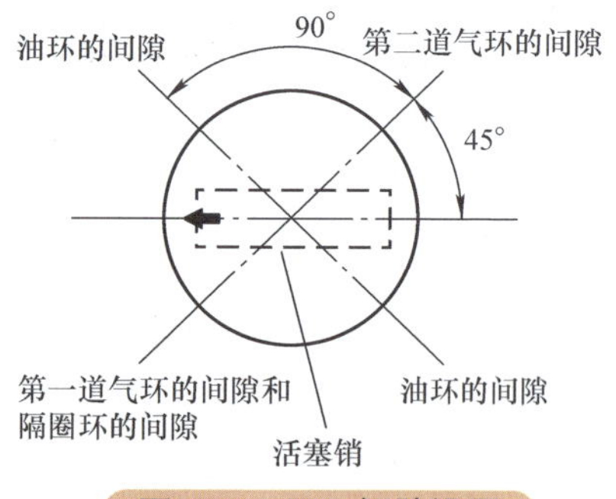

图2-38　开口间隙设置

50. 正确更换活塞环的时机是怎样的

在汽车发动机的使用过程中，活塞环磨损失效比气缸套达到磨损极限要快得多，因此在两次大修之间需要更换 1~2 次活塞环，以改善发动机的动力性和经济性。但每次更换活塞环后，都要重新磨合，这将降低气缸的使用寿命，所以换环次数不宜过多。

图2-39　检查活塞环工作情况

当发动机动力显著降低，燃油消耗量增加，机油上窜或产生异响时，应拆下气缸盖进行检查，如图 2-39 所示。如果活塞顶部积炭已明显被机油浸湿，活塞环的弹力明显下降，而气缸的磨损并不严重，此时就是更换活塞环的最佳时机。

51. 选配活塞有哪些注意事项

活塞是用来传递气体压力的零部件，如图 2-40 所示。选配活塞应注意以下问题：

1）选配活塞时应按气缸的修理尺寸来确定，通常加大尺寸数值标注在活塞顶上。

2）在选购活塞时，必须根据发动机的类型选用对应类型的活塞。在同一台发动机上，应选择同一厂牌、同一组或同一产品代号的活塞，以保证活塞直径差和质量差不超过原厂规定范围。

图2-40　活塞

52. 怎样选配活塞环

1）按照气缸的修理尺寸，选用与气缸、活塞同一修理级别的活塞环，如图 2-41 所示。

2）选配活塞环时应对活塞环的端隙、侧隙、漏光度等进行检查（参见前面 39、40、41 问的内容），使其符合技术要求。

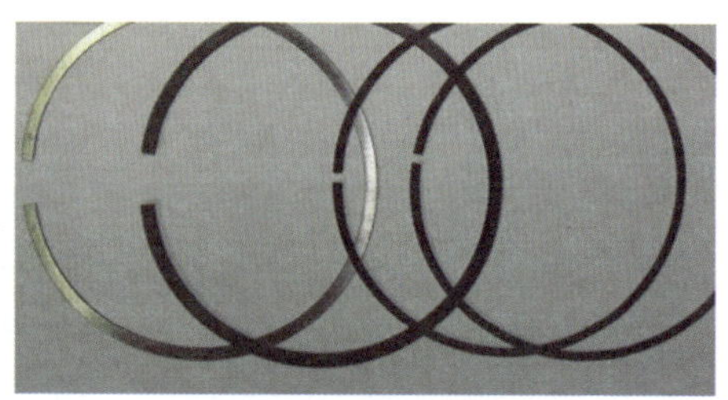

图2-41　选配活塞环

53. 怎样修磨活塞环

在选配活塞环过程中，若活塞环的端隙、侧隙不符合规定，应通过修磨使其达到要求。

（1）活塞环端隙的修磨

活塞环端隙如太大，则气缸密封性能下降，此时必须更换活塞环。活塞环端隙如太小，可能造成受热膨胀而卡死，此时可采用对环口一端加以锉修的方法加以修正（图 2-42），注意保持环口端面的平整，并应边锉边量。锉后环的外端应倒角，以防拉伤气缸。

图2-42　活塞环端隙的修磨

（2）活塞环的平面修磨

活塞环的侧隙过大，将造成气缸漏气、窜油，此时应更换活塞环。活塞环的侧隙过小，将会造成活塞环卡死在环槽中，此时可采用修磨活塞环平面的方法进行修配。修磨活塞环平面可在专用磨床上进行，也可在砂纸上进行手工研磨。

54. 怎样拆装活塞及活塞销

拆装活塞及活塞销见表 2-5。

表2-5 拆装活塞及活塞销

步 骤	技术规范	图 示
（1）拆下活塞销卡环	要求： 使用尖嘴钳从活塞销孔的切口处拆下活塞销两边的卡环 提示： 拆卸时小心活塞销卡环飞出伤人	
（2）拆下活塞及活塞销	要求： 取出活塞销的同时即可拆下活塞 提示： 使用加热风枪将活塞逐渐加热到80~90℃更加有利于拆出活塞销	
（3）安装活塞及活塞销	要求： 安装时要确保活塞的箭头和连杆压印标记位于同一侧 提示： 活塞及活塞销的装复与拆卸的顺序相反	IN 连杆压印标记 活塞的箭头

55. 怎样检修曲轴飞轮

曲轴飞轮是一个圆盘，如图 2-43 所示。它可以将发动机做功的能量储存起来，以便克服发动机进气、压缩和排气行程的阻力，使曲轴能均匀地旋转。同时曲轴飞轮轮齿在发动机起动时，与起动机轮齿啮合，带动曲轴旋转。主要的检修内容如下：

图2-43 曲轴飞轮

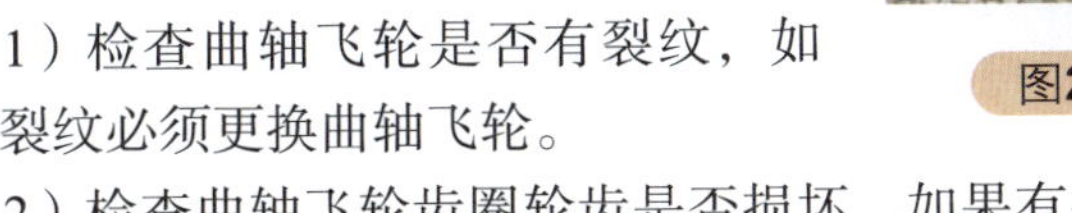

1）检查曲轴飞轮是否有裂纹，如果有裂纹必须更换曲轴飞轮。

2）检查曲轴飞轮齿圈轮齿是否损坏，如果有损坏，必须更换曲轴飞轮或曲轴飞轮齿圈。

56. 怎样更换曲轴飞轮齿圈

更换曲轴飞轮齿圈见表 2-6。

表2-6　更换曲轴飞轮齿圈

步　　骤	操作方法	图　　示
(1) 拆下曲轴飞轮齿圈	首先从曲轴飞轮上拆下曲轴飞轮齿圈	
(2) 加热曲轴飞轮齿圈	为了便于安装曲轴飞轮齿圈，需要对其进行加热	
(3) 均匀涂上厌氧止动胶	把接合面用砂纸打磨干净，在接合面上均匀涂上厌氧止动胶	
(4) 安装曲轴飞轮齿圈	将曲轴飞轮齿圈完全安装到曲轴飞轮上	

57. 怎样检修曲轴后端固定曲轴飞轮的凸缘盘

曲轴后端固定曲轴飞轮的凸缘盘，如图 2-44 所示。

1）将曲轴装在车床顶尖上，转动曲轴，用百分表测量凸缘盘前后端面对主轴颈轴线的垂直度，在边缘测量表针摆差应不大于 0.1mm，外圆径向圆跳动量应不大于 0.04mm。否则，可将正时齿轮轴颈夹入车床卡头，用车床顶尖顶住凸缘盘后端顶尖孔，把凸缘盘端面及外圆柱面偏差削去。

图2-44　曲轴飞轮的凸缘盘

2）曲轴凸缘盘上后端用于安装变速器第一轴前轴承的承孔，如磨损松旷或对于主轴颈轴线的径向圆跳动大于 0.06mm 时，可采取镶套法修复。

3）曲轴凸缘盘上固定曲轴飞轮的螺栓孔如磨损至圆度误差大于 0.07mm 时，可扩孔并配制加大尺寸的螺栓。扩孔时应将曲轴飞轮装到曲轴上，对正中心，然后交替进行，扩一个孔配一个螺栓，直到将全部孔扩配完毕为止。

58. 怎样测量曲轴主轴承配合间隙

1）检查主轴承和轴颈之间的油膜间隙，应拆下发动机下部机体和主轴承。

2）使用清洁的布擦净各主轴颈和主轴承。

3）在各主轴颈上放一条塑料线规，将所有曲轴螺栓按顺序以相同力矩锁紧，如图 2-45 所示。

注　意

检查过程中不要转动曲轴。

4）再次拆下发动机下部机体和主轴承盖，得到一个曲轴主轴承配合间隙压条，如图 2-46 所示。

图2-45　锁紧曲轴螺栓

图2-46　曲轴主轴承配合间隙压条

5）使用塑料线规对比测量间隙压条，如图 2-47 所示。如果测得结果过宽或过窄，则拆下曲轴，并拆下上半主轴瓦。安装一个带有相同色码的完整新主轴瓦，并重新检查间隙。不要通过锉磨、衬垫或刮擦主轴瓦或曲轴主轴承盖来调节间隙。如果塑料线规显示间隙仍然不正确，则使用下一个较大或较小的主轴瓦，并且再次检查，如果通过使用适当大些或小些的主轴瓦仍无法得到适当的间隙，则更换曲轴，然后重新检查。

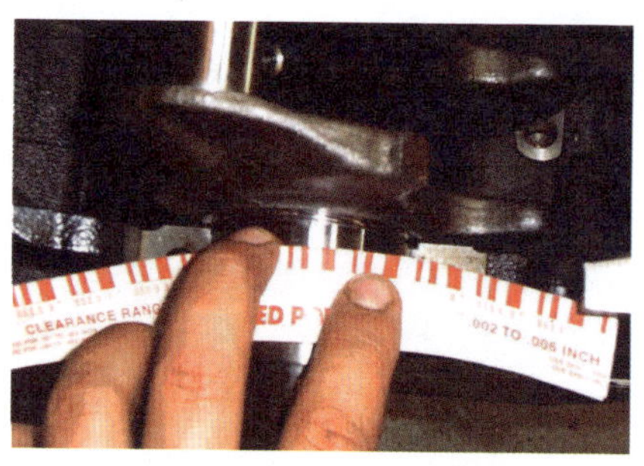

图2-47 测量间隙压条

59. 怎样测量连杆轴承配合间隙

1）拆下连杆盖和半轴瓦。

2）用清洁的维修布擦净曲轴的连杆轴颈和半轴瓦。

3）将塑料线规横穿过连杆轴颈，重新安装连杆轴承，然后将螺栓以相同力矩锁紧。

注 意

检查过程中不要转动曲轴。

4）拆下连杆轴承盖，得到一个连杆轴承配合间隙压条，如图 2-48 所示。

5）如果间隙压条的测得结果过宽或过窄，则拆卸连杆轴承上半轴瓦，安装一个带有相同色码的完整新轴瓦，并重新检查间隙。不要通过锉磨、衬垫或刮擦轴瓦或连杆轴承盖来调节间隙。

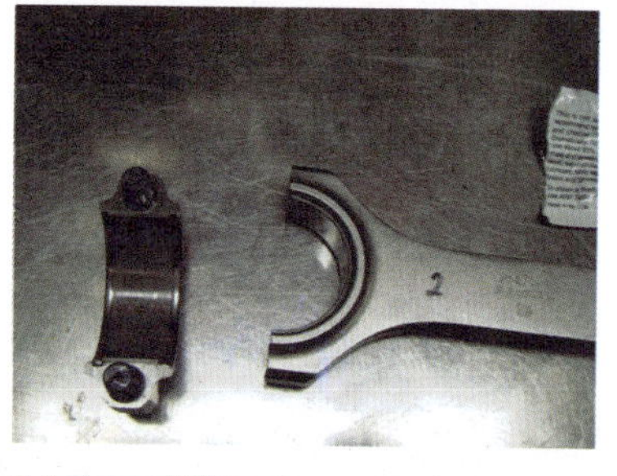
图2-48 连杆轴承配合间隙压条

6）如果塑料线规显示间隙仍然不正确，则使用一个较大或较小的连杆轴瓦，并且再次检查。如果通过使用适当大些或小些的连杆轴瓦仍无法得到适当的间隙，则更换曲轴或连杆，然后重新检查。

60. 怎样正确拆装发动机活塞连杆组

拆装发动机活塞连杆组见表2-7。

表2-7 拆装发动机活塞连杆组

步骤	操作方法	图示
(1)专用拆装工具准备	首先准备一些发动机活塞连杆组的专用拆装工具	
(2)拆下连杆轴承盖螺栓	对各个发动机活塞连杆组做好标记，然后转动曲轴使相应的活塞连杆组旋转至活塞下止点位置。最后拆下连杆轴承盖螺栓，并取下连杆轴承盖按顺序放好	
(3)推出活塞连杆组	用锤子木柄推出活塞连杆组	
(4)按原位装好连杆轴承盖	将连杆轴承盖与活塞连杆组按原位装好，并按顺序摆放	
(5)润滑连杆轴承瓦	安装时首先使用发动机机油润滑连杆轴承瓦	

（续）

步　　骤	操作方法	图　　示
（6）润滑曲轴的连杆轴颈	使用发动机机油润滑曲轴的连杆轴颈。此外，还应润滑活塞等部件	
（7）夹紧活塞	用活塞环压缩器夹紧活塞，露出裙部的 1/3	
（8）敲平活塞环压缩器	确认活塞连杆组安装标记正确后，用锤子木柄敲平活塞环压缩器	
（9）活塞推入气缸	使用锤子木柄将活塞推入气缸，同时要确保连杆处于中心位置	
（10）安装连杆轴承盖	安装连杆轴承盖，并多次对角安装，以规定力矩拧紧连杆螺栓。最后转动曲轴一周，确保活塞连杆正常转动	

三、配气机构故障诊断与检修

61. 配气机构的结构是怎样的

配气机构主要由气门组和气门传动组构成，如图 2-49 所示。气门组的作用是关闭进、排气道。气门传动组的作用是使进、排气门按规定时刻开启和关闭。

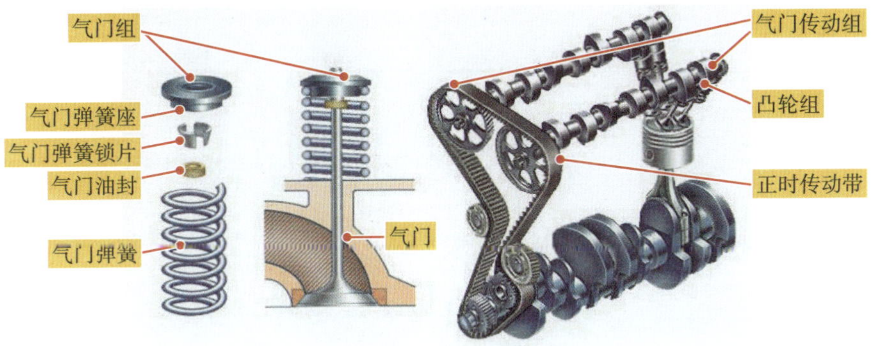

图2-49　配气机构

62. 配气机构工作原理是怎样的

以凸轮轴顶置配气机构为例，配气机构工作原理如图 2-50 所示。

图2-50　配气机构工作原理

1）当气缸的工作循环需要将气门打开进行换气时，由曲轴通过传动机构（正时传动带或正时链条）驱动凸轮轴旋转，使凸轮轴上的凸轮凸起部分通过挺柱、推杆、调整螺钉推动摇臂摆转，摇臂的另一端便向下推开气门，同时使弹簧进一步压缩而打开气门。

2）当凸轮的凸起部分的顶点转

过挺柱以后，便逐渐减小了对挺柱的推力。在弹簧张力的作用下气门开度逐渐减小，直至最后关闭。在压缩和做功行程中，气门在弹簧张力的作用下严密关闭。

63. 什么是配气相位

配气相位是指用曲轴转角表示进、排气门的开启时刻和开启延续时间，如图 2-51 所示。

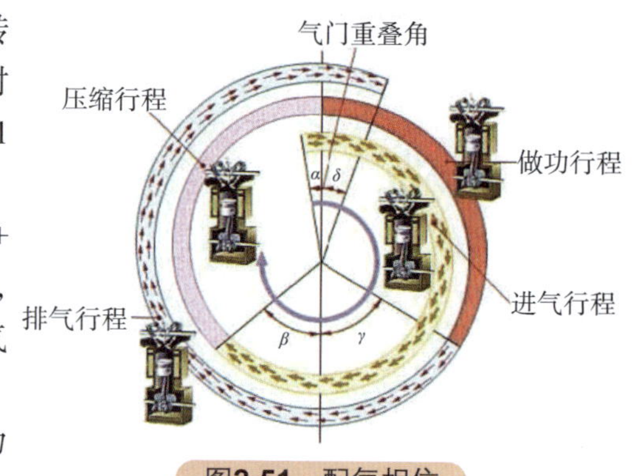

图2-51 配气相位

进气配气相位为 180° + 进气提前角 α+ 进气迟后角 β，排气配气相位为 180° + 排气提前角 γ+ 排气迟后角 δ。

1）进气提前角 α 为 10°~30°。

2）进气迟后角 β 为 40°~380°。

3）排气提前角 γ 为 40°~380°。

4）排气迟后角 δ 为 10°~330°。

5）气门重叠角为 $\alpha+\delta$。

64. 可变配气相位是怎样的

可变配气相位主要是通过改变气门正时和气门升程，使发动机功率和转矩提高。

以本田轿车为例，VTEC 系统（电子控制可变气门正时控制系统）主要由凸轮轴、主摇臂、中间摇臂、次摇臂、主同步活塞、中间同步活塞、次同步活塞等部件组成，如图 2-52 所示。

主摇臂和次摇臂分别与主进气门、次进气门单独接触并单独驱动。当发动机在中低速工作时，控制系统控制主、次摇臂与中间摇臂分离，中间摇臂与气门的开闭无关；当发动机高速运转时，控制系统控制主、次摇臂及中间摇臂在同步活塞的作用下连成一体，均由中凸轮来驱动，从而获得高功率所需的配气正时和气门升程。

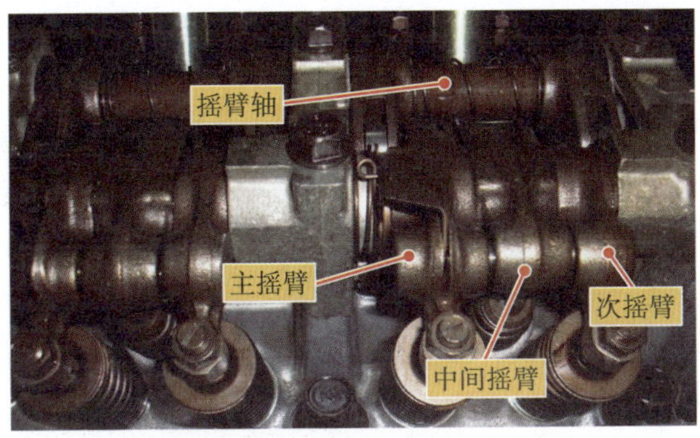

图2-52 本田轿车VTEC系统

65. 气门的结构是怎样的

气门分为进气门和排气门两种，结构大体一致，但制造材料不同。进气门一般用中碳合金钢制造，而排气门用热合金钢制造。

气门由气门顶面、气门锥面、气门杆及气门锁夹槽构成，如图 2-53 所示。

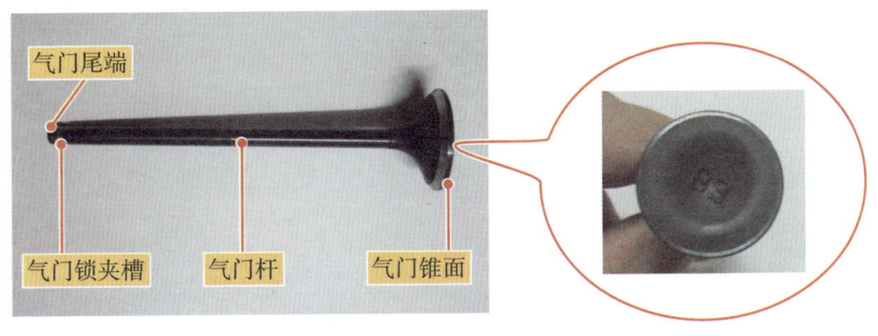

图2-53 气门的结构

66. 如何检查气门

1）使用游标卡尺测量气门顶边缘厚度，如图 2-54 所示。一般进气门边缘厚度不应小于 0.80mm，排气门边缘厚度不应小于 1.00mm，如果边缘厚度小于最小值，则更换气门。

2）检查气门杆尾端磨损情况。如凹陷磨损超过 0.4mm 时，应修磨尾端。

3）用千分尺在规定的部位测量气门杆直径，如图 2-55 所示。其值应符合规定值，否则更换气门。

图2-54 测量气门顶边缘厚度

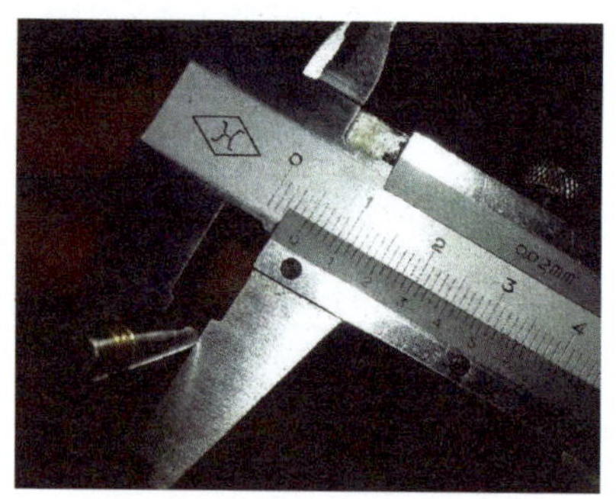

图2-55 测量气门杆直径

67. 如何研磨气门

（1）手工研磨气门（图 2-56）

使用细研磨膏润滑气门，然后用橡胶碗吸住气门，从气门座上有节奏地提升气门，检查气门头部和气门座接触面的压痕。如果研磨膏压痕分布均匀，表明气门与气门座接触面良好，否则应重新调整。

注 意

在最终装配前，用溶剂和压缩空气清理气门和气门座上的任何剩余研磨剂，确保气门和气门座清洁。

（2）用气门研磨机研磨气门

如图 2-57 所示，使用气门研磨机研磨气门，确保气门工作面角度为 45°。

图2-56 手工研磨气门

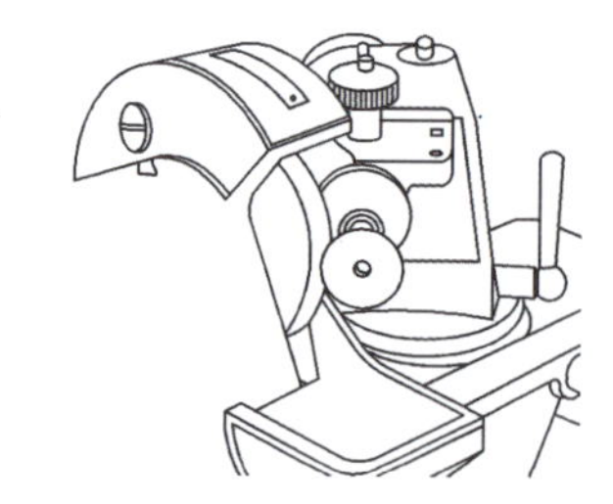

图2-57 用气门研磨机研磨气门

68. 如何检修气门座

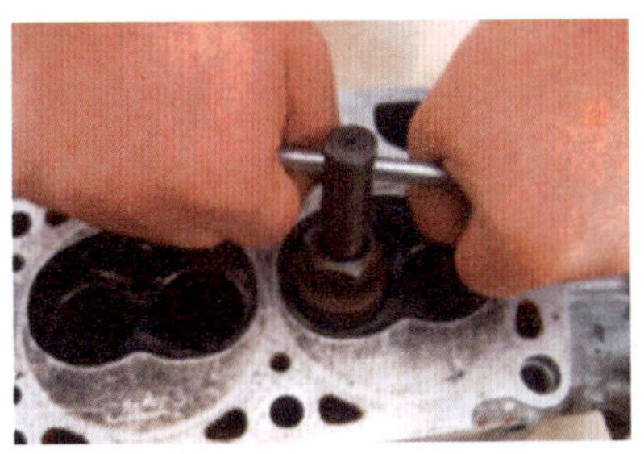
图2-58　修整气门座

1）检查气门杆与气门导管的间隙是否正常。如果气门导管磨损，则应在切削气门座前进行更换气门导管。

2）使用气门座铰刀修整缸盖上的气门座，如图 2-58 所示。操作时小心地铰出一个 45° 的座，只削去多余的材料，以确保气门座光滑、同心。然后 30° 铰刀将气门座的上边缘铰削成斜角，然后用 60° 铰刀将气门座下边缘铰削成斜角。最后使用 45° 铰刀，再轻微铰一次，以除去其他铰刀可能带出的毛刺。

3）重修气门座表面之后，检查气门贴合面是否平滑。在气门面上涂抹研磨膏。将气门插入其缸盖上原来的位置，然后提起并回压数次，使气门与气门座接触面良好。

69. 如何检查气门与气门导管间隙

图2-59　将气门插入气门导管内

1）拆下气门，然后将气门插入气门导管内（图 2-59），如果在气门自身重力下缓缓地滑出，说明气门与气门导管间隙正确。此外，还检查气门与气门导管是否运动自如，是否存在卡滞等情况，如果有必须更换气门导管。

2）从使用内径千分尺或球形量规测得的气门导管内径值中减去使用千分尺测得的气门杆外径值。沿着气门杆选三个位置测量，另外在气门导管内选三个位置测量。导管的最大测量值与气门杆的最小测量值之间的偏差不应超过维修极限，否则应更换气门导管。

如本田轿车进气门杆与导管之间的维修极限为 0.075mm，排气门杆与导管之间的维修极限为 0.11mm。

70. 如何清洁气门的积炭

清洁气门的积炭见表 2-8。

表2-8　清洁气门的积炭

步　骤	操作方法	图　示
（1）拆下气门	从气缸盖上拆下气门，并将进气门、排气门分开，然后按照一定的拆卸顺序摆放整齐	
（2）固定清理的气门	把要清理的气门固定到工作台或等同的工具上	
（3）用尖锐的工具清理积炭	对于较厚的积炭可以用尖锐的工具将气门的积炭清除掉	
（4）用小钢丝刷清理积炭	用小钢丝刷把残余的再清理掉	

71. 如何测量气门弹簧

气门弹簧长期使用后，会产生塑性变形，使弹簧自由长度缩短，弹力下降，影响气门的密封性。气门弹簧折断（图 2-60）后，不仅影响发动机正常工作，而且还会发生气门掉入气缸的现象，损坏发动机。因此，在发动机大修时，必须对气门弹簧进行检查，主要包括气门弹簧的自由长度、气门弹簧的垂直度和气门弹簧的压缩力。

1）检查气门弹簧的自由长度。用卡尺测量气门弹簧自由长度，其值应符合标准值。若不符合，应更换气门弹簧。

2）检查气门弹簧的垂直度。如图 2-61 所示，用直角尺和平板，检查气门弹簧的垂直度，其值应符合标准值，否则必须更换气门弹簧。

3）检查气门弹簧的预紧力。用测力器检测气门弹簧的预紧力，其值应符合标准。若预紧力低于标准值，则应更换气门弹簧。

图2-60　气门弹簧折断

图2-61　检查气门弹簧的垂直度

72. 如何外观检查凸轮轴损坏

凸轮轴常见的损坏是凸轮轴的弯曲变形、凸轮轮廓磨损、支承轴颈表面的磨损以及正时齿轮驱动元件损坏等。

1）首先拆下凸轮轴或摇臂总成。

2）检查凸轮轮廓，如果突起部分有凹坑、刮伤或过度磨损（图 2-62），则更换凸轮轴。

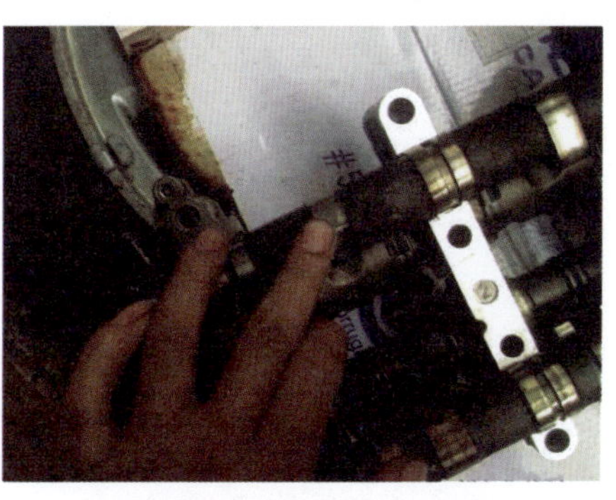

图2-62　凸轮轴过度磨损

73. 如何测量凸轮轴

1）首先将拆下的凸轮轴用维修布清洁干净凸轮轴轴颈，如图 2-63 所示。

2）用千分尺测量凸轮轴轴颈的圆度，圆度误差不得大于 0.015mm，否则应进行修磨至标准范围内，如图 2-64 所示。

图2-63　清洁凸轮轴轴颈

图2-64　测量凸轮轴轴颈的圆度

3）使用 V 形架支撑凸轮轴，检查其跳动量。如果凸轮轴的跳动量在维修极限范围内，则更换气缸盖；如果跳动量超出维修极限，则更换凸轮轴。

74. 如何拆装摇臂总成

以本田飞度轿车为例，拆装摇臂总成见表 2-9。

75. 如何检修摇臂总成

以本田飞度轿车为例，摇臂总成的检修见表 2-10。

表2-9　拆装摇臂总成

步　骤	操作方法	图　示
（1）拆开气门室盖	首先拆下气门室盖相关附件，然后拆开气门室盖	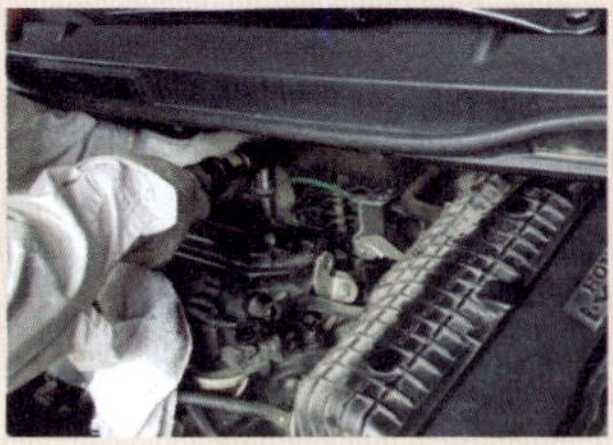

（续）

步　骤	操作方法	图　示
（2）拆下摇臂总成紧固螺栓	按顺序拆下摇臂总成紧固螺栓	
（3）拆下摇臂总成	从发动机上小心地将摇臂总成取下	
（4）清洁干净摇臂总成	使用清洁剂将摇臂总成彻底清洁干净	
（5）安装摇臂总成	按照拆卸相反的顺序安装摇臂总成。此外，必须按照标准调整气门间隙	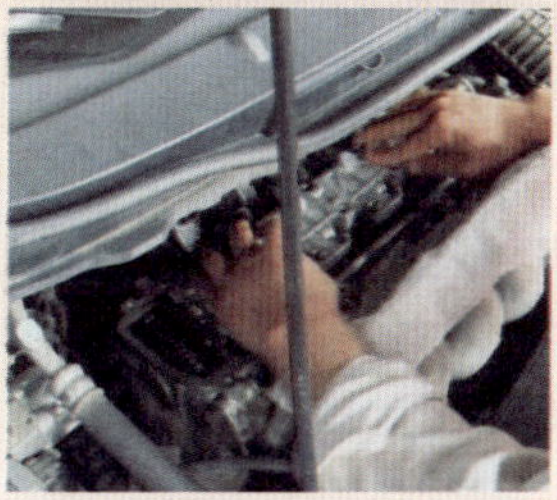

表2-10　摇臂总成的检修

步　骤	技术规范	图　示
（1）拆解摇臂总成	要求： 按照一定顺序拆解摇臂总成 提示： 拆卸时应对各部件做标记，以确保重新组装至原来的位置	

（续）

步　　骤	技术规范	图　　示
（2）检查摇臂总成	要求： 用手推动活塞，检查摇臂活塞应能移动顺畅。如果移动不顺畅，则成套更换摇臂；如果没有异常，则按照相反的顺序组装摇臂总成 提示： 重新组装前，应清洗所有零部件，然后晾干并在接触部位涂抹发动机机油	

76. 液压挺柱有什么作用

液压挺柱（图 2-65）用于汽车发动机配气机构，可使得不必再调整气门间隙，以及在发动机运转期间使配气机构噪声较小，目前在轿车发动机上应用得最多。

图2-65　液压挺柱

77. 液压挺柱工作原理是怎样的

液压挺柱工作原理，如图 2-66 所示。它主要由柱塞、挺柱体、柱塞弹簧、单向阀、单向阀弹簧和工作室等组成。由于单向阀可以把一定数量的发动机机油封装在工作室内，改变封装在工作室内发动机机油的数量，就可以改变液压挺柱的长度，从而起到自动调整气门间隙的作用。液压挺柱的工作过程如下：

1）当气门在关闭状态时，液压挺柱无负荷，在柱塞弹簧的作用下，柱塞与推杆紧密接触，与此同时，发动机机油压开单向阀，流入挺柱工作室，并充满整个空间。

2）气门在开启过程中，在凸轮的作用下，挺柱开始上升，单向阀在挺柱体的作用下关闭，使发动机油路切断。由于液体的不可压缩性，此时挺柱工作室内接近刚体。凸轮继续转动，挺柱体向上推动推杆，通过摇臂顶开气门。在挺柱上升过程中，通过挺柱体和柱塞间的间隙，挺柱工作室的油会泄漏出去一部分，使内部液压油减少，挺柱工作部分的长度会缩短，结果造成一定的气门升程损失。在气门关闭时，挺柱工作室内的油又得到补充，以填补原先让出的空间。

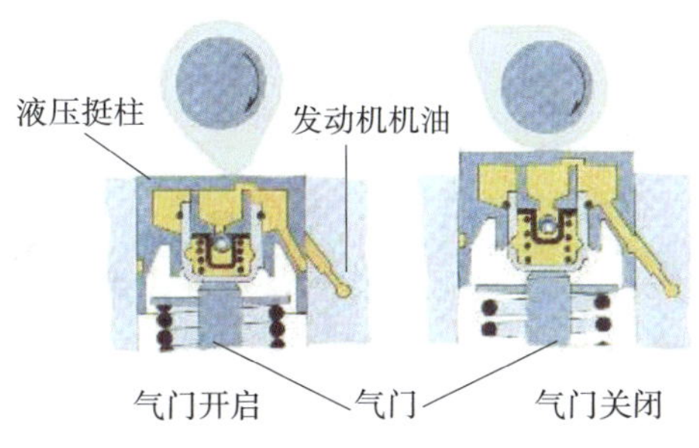

图2-66 液压挺柱工作原理

78. 如何检查液压挺柱

1）首先检查液压挺柱是否出现裂纹、磨损的痕迹（图 2-67），如果有，必须更换新的液压挺柱。

注 意

当需要更换时，必须全部液压挺柱一起更换。

2）检查液压挺柱圆柱度，如果发现误差过大必须更换。同时，液压挺柱与安装孔的间隙如果超出标准值（如凯美瑞轿车标准值为 0.033~0.059mm）的范围也必须更换液压挺柱。

3）在冷态情况下测量气门的间隙（液压挺柱的配合间隙），如果超出标准值（如凯美瑞轿车进气门为 0.19~0.29mm，排气门为 0.38~0.48mm）的范围也必须更换液压挺柱。

图2-67 液压挺柱磨损

79. 气门油封有什么作用

图2-68　气门油封

气门油封可以防止发动机机油进入进、排气门导管，造成发动机机油流失，防止汽油与空气的混合气体以及排放废气泄漏，防止发动机机油进入燃烧室燃烧。

气门油封（图 2-68）一般由外骨架和氟橡胶共同硫化而成，径口部装自紧弹簧或钢丝，安装在发动机气门导管上。

80. 如何拆装气门油封

1）首先拆下气门座和气门弹簧。

2）使用专用的工具将气门油封夹住，如图 2-69 所示。

3）小心地取下气门油封，如图 2-70 所示。

图2-69　将气门油封夹住

图2-70　取下气门油封

4）安装气门油封之前在气门油封唇口轻涂一层发动机机油，然后按照相反的顺序将气门油封装到专用工具上，最后慢慢推到气门导管上即可。

81. 如何拆卸凸轮轴

凸轮轴的拆卸步骤会因车型不同而有所差异，但基本步骤一致，下面以凯美瑞发动机为例，说明拆卸步骤：

1）转动发动机曲轴飞轮，使发动机处于一缸压缩上止点位置。

2）拆卸凸轮轴正时链条。

3）拆下均匀松开并拆卸进、排气凸轮轴的轴承盖螺栓，如图 2-71 所示。

4）小心地取下进、排气凸轮轴并放置好，如图 2-72 所示。

图2-71　拆下凸轮轴的轴承盖螺栓

图2-72　取下进、排气凸轮轴

82. 如何安装凸轮轴

凸轮轴的安装步骤会因车型不同而有所差异，但基本步骤一致，下面以凯美瑞发动机为例，说明安装步骤：

1）安装进、排气凸轮轴之前，首先要确保它们是清洁干净的，如图 2-73 所示。

2）将两个凸轮轴置于气缸盖上，并且确保凸轮顶部朝向要准确。

3）检查朝前标记和号码，正确后将轴承盖安装到气缸盖上。

4）在轴承盖螺栓的螺纹上和头部下涂抹一薄层发动机机油，分步骤均匀拧紧每个轴承盖螺栓，如图 2-74 所示。

83. 如何安装凸轮轴正时齿轮

安装凸轮轴正时齿轮，如图 2-75 所示。具体步骤如下：

1）转动凸轮轴正时齿轮，同时将其轻轻推至凸轮轴。在直销嵌入槽的位置进一步按压。

注　意

一定不要在延迟方向上（直角）转动凸轮轴正时齿轮，避免凸轮轴锁定。

图2-73　进、排气凸轮轴

图2-74　安装进、排气凸轮轴

2）检查齿轮和凸轮轴之间应没有间隙。

3）拧紧带固定的凸轮轴正时齿轮的凸缘螺栓。

4）检查凸轮轴正时齿轮可移动到延迟角侧（直角）且锁定到最延迟的位置。

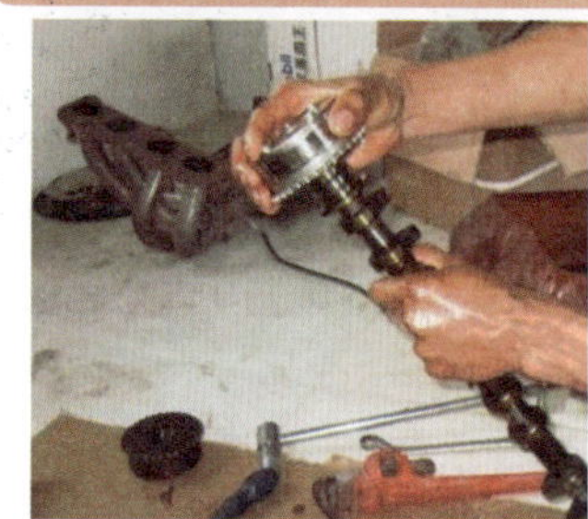
图2-75　安装凸轮轴正时齿轮

84. 怎样检查及安装正时链条

检查及安装正时链条主要是寻找到正时标记，下面以凯美瑞发动机为例，说明检查及安装正时链条的过程。

1）用扳手转动凸轮轴（使用六角顶部），使凸轮轴正时齿轮的各正时标记与1号以及2号轴承盖上的各正时标记均对准，如图2-76所示。

图2-76　对准凸轮轴正时标记

2）转动曲轴飞轮将曲轴转动到曲轴键朝上的位置（正时位置），如图 2-77 所示。

3）将正时链条安装到曲轴正时链轮上，使金色或粉色标记连杆与曲轴上的正时标记对准，如图 2-78 所示。

图2-77　对准曲轴正时标记

图2-78　正时链条安装到曲轴正时链轮

4）将金色或黄色标记连杆对准凸轮轴正时链轮上的各正时标记，然后安装正时链条，如图 2-79 所示。

5）安装正时链条张紧器滑块及导向器，如图 2-80 所示。

6）使用扳手转动曲轴一圈，检查正时链条能否正常工作，如图 2-81 所示。如果不能，则应重新调整正时；如果能，则将其他部件按照相反的顺序安装好即可完成正时链条的安装。

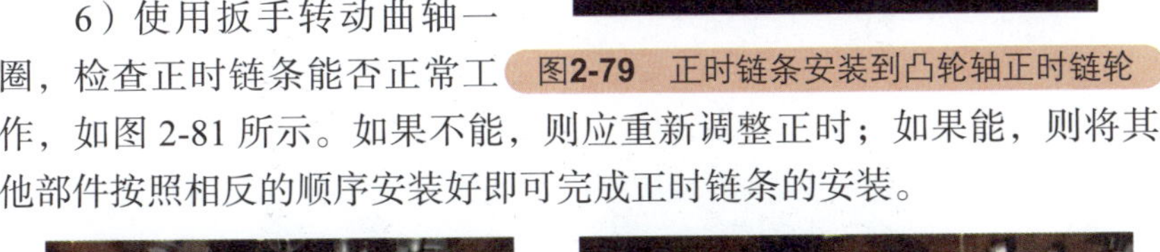

图2-79　正时链条安装到凸轮轴正时链轮

图2-80　安装正时链条张紧器

图2-81　检查正时链条

85. 如何拆卸气门

1）使用气门压缩弹簧工具将气门进行压缩，如图 2-82 所示。

注 意

压缩的气门弹簧会在气门弹簧压缩工具上施加很大的张力，操作时应注意安全，若操作不当将会导致人身伤害。

2）将气门锁片、气门弹簧以及气门弹簧座取出并按照一定顺序摆放好，如图 2-83 所示。

图2-82 将气门进行压缩

图2-83 气门弹簧组件

3）将气门取出并按照一定顺序摆放好，如图 2-84 所示。

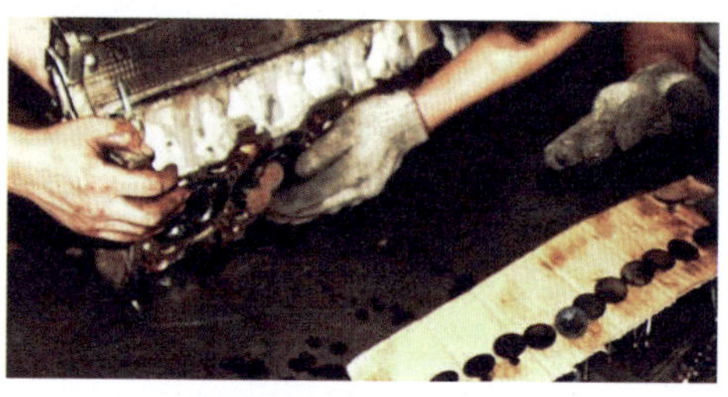

图2-84 取出气门

86. 如何安装气门

1）在气门杆上涂上发动机机油后并装入气门导管内。

2）装入气门弹簧后并装入气门弹簧座。

3）用气门压缩弹簧工具将气门弹簧座压下，然后装入气门锁片，如图 2-85 所示。

4）拆下气门压缩弹簧工具及其附件。

5）使用塑料锤轻敲各气门杆端部 2~3 次，以确保气门和气门锁片的适当就位。

图2-85　安装气门

87. 如何检查与调整气门间隙

检查与调整气门间隙见表 2-11。

表2-11　检查与调整气门间隙

步　骤	技术规范	图　示
（1）寻找一缸压缩上止点	要求： 转动曲轴使发动机处于一缸压缩上止点位置 提示： 一缸压缩上止点一般在曲轴飞轮与正时盖上有对齐标记	
（2）检查气门间隙	要求： ① 先用手摇动摇臂，检查一下气门有无顶住现象，一般活塞在压缩上止点时，摇臂是松动的 ② 将塞尺塞入气门间隙处，以塞尺刚好能顺利通过为气门间隙值（车型不同气门间隙有所差异，一般进气门为 0.2~0.25mm，排气门为 0.3~0.35mm） 提示： 若气门间隙不符合规定，则应进行调整	

（续）

步　骤	技术规范	图　示
（3）松开锁紧螺母	要求： 用扳手松开摇臂上的调节螺钉锁紧螺母 提示： 拧松调节螺钉锁紧螺母时不能用力过大，避免锁紧螺母脱扣	
（4）调整气门间隙	要求： 用专用工具将锁紧螺母紧固，然后用一字旋具拧松或拧紧调节螺钉来调整气门间隙 提示： ① 调整过程中一边用塞尺测试气门间隙，当气门间隙达到规定值时，用专用工具将锁紧螺母紧固 ② 将曲轴旋转一周，再检查调整其余未被调整的气门间隙	
（5）拧紧锁紧螺母	要求： 气门间隙调整完成后将所有的锁紧螺母按照规定的力矩拧紧 提示： 拧紧锁紧螺母之前再复查一次每个气门的间隙是否都调整合适，否则应重新调整	

四、发动机机械常见异响故障的诊断

88. 如何排除活塞敲缸故障

活塞敲缸是对活塞敲击缸壁故障现象的简称。这种故障属发动机的恶性故障，多发生在发动机严重磨损或发动机大修之初修配不当时。当发动机出现该故障时，应及时排除。

（1）故障现象

气缸内发一种清脆而有节奏的金属敲击声，其响声随温度变化而不同。当发动机工作温度低时，响声明显，尤其在怠速时响声更清晰。当温度升高时，响声随之减弱或消失。

注　意

冷车运行时出现轻微敲缸响声，热车时消失现象是正常的。

（2）故障原因

图2-86　气缸磨损严重

1）活塞与气缸配合间隙过大。修配不当造成活塞与气缸配合间隙较大，或因气缸磨损严重（图 2-86）造成间隙过大。

2）活塞方向装反或出现反椭圆现象，会造成敲缸响声。

3）连杆轴承紧度不合适也会引起活塞运动中与缸壁产生撞击发出响声。

4）活塞销与活塞配合间隙不正确。

（3）诊断方法

1）为确定敲缸的气缸时，把发动机转速固定在敲击最响的位置上，采用“断火”的方法（用逐个切断各缸高压电的办法进行试验），当某缸“断火”后，声音明显减弱或消失，即为该缸响。

2）当进一步判断时，可用长嘴机油壶在活塞上方注入发动机机油，然后起动发动机。在起动后的瞬间，若响声减弱或消失，过不久响声又出现，即为该缸敲缸。

（4）排除方法

当出现严重敲缸响声时，必须分解发动机，重新修理选配活塞与气缸间隙，才能彻底解除敲缸故障。

89. 如何排除活塞拉缸故障

图2-87　活塞拉缸

拉缸是指缸壁沿活塞运动方向，出现深浅不一的沟痕，如图 2-87 所示。由于缸壁沟痕的存在，活塞在压缩和做功行程时，高压气体从沟痕处泄漏，产生响声。该故障导致发动机动力下降，机油消耗增加，拉缸严重时会导致活塞卡死在气缸内，使发动机不能运转。该故障属发动机的恶性故障，一经确定应立即排除，以免造成更大的损失。

（1）故障现象

气缸拉伤出现沟痕后，发动机在运转时会发生类似敲击的声响，声响随发动机转速变化；由于缸壁沟痕的出现，气缸密封状况变坏，机油窜入燃烧室燃烧，发动机机油消耗量增加，发动机出现冒蓝烟现象。

（2）故障原因

1）气缸内存有异物，造成气缸拉伤。

2）活塞与气缸配合间隙过小，活塞环对缸壁压力过大。

3）发动机机油或汽油内含有杂质，导致缸壁润滑不良。

4）发动机过热使发动机机油油膜被破坏，出现干摩擦，使活塞过度膨胀，形成黏着磨损而拉缸。

5）活塞销卡环脱出，拉伤缸壁。

（3）诊断方法

使用断火的方法进行确定，效果不明显。当确定不了时，可使用气缸压力表检测气缸压力，若单个某缸压力过低，则此缸可能拉缸（或气门烧熔），应分解检查确定。

（4）排除方法

当确定发动机出现拉缸故障时，应拆检发动机，测量气缸尺寸，重新选配气缸套和活塞，然后进行修复。

90. 如何排除活塞环异响故障

活塞环异响包括活塞环敲击异响和活塞环漏气异响。

（1）故障现象

响声为又钝又哑的“啪、啪”声，随发动机转速的升高响声随之加大，并且不变成较杂碎的声音，响声类似于敲缸响。

（2）故障原因

1）活塞环折断。

2）活塞环槽磨损，使活塞环在环槽内松旷。

3）气缸和活塞环磨损后活塞环开口间隙过大，如图 2-88 所示。

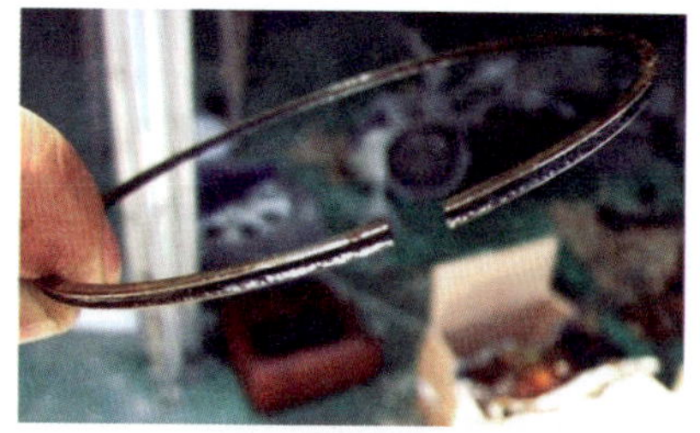

图2-88 活塞环磨损

4）活塞环弹性太弱。

5）活塞环质量不好或活塞失圆。

（3）诊断方法

1）进行单缸断火试验。如果断火时响声减小但不消失，把长一字旋具放在火花塞上细听，有“唰、唰、唰”响声则为活塞环折断，如感觉到有明显的振动则为活塞环碰撞气缸口台阶响。

2）打开加机油口盖检查，如有脉动性地向外冒淡蓝烟，然后做断火试验时，窜气减弱，则为活塞漏气异响。

3）若发动机温度低时，发出“嘣、嘀、嘀”的响声，转速升高时响声随之增大；发动机温度升高后，响声逐渐减小或消失，但做单缸断火试验时响声消失，恢复工作后响声随即又出现，即可断定为活塞漏气异响。

（4）排除方法

发现活塞有敲击异响或漏气异响时，应拆检发动机，视情况更换活塞环或对发动机进行大修。

91. 如何排除活塞销异响故障

活塞销异响是由于磨损或修配不当，使活塞销和活塞销座孔之间或活塞销和连杆衬套孔之间的配合间隙过大，在气体作用力和活塞往复惯性力作用下，活塞销与销座孔或连杆衬套孔发生冲击所致。

（1）故障现象

响声较清脆，怠速时响声明显，发动机转速升高后响声污浊不清。冷车时响声不明显，热车后响声增大。当单缸断火试验时，响声减弱或消失，而在恢复工作的瞬间，响声会敏感地突然恢复。

（2）故障原因

1）活塞销与连杆衬套磨损过度。

2）活塞销与活塞销座孔松旷。

3）活塞销润滑不良引起活塞销严重烧蚀。

4）活塞销卡环脱落而导致活塞销窜动。

5）活塞销折断。

（3）诊断方法

1）让发动机以怠速运转，然后加速，若响声能随转速的变化而变化，且能听到清脆而连贯的“嗒、嗒、嗒”响声，则为活塞销异响。

2）如果异响较小，可将发动机稳定在响声相对较强的转速上，逐缸进行断火试验。当某缸断火后响声明显减弱或消失，在恢复的瞬间又立即出现一个或连续两个较强的响声，则可断定为该缸活塞销响。

3）用听诊器或长一字旋具触在发动机缸体上部的两侧，可听到清脆的响声，则为活塞销异响。

（4）排除方法

当发动机出现活塞销响时，应拆下所有的活塞连杆组，更换加大的活塞销或将活塞和活塞销及连杆衬套一同更换，以恢复活塞销和座孔及衬套孔之间的配合间隙。

92. 如何排除曲轴主轴承异响故障

当发动机工作时，曲轴主轴承与轴颈发生相对运动而撞击并发出“嘎嘎”的响声，称为曲轴主轴承异响。

（1）故障现象

发动机无负荷稳定运转时无异响，转速突然变化时，有低沉、钝重、连续的金属敲击声响，严重时发动机发生振动。发动机有负荷时响声明显，而且发动机转速超高，响声越大。

（2）故障原因

1）曲轴主轴承或主轴颈磨损过甚，径向配合间隙过大。

2）曲轴主轴承合金层烧毁或脱落。

3）曲轴主轴承盖螺栓松动或螺栓扭力没有达到规定值。

4）发动机机油压力太低或机油太稀。

（3）诊断方法

1）使用听诊器在发动机下方听声响（图2-89），同时反复变化发动机转速，如果突然加速或减速时，有明显的沉重响声，则是曲轴主轴承异响。

图2-89 听诊器检查发动机声响

2）在发动机热车后，如果转速由低速加速到中速时，有“哩、哩、哩”

的有节奏而钝重的响声，而且发动机温度超高（机油黏度越低）响声越明显，到高速时响声变为杂乱，则为曲轴主轴承异响。

3）测量发动机机油压力，如果发动机机油压力显著下降，则说明曲轴主轴承间隙过大。

4）当单缸断火时，响声无变化；而相邻两缸同时断火时，响声明显减弱，则是曲轴主轴承异常。

（4）排除方法

当出现曲轴主轴承异响时，应拆下油底壳，检查曲轴主轴承的配合间隙，视情况更换轴承或对发动机进行大修。

93. 如何排除连杆轴承异响故障

当发动机工作时，连杆轴承与轴颈发生相对运动而撞击并发出“当当”的响声，称为连杆轴承异响。

（1）故障现象

1）发动机怠速运转时无明显声响，而中高速时发出“当当”响声。

2）急加速后松开加速踏板瞬间响声更加明显。

3）温度升高后无明显变化。当负荷增加时，声响随之增大。

4）声响较曲轴轴承声响缓慢、短促。

（2）故障原因

1）连杆轴承与轴颈磨损过甚，径向配合间隙过大，如图 2-90 所示。

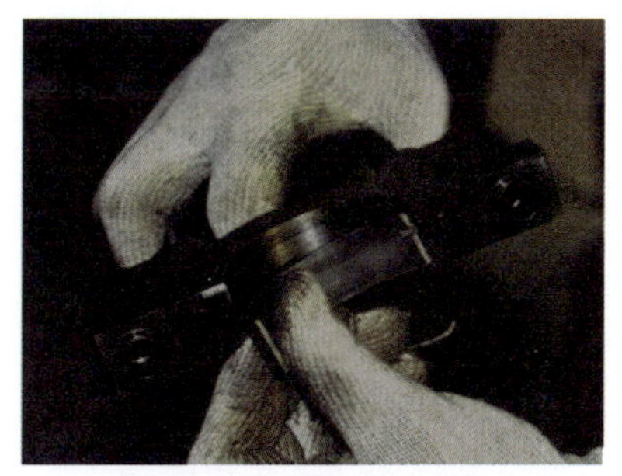

图2-90　连杆轴承磨损

2）连杆轴承合金层烧毁或脱落。

3）连杆轴承盖的固定螺栓松动或折断。

4）发动机机油压力太低或发动机机油太稀。

5）发动机长期高温、高负荷下工作。

（3）诊断方法

1）起动发动机，分别由低速到中速，再由中速到高速进行变换转速试验，同时结合逐缸断火试验和听诊等方法反复进行。若响声随着发动机转速的升高而增大，则为连杆轴承异响。

2）在怠速、中速、高速等工况下，逐缸反复进行断火试验。如某缸断火后响声明显减弱或消失，在恢复的瞬间又立即出现，则可断定为该缸连杆轴承异响。

3）如用听诊器或长一字旋具触在发动机缸体上听诊，响声不明显，但在发动机下方异响明显，则为连杆轴承异响。

4）在诊断连杆轴承异响时要注意检查发动机机油压力。声严重，又伴随有机油压力低，说明连杆轴承与轴颈的配合间隙过大。

（4）排除方法

当确定连杆轴承异响时，应拆下油底壳，检查连杆轴承的配合间隙，视情况更换连杆轴承或对发动机进行大修。

94. 曲轴瓦被烧毁故障的现象及原因是什么

（1）故障现象

一般情况下发生曲轴瓦烧蚀时会冒白烟，发出金属撞击异响声，严重时曲轴与轴瓦烧蚀（抱死）在一起而无法转动，如图2-91所示。

图2-91 轴瓦烧蚀

（2）故障原因

1）发动机机油变稀。检查发动机上部零件是否有水蒸气或水珠，若发现使用中发动机机油容量增加，黏度降低并有异味，则发动机机油中已混入水蒸气。

2）发动机机油变质。经较长时间使用或发动机处于长时间高温工作，造成发动机机油氧化变质，呈黑色、无光泽，含量增大，手指捻发动机机油时感觉机油里有粉尘、杂质等。

3）曲轴轴颈与轴瓦间隙过大或过小。当出现间隙过大或过小时，可用千分尺、量缸表检查轴颈、轴承孔、轴瓦尺寸，计算其配合间隙。

95. 怎样排除液压挺柱响声

（1）故障现象

发动机如果在运转中出现气门脚响，说明液压挺柱有故障。

（2）故障原因

1）发动机机油油面过高或过低，致使有气泡的机油进入液压挺柱中，形成弹性体而产生气门脚响。

2）机油压力过低，液压挺柱中缺少机油，使空气进入液压挺柱中，产生气门脚响。

3）发动机长期放置不用，使液压挺柱被过分压缩，重新起动后没有得到足够的机油补充而使空气进入，产生气门脚响。

4）液压挺柱失效。

（3）诊断与排除方法

1）首先检查发动机机油油面，若油面太低，应添加发动机机油至标准高度。

2）起动发动机，并使发动机工作温度正常，然后保持2000r/min转速运转约2min，若此时气门脚响的现象消失，则可继续使用发动机，无须拆修。若气门脚响的现象仍存在，则应拆检。对于拆下的液压挺柱，可用手指捏住液压挺柱的上、下端面用力按压（图2-92），如有弹性，则说明该液压挺柱已失效，应更换。

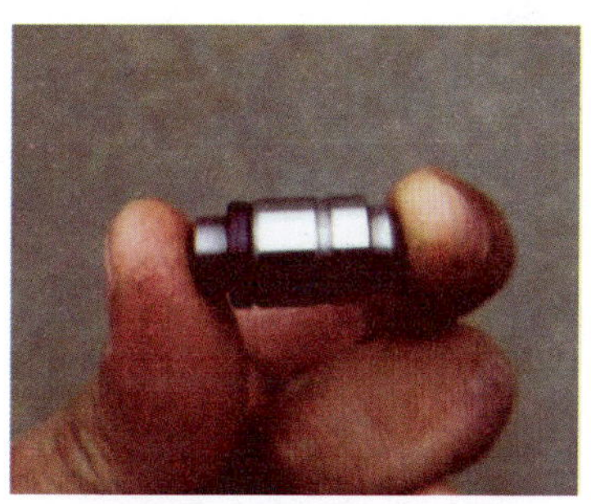

图2-92 检查液压挺柱

96. 怎样排除发动机下方有异响故障

1）正时链条以及相关部件过度磨损或错位，检修或更换正时链条或相关的正时部件。

2）曲轴上的磁感应齿轮损坏，更换磁感应齿轮，必要时更换曲轴。

3）发动机飞轮或曲轴平衡器松动或安装不当，修理或更换飞轮或平衡器，必要时将其更换。

4）曲轴止推片磨损（图2-93），导致曲轴前后移动，检修或更换曲轴和止推片。

图2-93　曲轴止推片磨损

97. 怎样排除气门室内部异响故障

1）气门摇臂磨损、松动或安装位置不正确等，修理或更换气门摇臂。

2）气门杆上积炭导致气门卡滞不能正确关闭，进行修理或更换气门。

3）正时链条或正时链轮等部件过度磨损（图2-94）或错位，检修或更换正时链条或相关的正时部件。

图2-94　正时链轮过度磨损

4）凸轮轴凸轮磨损，修理或更换凸轮轴以及相关的部件。

5）进、排气门间隙调整不当，重新调整气门间隙。

6）气门弹簧折断，更换气门弹簧。

7）气门导管或气门杆磨损，检查气门和气门导管，必要时进行修理或更换。

8）气门调整螺钉两接触面严重磨损或不平整，更换气门调整螺钉。

98. 如何排除气门漏气故障

（1）故障现象

发动机运转时工作不平稳，消声器排气有连续“突突”声，进气歧管回火，燃油消耗增加以及出现异响的现象。

（2）故障原因

1）凸轮轴凸轮磨损或气门调整螺钉松动，导致气门间隙变化和气门烧蚀，影响气密性。

2）气门间隙调整过大或过小，导致气门关闭不严或根本不能关闭。

3）气门及其座口锥面有麻、凸穴或积炭。

4）气门装入座口时有杂物卡滞，密封不良。

5）气门与气门杆跳动量超差，气门导管孔与座孔不同轴度超限。

6）气门弹簧弹力下降等。

（3）故障排除方法

分解发动机缸盖进行检查，对气门进行修磨，装复后调整好气门间隙，必要时更换损坏的部件。

第三章
润滑系统故障诊断与检修

一、润滑系统基础知识

99. 润滑系统有什么作用

润滑系统的作用是在发动机工作时连续不断地将数量足够而温度适当的洁净机油输送到发动机全部运动零件的摩擦表面，并在摩擦表面之间形成一层油膜（图 3-1），形成液体摩擦，使摩擦阻力减小、功率消耗降低、机件磨损减轻，以提高发动机工作的可靠性和耐久性。

图3-1　油膜

100. 润滑系统的润滑方式是怎样的

发动机润滑系统的润滑方式主要有压力润滑和飞溅润滑两种，但以压力润滑为主、飞溅润滑为辅的润滑方式。具体如下：

（1）压力润滑

在发动机中，对于某些承受载荷大、运动速度高的摩擦表面（如主轴承、连杆轴承表面等）是不断地将机油以一定压力送至两摩擦面之间的缝隙中，形成油膜来保证润滑的，这种润滑称为压力润滑。压力润滑工作可靠，润滑效果好，对摩擦表面有良好的清洗和冷却作用。

（2）飞溅润滑（图 3-2）

飞溅润滑是利用发动机工作时某些运动零件（主要是连杆大头和曲轴曲柄）飞溅起来的油滴或油雾润滑零件的摩擦表面。采用这种方式润滑一些裸露在外面的载荷较小的摩擦表面，如气缸壁、活塞、活塞环、活塞销以及配气机构的凸轮等零件。

图3-2　飞溅润滑

101. 润滑系统结构与工作原理是怎样的

润滑系统一般由机油泵、油底壳、机油滤清器、机油集滤器、机油冷却器（或机油散热器）以及机油压力传感器构成，如图 3-3 所示。

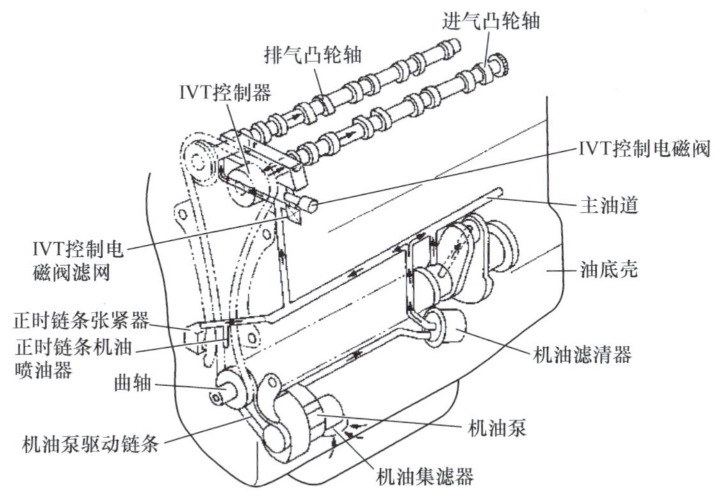

图3-3　润滑系统结构与工作原理

发动机机油通过机油泵形成油压，经过机油滤清器过滤，进入曲轴和缸体的主油道，并分配到各个油孔。发动机机油流经缸体完成润滑后，重新返回至油底壳。

102. 机油泵结构与工作原理是怎样的

机油泵结构与工作原理如图 3-4 所示。当机油泵中的驱动齿轮随着曲轴旋转时，驱动齿轮间的间隙发生变化，在齿侧面和月牙之间形成油压，将机油泵出。

103. 机油滤清器结构与工作原理是怎样的

机油滤清器结构与工作原理如图 3-5 所示。从机油泵压出的发动机机油进入机油滤清器，经机油滤清器滤芯过滤后流入主油道，润滑发动机零件。当机油滤清器滤芯杂质过多失效后，发动机机油会通过旁通阀流入主油道，润滑发动机零件。

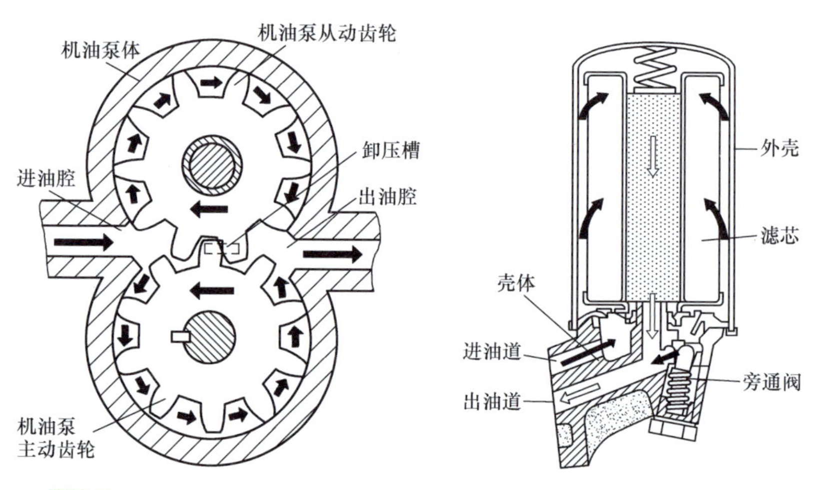

图3-4　机油泵结构与工作原理

图3-5　机油滤清器结构与工作原理

104. 机油冷却器结构与工作原理是怎样的

机油冷却器的作用是降低发动机机油温度，保持发动机机油一定的黏度。机油冷却器由铝合金铸成的壳体、前盖、后盖和铜芯管组成。机油冷却器安装在冷却系统中，利用发动机冷却液的温度来控制发动机机油的温度，如图 3-6 所示。

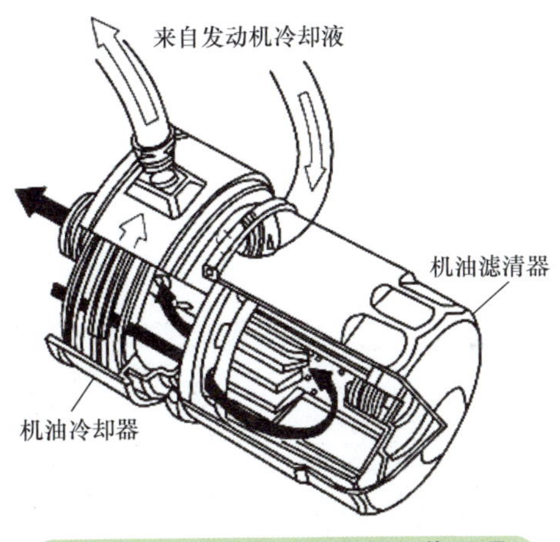

图3-6　机油冷却器结构与工作原理

105. 机油有什么作用

（1）润滑作用

当发动机在运转时，机油在运动零件的所有摩擦表面之间形成连续的油膜，以减小零件之间的摩擦。

（2）冷却作用

机油在循环过程中流过零件工作表面，可以降低零件的温度。

（3）清洗作用

机油可以带走摩擦表面产生的金属碎末及冲洗掉沉积在气缸活塞、活塞环及其他零件上的积炭。

（4）密封作用

发动机的气缸与活塞、活塞环与环槽以及气门与气门座间均存在一定间隙，机油在这些间隙中形成的油膜，保证了气缸的密封性。

（5）防锈作用

当发动机在运转或存放时，机油在所有摩擦表面形成的油膜可以防止零件发生锈蚀的作用。

（6）消除冲击载荷作用

在压缩行程结束时，可燃混合气开始燃烧，气缸压力急剧上升。这时，轴承间隙中的机油将缓和活塞、活塞销、连杆、曲轴等运动零件所受到的冲击载荷，使发动机平稳工作，并防止金属直接接触，减少磨损。

106. 怎样正确选用机油

机油的正规厂商一定会在产品外包装显著位置注明油品牌号，牌号是由一组数字及英文字母共同构成的，如：SJ 10W/30、SM 5W/40 等，如图 3-7 所示。牌号前面的字母部分如 SM、SJ 代表汽油机油的质量等级，后边的数字部分如：10W/30、5W/40 代表汽油机油的黏度等级。

图3-7　机油

1）根据世界通行的美国石油学会 SPI 的分类，将汽油机油定为以“S”为系列 SA、SB、SC、SD、SE、SF、SG、SH、SJ、SM、SN 等多个等级。质量按字母顺序依次提高，其中 SN 级机油级别最高、质量最好，SM 、SJ、SH 级次之，而 SF、SE 属中档机油。

2）根据黏度等级分类法，将机油分成夏季用的高温型、冬季用的低温型和冬夏通用的全天候型三类。

① 冬季用油牌号分别为 0W、5W、10W、15W、20W、25W，符号 W 代表冬季是 Winter（冬天）的缩写，W 前的数字越小，低温黏度越小低温流动性越好，适用的最低气温越低。

② 夏季用油牌号分别为 20、30、40、50，数字越大其黏度越大，适用的最高气温越高。

③ 冬夏通用油牌号分别为 5W/20、5W/30、5W/40、5W/50、10W/20、10W/30、10W/40、10W/50、15W/20、15W/30、15W/40、15W/50、20W/20、20W/30、20W/40、20W/50，代表冬用部分的数字越小，代表夏季部分的数字越大黏度越高，适用的气温范围越大。

107. 怎样鉴别机油质量

目前，市场出售的机油并非那么“纯洁”，以次充好、以劣充优的

现象普遍存在，应从以下方法判断机油质量：

（1）观察机油颜色

国产正牌散装机油多为浅蓝色，具有明亮的光泽，流动均匀。凡是颜色不均、流动时带有异色线条者均为伪劣或变质发动机机油，若使用此类机油，将严重损害发动机。进口机油的颜色为金黄色（图 3-8），晶莹透明，油桶制造精致，图案字码的边缘清晰、整齐，无漏色和重叠现象，否则为假货。

图3-8 观察机油颜色

（2）闻气味

合格的机油应无特别的气味，只略带芳香。凡是对嗅觉刺激大且有异味的机油均为变质或劣质机油，绝对不可使用。

108. 怎样判断机油变质

判断机油变质的方法见表 3-1。

表3-1 判断机油变质的方法

方法	操作内容	图示
（1）机油尺鉴别	从发动机上抽出机油尺，然后对着光亮处观察机油尺刻度线是否清晰，当透过机油看不清机油尺上的刻线时，则说明机油过脏，需立即更换机油	
（2）搓捻鉴别	从发动机内取出少许机油，放在手指上搓捻。搓捻时，如有黏稠感觉，并有拉丝现象，说明机油未变质，仍可继续使用，否则应更换	
（3）油滴检查	在白纸上滴一滴油底壳中的发动机机油，若油滴中心黑点很大，呈黑褐色且均匀无颗粒，周围黄色浸润很小，说明发动机机油变质应更换。若油滴中心黑点小而且颜色较浅，周围的黄色浸润痕迹较大，说明发动机机油还可以使用	

（续）

方　法	操作内容	图　示
（4）倾倒鉴别	取发动机中的少量机油注入一容器内，然后从容器中慢慢倒出，观察机油流的光泽和黏度。若机油流能保持细长且均匀，说明机油内没有胶质及杂质，还可使用一段时间，否则应更换机油	

109. 使用机油应注意什么

1）在选择机油的使用级别时，高级机油可以用在要求较低的发动机上，但过多降级使用不经济。切勿将使用级别较低的机油加注在要求较高的发动机上使用，否则会加速发动机的磨损而造成过早损坏。

2）单级机油和多级机油不要混用，不同牌号机油不可混用使用，逼不得已的情况下临时使用后要尽快更换机油。

3）当加注机油时，应注意油量，油量过少，油面就会过低，会引起供油不足并加速机油变质；油量过多，油面就会过高，使机油从活塞和气缸壁的间隙中窜入燃烧室燃烧，使积炭增多。

4）按车辆保养手册规定的里程更换机油。

5）在更换机油时要放净旧机油。当添加新机油时，应注意不要让杂质和水分混入发动机内，同时还应更换机油滤清器。

110. 怎样正确检查机油油位

检查机油油位主要分为带机油尺和不带机油尺两种检查方法，见表3-2。

表3-2　正确检查机油油位方法

方　法	操作内容	图　示
（1）带机油尺的检查	1）将车停在平坦处，使用驻车制动器 2）起动发动机并暖机，直到发动机温度到达正常的工作温度（约5min） 3）关闭发动机 4）等待至少10min，使发动机机油流回到油底壳	

（续）

方法	操作内容	图示
（1）带机油尺的检查	5）取出机油尺并将其擦干净 6）重新完全插入机油尺 7）取出机油尺，查看油位。它应当在高位和低位标记之间。如果机油油位低于低位标记处，应取下发动机机油盖，并注入原厂的发动机机油；如果机油油位过高，则应抽出一部分机油 8）用机油尺重新检查油位到标准位置即可	
（2）不带机油尺的检查	1）启动组合仪表的机油检查功能，然后利用车载计算机检查机油油量 2）查看组合仪表的油位。它应当在高位和低位标记之间（或者显示文字提示）。如果机油油位低，应取下发动机机油盖，并注入原厂的发动机机油；如果机油油位过高，则应抽出一部分机油 3）重新检查油位到正常位置即可	

二、润滑系统部件拆装与检修

111. 怎样更换机油滤清器

更换机油滤清器见表 3-3。

112. 怎样更换机油泵

机油泵的位置根据车型不同，安装位置有所差异，以安装在正时室盖的机油泵为例，更换机油泵见表 3-4。

表3-3 更换机油滤清器

步 骤	操作内容	图 示
(1) 安全地升起汽车	拆下发动机机油盖，并安全地升起汽车	
(2) 拆下发动机下护板	使用气动扳手小心地拆下发动机下护板，便于更换机油滤清器	
(3) 排放机油	拆卸发动机放油塞，将机油排放到收集器中	
(4) 拆卸机油滤清器	用机油滤清器扳手拧松机油滤清器，然后小心地将其拆下	
(5) 清除干净机油滤清器支座	用干净的抹布将机油滤清器支座表面上旧发动机机油及附着的异物清除干净	
(6) 安装机油滤清器	在新的机油滤清器的油封表面上涂抹一层发动机机油，用手轻轻地将机油滤清器拧到支座底部。最后使用机油滤清器扳手按规定扭力拧紧机油滤清器。注意：拧紧的过程中切勿认为越紧越好，否则将会损坏油封	

（续）

步　骤	操作内容	图　示
（7）加注机油	安装放油塞，然后向发动机加注机油至规定油位	
（8）起动发动机	起动发动机，让其怠速运行 3 min 以上，然后升起汽车进行检查，确保发动机机油无泄漏即可	

表3-4　更换机油泵

步　骤	操作内容	图　示
（1）拆下气门室盖	首先拆下传动带自动张紧器及曲轴带轮，然后拆下气门室盖	
（2）拆下正时室盖紧固螺栓	拆下侧发动机装配支架，然后拆下正时室盖紧固螺栓	
（3）拆下正时室盖	由于旧机油泵在正时室盖上，然后拆下正时室盖总成即可	
（4）涂抹液体密封剂	在正时室盖的机油泵配合面与螺栓孔螺纹内涂抹液体密封剂	

（续）

步　骤	操作内容	图　示
（5）安装机油泵	在新机油泵上安装新O形密封圈。将机油泵的边对准油底壳的边缘，然后将机油泵安装在发动机体上。缓慢地安装装配螺栓，然后拧紧。擦去油底壳与机油泵配合面上多余的液体密封剂	
（6）安装其他拆装的部件	按照相反的顺序安装好气门室盖及其他拆装的部件	

113. 怎样检修机油泵

1）拆下机油泵壳体上的螺栓，然后将机油泵壳体与机油泵盖分开。

2）检查机油泵内转子与外转子之间的径向间隙，如图3-9所示。如果内转子与外转子之间的径向间隙超过维修极限（如本田轿车为0.20mm），则更换机油泵。

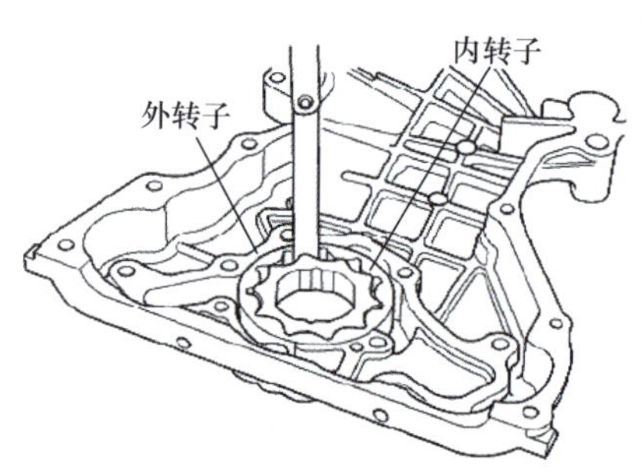

图3-9　检查内外转子径向间隙

3）检查机油泵壳体与转子之间的轴向间隙，如图3-10所示。如果机油泵壳体与转子之间的轴向间隙超过维修极限（如本田轿车为0.12mm），则更换机油泵。

4）检查机油泵壳体与外转子之间的径向间隙，如图3-11所示。如果油泵壳体与外转子之间的径向间隙超过维修极限（如本田轿车为0.20 mm），则更换机油泵。

5）检查两个内外转子及机油泵壳体是否有划痕或其他损坏。如有损坏必须更换零部件。

6）安装机油泵盖，然后检查机油泵是否转动自如，如果正常，则安装机油泵。

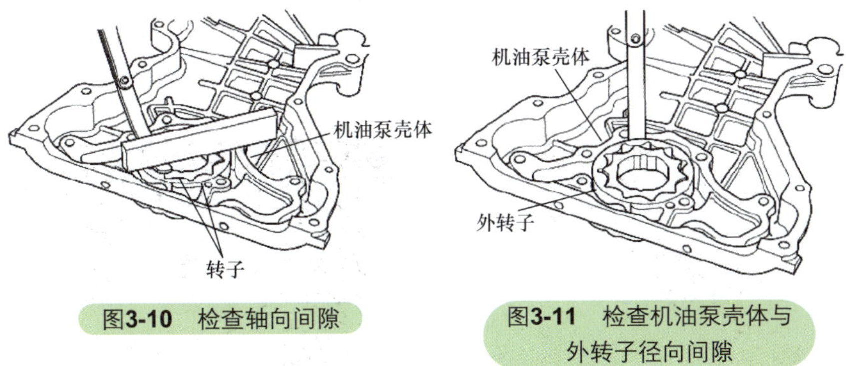

图3-10　检查轴向间隙

图3-11　检查机油泵壳体与外转子径向间隙

114. 怎样检修机油冷却器

1）拆下机油冷却器，检查表面是否损坏或堵塞，如果有堵塞或异常情况，则更换机油冷却器。

2）如图 3-12 所示，用木棍沿箭头方向推安全阀，检查是否被卡住。推动过程中若发现卡住，则更换安全阀。

3）如果机油冷却器过脏，则将它置于 10%~15%（质量分数）氢氧化钠水溶液内浸 30min 左右，取出机油冷却器后用水冲洗干净。

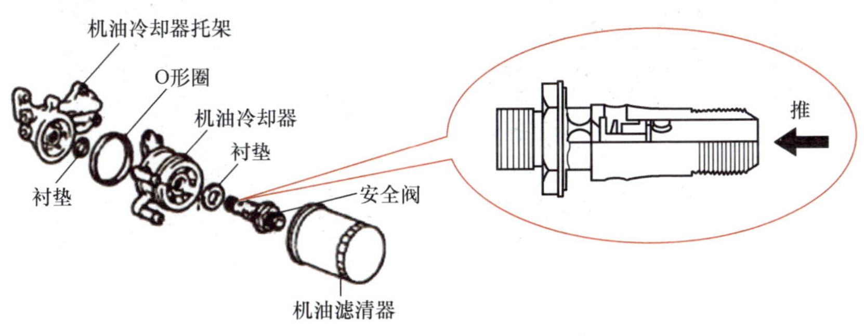

图3-12　检修机油冷却器

115. 怎样检查机油压力

1）拆下机油压力开关，将机油压力表安装到机油压力开关的安装座上，如图 3-13 所示。

2）起动发动机，将发动机暖机，并且发动机机油温度在 80℃，读取机油压力表上的压力值（图 3-14），怠速 220kPa 或更高；当转速为 2000r/min 时，应为 300kPa 或更高。若与规格不符，应排除机油压力减压阀、机油集滤器和机油泵的故障。

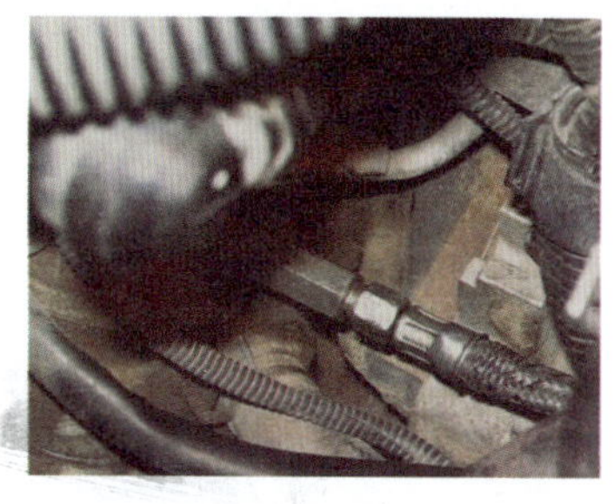

图3-13 安装机油压力表

图3-14 机油压力表上的压力值

116. 怎样排除机油警告灯故障

1）机油压力开关或线路故障。当机油压力开关或线路故障时，无法向仪表提供准确的压力信号，应检查机油压力开关线路（图 3-15），必要时更换机油压力开关（图 3-16）。

图3-15 检查机油压力开关线路

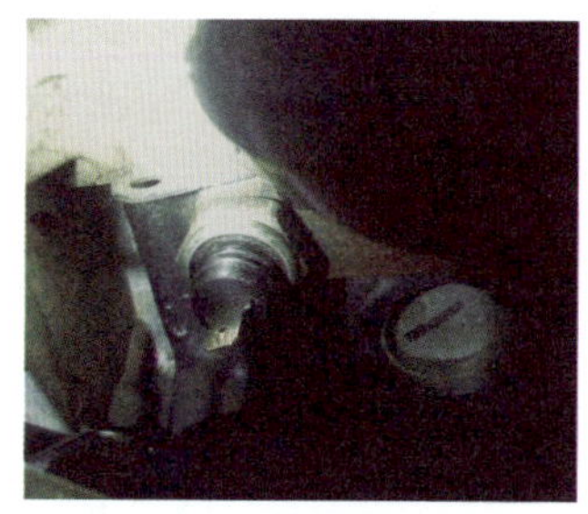

图3-16 机油压力开关位置

2）发动机机油型号选用不当。如果发动机机油型号选用不当，发动机运转时会因为发动机机油黏度太低造成润滑效果太差，从而使油压降低而报警。此时，重新更换发动机机油。

3）发动机机油油量不足。如果机油油量不足，就会使机油泵的供油量减少导致机油压力降低，从而使油压降低而报警。此时，补充型号相同的机油。

4）机油泵故障。当机油泵内部零件出现损坏或磨损、装配不正确时，将出现机油泵供油不足的现象，重新更换机油泵或进行修复。

5）发动机油道堵塞。发动机油道堵塞会使机油压力降低而报警，应清洗发动机润滑系统。

6）发动机温度过高。当发动机温度过高时，就容易使发动机机油变稀，从而配合间隙中大量流失而导致机油压力下降。排除发动机温度过高故障。

117. 如何免拆清洗发动机润滑系统

免拆清洗发动机润滑系统的方法见表 3-5。

注 意

由于发动机润滑系统清洗机的结构不同，使用方法也有所不同，具体应以使用说明书为准。

表3-5 免拆清洗发动机润滑系统的方法

步 骤	操作内容	图 示
（1）排放旧机油	将待清洗汽车的机油放掉	
（2）添加专用清洗机油	向发动机内添加专用清洗机油	
（3）连接发动机润滑系统清洗机	拆下机油滤清器，然后在机油滤清器的安装处连接上发动机润滑系统清洗机专用管路	

（续）

步　　骤	操作内容	图　　示
（4）进行清洗	1）将压缩空气管连接到快速接头处，然后启动发动机润滑系统清洗机进行清洗，清洗每辆车大约15~30min 2）重新更换机油和机油滤清器，清洗工作完成	

118. 怎样更换机油集滤器

更换机油集滤器见表3-6。

表3-6　更换机油集滤器

步　　骤	技术规范	图　　示
（1）拆卸机油集滤器	要求： 拆卸放油塞，将发动机机油排放干净，然后将发动机油底壳拆下，最后拆卸机油集滤器 提示： 拧下机油集滤器上的紧固螺栓即可取下机油集滤器	
（2）安装机油集滤器	要求： 按照相反的顺序安装机油集滤器，然后安装油底壳并添加发动机机油至规定位置即可 提示： 拆装油底壳后，必须要确保机油无泄漏	

三、润滑系统常见故障与检修

119. 机油消耗过多怎么办

如果机油消耗量超过规定值，排气冒蓝烟，气缸内积炭增多，则可判定有机油消耗过多故障。此故障主要是泄漏和烧机油造成的，具体原因及处理方法如下：

1）活塞、活塞环与气缸壁的间隙过大或活塞环与环槽的侧隙过大，更换活塞、活塞环或气缸。

2）气门与气门导管间隙过大或气门油封失效，更换气门、气门导管或气门油封。

3）润滑系统各零部件泄漏，排除泄漏部位。

4）活塞环抱死或活塞环安装位置没有错开相应的角度，重新安装活塞环。

120. 为什么机油不能加得过多

1）对高速旋转的曲轴、连杆产生很大阻力，使动力下降，在汽车行驶时也就增加油耗。

2）增加了曲轴和连杆转动时溅入气缸内壁的机油量，从而使进入燃烧室的机油量大大增加，导致发动机烧机油。

3）当机油进入燃烧室燃烧，不仅使尾气排放恶化，影响三元催化转化器的寿命，严重时可能会使三元催化转化器损坏。

4）加多机油将会使机油压力升高，降低了发动机各种油封使用寿命，导致发动机漏油。

121. 怎样识别机油中是否有水

可以通过以下一些简单的方法来判断机油中是否含有水分。

（1）观色法

清洁达标的机油呈半透明状。机油中有了水其透明度会下降。当发动机运转一段时间后，机油呈乳白色（图 3-17），并伴有泡沫。

图3-17 机油呈乳白色

（2）燃烧法

把铜网烧热后放入被检查的机油中，若有“噼啪”响声，说明机油中含有较多的水。也可将检查的机油注入试管中加热，当温度接近 80~100℃时，试管中产生“噼啪”声，则证明机油中含有较多的水。

（3）放水法

发动机停机后，让发动机静止 30min 左右，松开放油螺塞，如有水放出来，则说明机油中含有较多的水。

122. 怎样识别发动机烧机油

可以通过以下一些简单的方法来判断发动机是否烧机油。

（1）排气管内很黑（图 3-18）

先将排气管内壁擦拭干净，过一两天再次擦拭，如果发现排气管内很黑，就表示汽车有烧机油的现象。

（2）加速时冒蓝烟（图 3-19）

当汽车急加速时出现冒蓝烟现象，而怠速时基本没有，这种情况说明汽车烧机油。

（3）机油注入口冒蓝烟

如果在机油注入口也开始冒蓝烟，说明发动机烧机油非常严重。

图3-18　排气管内很黑

图3-19　加速时冒蓝烟

123. 发动机烧机油怎么办

1）首先检查发动机油位是否正常，如果油位过高，应抽出一些发动机机油，如图 3-20 所示。如果油位正常，则选择黏度比较大的发动机机油来增加发动机活塞和缸壁间的密封性。

图3-20　抽出多余发动机机油

2）测量气缸压力，如果气缸压力正常，一般是气门油封老化破损导致的烧机油，更换气门油封；如果气缸压力不正常，说明发动机气缸内的活塞环、活塞和气缸密封不严，应更换活塞环以及其他损坏的部件。

124. 机油压力过低怎样检修

1）机油集滤器堵塞，清洗或更换机油集滤器。

2）机油滤清器堵塞，更换机油滤清器。

3）发动机机油油面过低，按规定补充发动机机油。

4）发动机机油黏度降低，更换发动机机油。

5）机油限压阀弹簧失效或调整不当，更换弹簧或重新调整。

6）润滑油道堵塞，清洗发动机润滑系统。

7）机油泵工作性能下降，修复或更换机油泵。

125. 机油压力过高怎样检修

1）发动机机油油面过高，抽出一些机油。

2）发动机机油黏度过大，重新更换机油或重新选用机油。

3）机油限压阀弹簧压力调整过大，重新调整弹簧压力。

4）机油限压阀的润滑油道堵塞，清洗发动机润滑系统。

126. 机油易变质怎样检修

1）发动机没有按照规定的里程进行保养，定期进行发动机换油保养。

2）使用较低级别的机油，使用原厂的机油。

3）滥用机油添加剂，重新更换机油，禁止使用不合格的机油添加剂，如图 3-21 所示。

图3-21　滥用机油添加剂

4）发动机冷却液窜入润滑系统，排除冷却系统水道、润滑系统油道或气缸垫损坏的故障。

127. 机油油面自行升高怎样检修

1）气缸垫损坏或气缸盖裂纹，冷却液进入气门杆孔而顺流到油底壳内。气缸垫冲烧，往往伴有“哧哧”的响声；有时，冷却液漏入气缸中，此时燃烧排气的烟色为白雾状。查找判断准确后，更换气缸垫，若是气缸盖裂纹或砂眼，则可视情况修理或更换。

2）发动机缸体上有砂眼，特别是在缸体上的水道部位，该部位有主油道，与主轴瓦孔有斜油道相通，如有砂眼、缩松等铸造缺陷，将有冷却液漏入油底壳内。可卸下油底壳查看，若发现主轴瓦孔处出水，则说明油道与水道相通。若检查冷却液，则其内一定混入机油漂浮其上，如图 3-22 所示。若无机油漂浮，则说明砂眼在其他部位。查找判断准确后更换发动机缸体或气缸套。

3）机油冷却器破裂或密封圈损坏（图 3-23）。当发动机工作时，机油进入冷却液中；不工作时冷却液漏入机油中，引起机油液面上升，此时冷却液中会有油漂浮，如图 3-22 所示。如发现这种冷却液中有油，油中有冷却液的现象，可初步断定为机油冷却器或密封圈损坏。

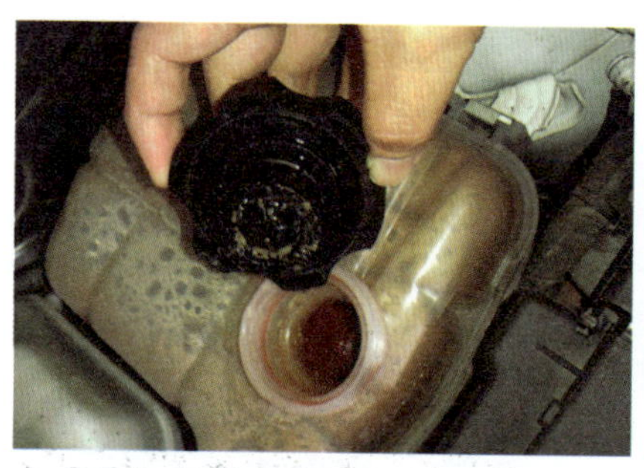

图3-22 冷却液中会有油漂浮

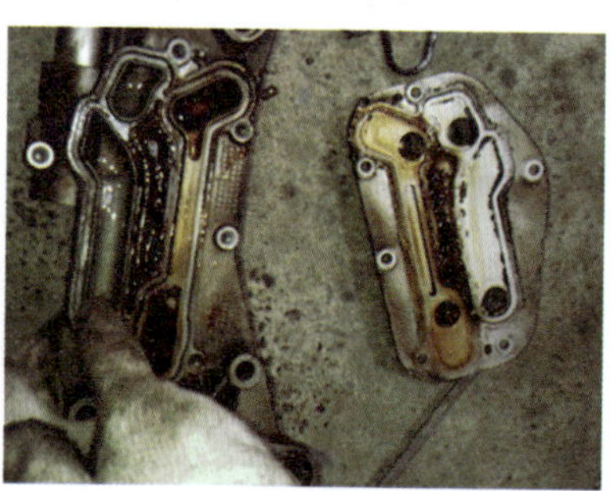

图3-23 机油冷却器密封圈损坏

第四章
冷却系统故障诊断与检修

一、冷却系统基础知识

128. 冷却系统的作用是什么

冷却系统的作用是对发动机进行冷却，使发动机各零部件不致产生高温损坏，使其维持在正常工作温度（95℃左右），保证发动机的正常工作。

1）当冷却系统冷却不足，会造成发动机过热，导致发动机充气量下降而影响发动机功率输出，还可能会造成爆燃现象。此外，过高的温度会使机油黏度降低，导致发动机磨损加剧。

2）当冷却系统冷却过度，会使发动机过冷，一方面会使燃料因燃烧不完全而造成发动机功率下降、油耗量增大；另一方面这些燃料最终会沿气缸壁流入曲轴箱内，不仅冲刷了缸壁上的机油膜，还会稀释机油，使发动机的润滑效果变差。

所以，冷却系统必须适度，除能满足发动机在最大热负荷情况下的冷却外，还必须能在发动机各种工况下，对冷却强度进行调节，以维持发动机的正常工作温度。

129. 冷却系统的结构是怎样的

冷却系统由冷却水套（位于发动机缸体与气缸盖内）、散热器、冷却液泵、节温器、冷却风扇、连接水管以及其他相关部件组成，如图 4-1 所示。但冷却系统的布置在不同型号的发动机上有些不同，但其结构和功能基本一致。

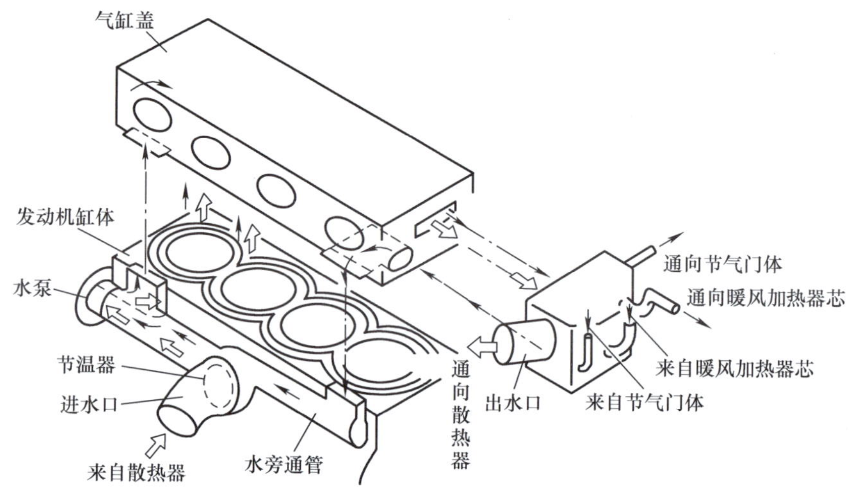

图4-1　冷却系统的结构

130. 冷却系统的工作原理是怎样的

发动机冷却系统通过冷却液泵使发动机冷却液在气缸盖和气缸体中循环，冷却液从发动机吸热并通过散热器释放到大气中，然后返回到发动机，把发动机温度调至最佳水平。冷却系统的工作原理主要经过小循环和大循环两种循环方式，见表 4-1。

表4-1　冷却系统的工作原理

方　式	工作过程	图　示
（1）小循环	节温器安装于散热器的出水管路（即发动机进水口）或气缸盖出水管路中，它受冷却液温度的控制决定冷却液的循环路线。当发动机刚刚起动，冷却液温度很低，此时节温器关闭水管与散热器的通路，从气缸盖水套流出的冷却液通过小循环连接水管直接进入冷却液泵，并经冷却液泵送入气缸体水套。由于冷却液不经散热器散热，可使发动机温度迅速提高，这种循环方式称为小循环	

（续）

方　式	工作过程	图　示
（2）大循环	当发动机冷却液温度高于 80℃左右时，节温器将直接通往冷却液泵的小循环通路关闭，从气缸盖水套流出的冷却液全部进入散热器进行散热。散热后的冷却液在冷却液泵的抽吸下进入到气缸体水套进行循环。由于经过散热器散热，可使发动机冷却液的温度迅速下降，避免发动机过热，这种循环方式称为大循环	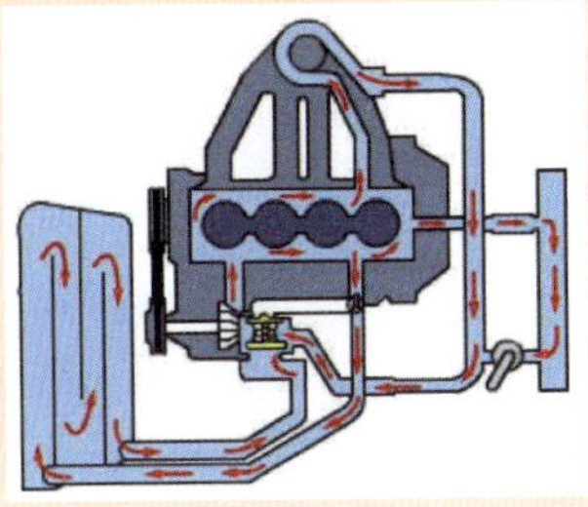

131. 散热器盖的结构与工作原理是怎样的

散热器盖的作用是密封冷却系统并调节系统的工作压力。它主要由压力阀和真空阀构成，如图 4-2 所示。

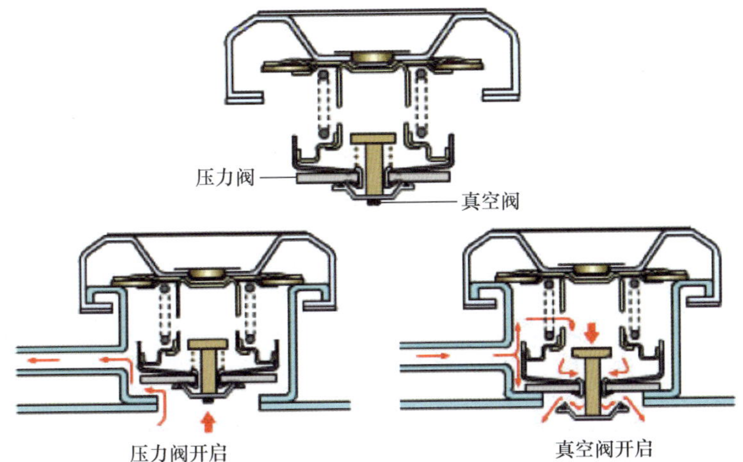

图4-2　散热器盖的结构与工作原理

当发动机工作时，冷却液的温度逐渐升高。由于冷却液容积膨胀使冷却系统内的压力增高。当压力超过预定值时，压力阀开启，一部分冷却液经溢流管流入冷却液储液罐，以防止冷却液胀裂散热器。当发动机停机后，冷却液的温度下降，冷却系统内的压力也随之降低。当压力降到大气压力以下出现真空时，真空阀开启，冷却液储液罐内的冷却液部分流回散热器，可以避免散热器被大气压力压坏。

132. 冷却液储液罐的结构与工作原理是怎样的

冷却液储液罐（图 4-3）由塑料制造并用软管与散热器相连接。当发动机冷却液温度升高到一定程度时，水蒸气气泡增加，一部分冷却液流入冷却液储液罐；当发动机温度降低时，冷却液储液罐内的水一部分又流回冷却系统，所以冷却系统 1~2 年内无须添加冷却液。此外，冷却液储液罐内装有安全阀，当冷却系统内压力超过规定的限度时，安全阀打开，使冷却系统内的水蒸气排出，保护冷却系统不致损坏。

图4-3　冷却液储液罐

在冷却液储液罐的外表面上刻有两条标记线：“低”线和“高”线，冷却液储液罐内的液面应位于两条标记线之间。若液面低于“低”线，应向冷却液储液罐内补充冷却液。在向冷却液储液罐内添加冷却液时，液面不应超过“高”线。

133. 节温器的结构与工作原理是怎样的

节温器的结构如图 4-4 所示。当冷却液温度低于规定值（如 82℃）时，节温器感温体内的石蜡呈固态，节温器阀在弹簧的作用下关闭发动机与散热器间的通道，冷却液经冷却液泵返回发动机，进行小循环。当冷却液温度达到规定值后，石蜡开始熔化逐渐变成液体，体积随之增大并压迫橡胶管使其收缩。在橡胶管收缩的同时对推杆作用以向上的推力。由于推杆上端固定，因此，推杆对胶管和感温体产生向下的反推力使阀门开启。这时冷却液经由散热器和节温器阀，再经冷却液泵流回发动机，进行大循环。

大多数节温器安装在气缸盖出水管路中，这种布置方式的优点是结构简单，容易排除冷却系统中的气泡，其缺点是节温器在工作时会产生振荡现象。也有安装在散热器的出水管路中。这种布置方式可以减轻或消除节温器振荡现象，并能精确地控制冷却液温度，但其结构复杂，成本较高。多用于高性能的汽车及经常高速行驶的汽车上。

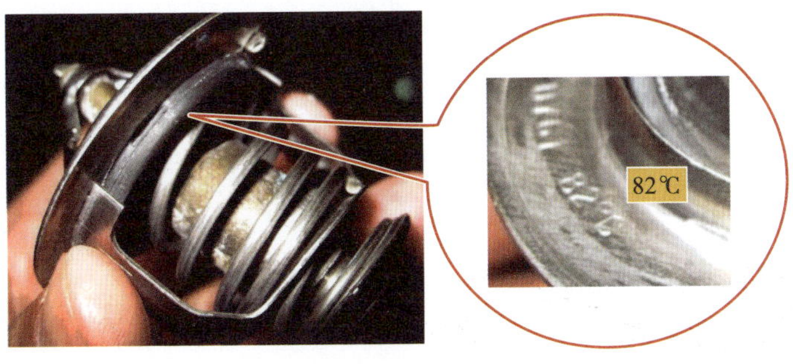

图4-4　节温器的结构

134. 节温器使用中应注意什么

1）要定期更换节温器。因为节温器使用久后，节温器的弹簧过软，将使阀门过早打开，发动机暖机时间过长，气缸壁温度低，影响汽油蒸发，使油耗大。当弹簧卡住时，使弹簧刚度变大，阀门不易打开，冷却液只能小循环，导致发动机温度过高。

2）要加强节温器的保养，检查节温器的蜡是否泄漏（图 4-5）。因为节温器的蜡泄漏后，节温器的阀门始终在弹簧的张力作用下不能打开发动机只能是小循环，不能通过散热器散热，造成发动机过热，冷却液温度过高，引起气缸体、气缸盖热变形或爆燃等现象。

图4-5　检查节温器

135. 机械冷却冷却液泵的结构与工作原理是怎样的

机械冷却冷却液泵主要由叶轮和壳体构成，如图 4-6 所示。叶轮由铸铁或塑料制造，叶轮上通常有 6~8 个径向直叶片或后弯叶片。壳体由铸铁或铝铸制，进、出水管与冷却液泵壳体铸成一体。

注　意

由于车型不同，机械冷却冷却液泵结构有所差异，但基本功能一致。

当冷却液泵叶轮旋转时，冷却液泵中的冷却液被叶轮带动一起旋转，并在离心力的作用下被甩向冷却液泵壳体的边缘，同时产生一定的压力，然后从出水管流出。在叶轮的中心处由于冷却液被甩出而压力下降，散热器中的冷却液在冷却液泵进口与叶轮中心的压差作用下经进水管流入叶轮中心。

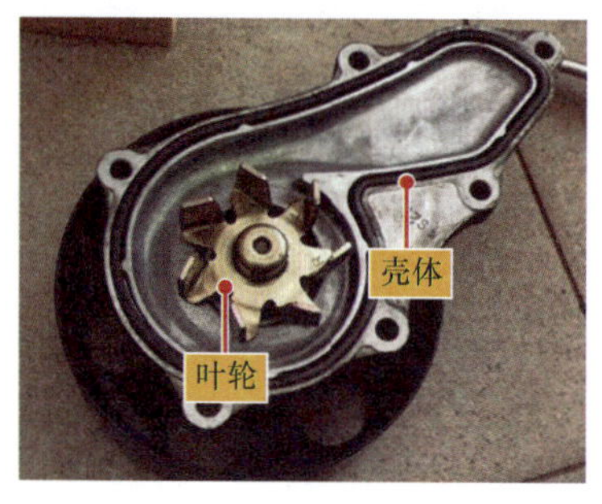

a) 实物图

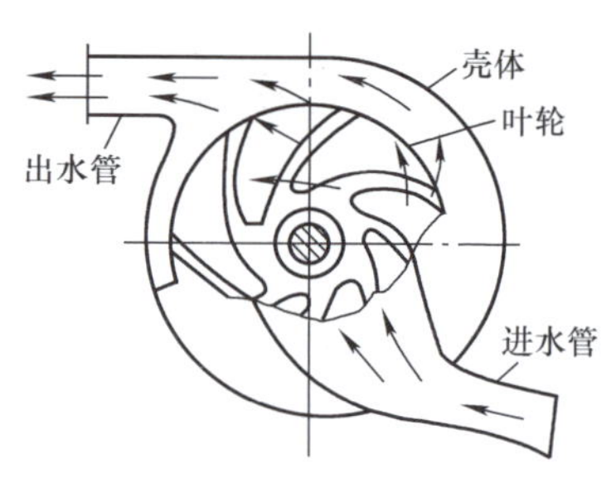

b) 工作示意图

图4-6　机械冷却冷却液泵的结构与工作原理

136. 机械冷却冷却液泵壳体上的小通孔有什么作用

在机械冷却冷却液泵工作时，由于机械冷却冷却液泵在传动带的作用下高速旋转，机械冷却冷却液泵的叶轮在转动时，就产生摩擦、生热，机械冷却冷却液泵壳体内的空气就进而受热膨胀，膨胀的空气压力大于大气压力，此时，空气由机械冷却冷却液泵壳体上的小通孔（图 4-7）泄出，防止因空气压力过大造成机械冷却冷却液泵性能减弱或失去泵水能力的作用。

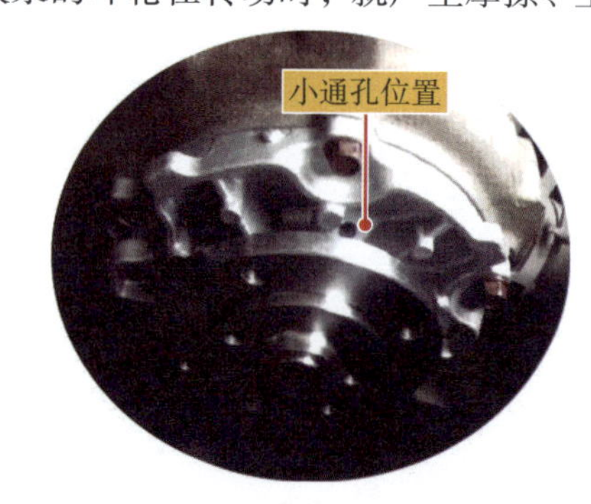

图4-7　机械冷却冷却液泵壳体上的小通孔

137. 双循环冷却系统是怎样的

双循环冷却系统就是由两套独立的冷却系统组成的，一套是依靠发动机动力实现对其自身冷却循环的冷却系统（主冷却循环系统）；另一套冷却系统是通过电动冷却液泵驱动，主要用于对涡轮增压器和增压空气的冷却（增压空气冷却循环系统）。限流器将主、增压空气冷却循环管路连接起来，并共用一个冷却液储液罐。

（1）主冷却循环系统

主冷却循环管路可以分为两个循环管路，一个循环管路流过气缸体，另一个循环管路流过气缸盖，如图 4-8 所示。通过双节温器，实现对冷却液的分流。三分之一冷却液流经发动机缸体，用于冷却气缸。三分之二冷却液流经气缸盖，用于冷却燃烧室。节温器 1 控制气缸体的冷却液，节温器 2 控制气缸盖的冷却液。

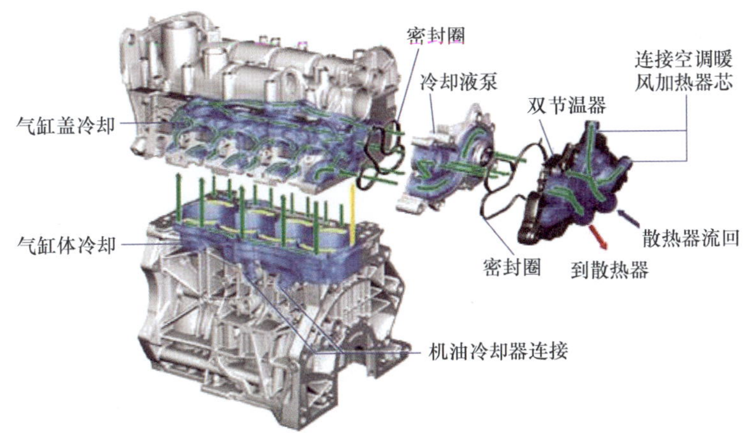

图4-8　主冷却循环系统结构

（2）增压空气冷却循环系统

增压空气冷却循环系统由电动冷却液泵带动的冷却循环系统，主要包括两个循环通道，一个是经过涡轮增压器，对涡轮增压系统进行冷却；另一个是经过进气歧管内的冷却器，对增压空气冷却。工作时主要由电动冷却液泵把冷却液从辅助冷却器中输送至增压空气冷却器和涡轮增压器中，如图 4-9 所示。

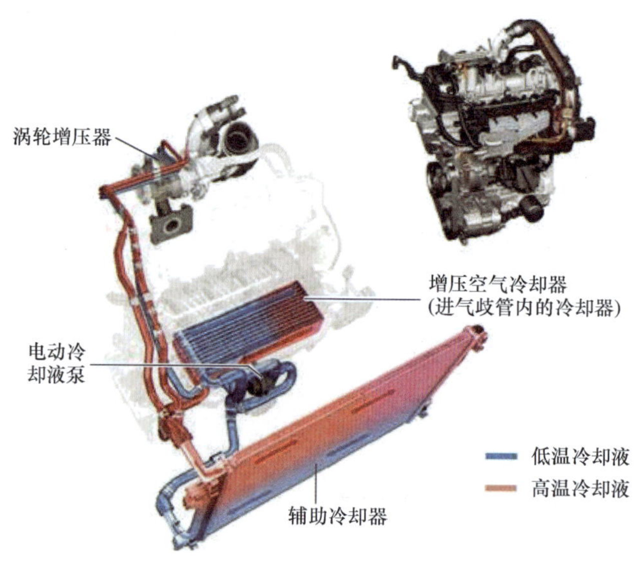

图4-9　增压空气冷却循环系统结构

138. 电动冷却液泵是怎样的

电动冷却液泵通过螺栓固定在缸体上，安装在进气歧管下面，是独立冷却系统的核心部分，如图 4-10 所示。电动冷却液泵是一个电驱动离心泵，如图 4-11 所示。发动机控制单元（ECU）根据发动机负荷、运行模式和温度传感器数据计算出所需冷却功率，然后由发动机控制单元根据这些数据向电动冷却液泵发出相应指令。电动冷却液泵根据该指令调节自身转速，最后将冷却液通过前端的泵口从辅助冷却器中吸出，泵入进气歧管内的冷却器和另一侧的涡轮增压器。

图4-10　电动冷却液泵位置

图4-11　电动冷却液泵

电动冷却液泵具有自诊断功能，发动机控制单元会定期检查并确认电动冷却液运行状态。如果检测到故障，则将故障信息发送给发动机控制单元，然后以故障码的形式存储。

139. 冷却系统为什么要加注冷却液

加注冷却液要依据厂家的要求添加合格的发动机冷却液（图 4-12），不仅增加了发动机的冷却能力，还具有以下的功能：

图4-12　发动机冷却液

1）发动机冷却液可以防止冷却系统的各金属水腔不生锈。

2）发动机冷却液可以防止起泡沫，能抑制气泡。

3）发动机冷却液可以防止电化学腐蚀。

4）发动机冷却液可以防止空穴，即防止在水腔壁上附着气泡。

5）发动机冷却液可以防止产生水垢。

6）发动机冷却液具有防冻作用，在严寒冬季不会结冰。

140. 怎样排放与添加冷却液

排放与添加冷却液见表 4-2。

表4-2　排放与添加冷却液

步　骤	技术规范	图　示
（1）排放发动机冷却液	要求： 确定发动机和散热器是冷态，然后在散热器排放塞下面放置一个大的盆子。小心地拧出排放塞，将发动机冷却液排放到盆子中 提示： 拆下发动机散热器盖，让散热器中的发动机冷却液更快地排出	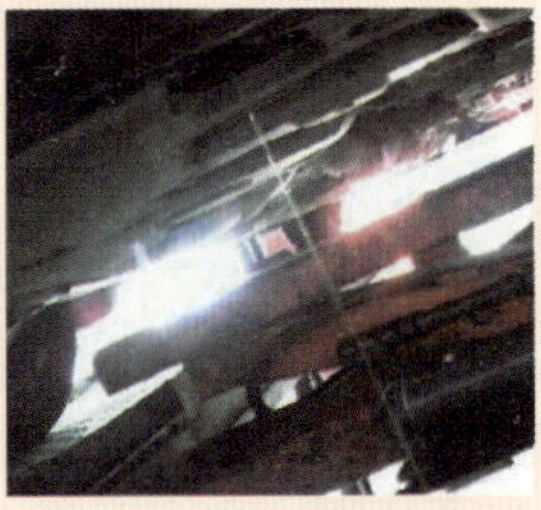

（续）

步　骤	技术规范	图　示
（2）添加发动机冷却液	要求： 添加发动机冷却液之前，首先清除发动机冷却液储液罐中的所有尘渣和污物，然后将排放塞拧紧 提示： 向散热器缓慢添加发动机冷却液，使散热器软管保持在水线以上，这样会让发动机冷却系统内的空气逸出	
（3）重新检查冷却系统	要求： 起动发动机，让其达到正常的温度，然后检查散热器排放塞位置，确保冷却系统无渗漏 提示： 关闭点火开关，然后将发动机冷却液储液罐加注至外侧的 MAX 标记	

141. 冷却液冷却强度的强弱是怎样控制的

冷却液冷却强度的强弱主要通过节温器和电子风扇进行控制，具体如下：

（1）节温器控制

当冷却液温度小于 82℃时，节温器关闭，冷却液在冷却液泵作用下，只在缸盖水腔内循环。当冷却液温度大于 82℃时，节温器开始打开，冷却液开始大循环，95℃时全开，冷却能力增强，如图 4-13 所示。

图4-13　组合仪表显示冷却液温度

（2）电子风扇控制

当冷却液温度升到 95℃时，电子风扇的低速档开始转；当冷却液温度下降到 87℃时，风扇停转。当冷却液温度升到 95℃不停，继续升到 105℃，电子风扇高速档转动，当冷却液温度下降到 96℃时，电子风扇高速停转。如此反复，起调节冷却液温度作用。

142. 电子风扇的作用及控制原理是怎样的

电子风扇安装在散热器后面，风扇旋转时，在它的抽吸下，散热器散出的热量很快被带走，同时，也帮助其他较热的零部件散热，起辅助散热的作用，如图 4-14 所示。

图4-14　电子风扇安装位置

电子风扇直接由冷却液温度传感器测试冷却液温度，由发动机控制单元控制，冷却液温度传感器测出冷却液温度后，将冷却液温度的信号传给控制单元，再由控制单元控制电子风扇的低速或高速旋转。

143. 保养和检修冷却系统有哪些注意事项

1）为避免烫伤，发动机还未冷却时，不能打开散热器盖和冷却液储液罐盖，否则，冷却系统内沸腾的冷却液和水蒸气，在压力作用下，从散热器盖口或冷却液储液罐盖口喷出。

2）补充添加冷却液时要使用同一厂家生产的发动机冷却液，不可混合使用。同时还要检查冷却系统是否泄漏或损坏。

3）定期清理散热器芯脏污，清理时要注意以下方法：

① 用压缩空气从发动机舱内侧向外清洁（图 4-15），这种方法可以使清理出来的灰尘杂物直接被吹到车外，而不会飞进发动机舱内部。

② 用水枪清洗时水枪要正直进入散热器，角度不要倾斜，并且需要保持一定距离，避免水压过高打歪散热片，影响发动机散热效果，如图 4-16 所示。

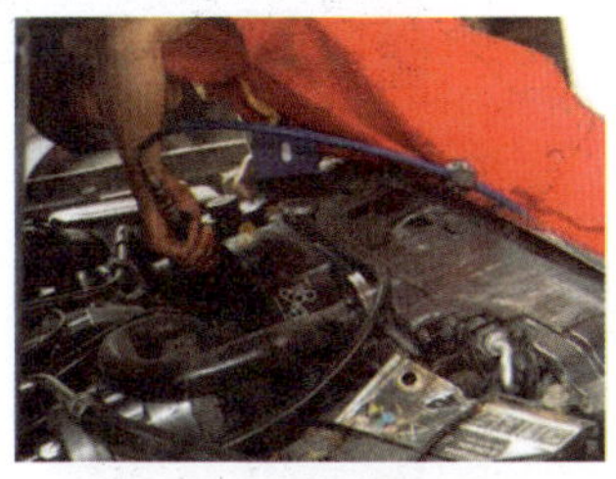

图4-15　清理散热器灰尘

图4-16　清洗散热器

二、冷却系统部件拆装与检修

144. 如何拆装冷却液泵

拆装冷却液泵见表 4-3。

表4-3　拆装冷却液泵

步　骤	操作内容	图　示
（1）拆卸传动带	首先排放发动机冷却液，然后扳动自动张紧器，最后拆下发动机传动带	
（2）拆卸冷却液泵带轮	使用专用工具固定住冷却液泵带轮，然后将其带轮拆下	
（3）拆下冷却液泵	拆下冷却液泵的螺栓，然后拆下冷却液泵	
（4）安装冷却液泵	安装前清理垫片的残余物，然后用刀片慢慢刮干净，最后再用细砂纸打磨一遍。按照与拆卸相反的顺序，使用新 O 形密封圈安装冷却液泵，但必须确保安装标记向上	
（5）安装带轮及传动带	按照与拆卸相反的顺序安装好带轮及传动带	

（续）

步　骤	操作内容	图　示
（6）添加发动机冷却液并排空气	清除溢出的发动机冷却液，然后向散热器内加注发动机冷却液，然后在冷却系统排气螺钉处将冷却系统内的空气排干净	 排气螺钉

145. 如何更换发动机散热器

更换发动机散热器见表4-4。

146. 如何拆装节温器

拆装节温器见表4-5。

表4-4　更换发动机散热器

步　骤	技术规范	图　示
（1）拆卸发动机护板	要求： 安全地举升汽车，然后在汽车底下拆卸发动机护板 提示： 拆卸发动机护板时由一个人拆卸螺栓，另一个人撑起发动机护板，避免发动机护板掉下伤到人	
（2）排放发动机冷却液	要求： 安全地降低汽车，然后在汽车底部排放发动机冷却液 提示： 拆下散热器盖，然后拧松排放塞即可排放发动机冷却液	
（3）拆卸散热器相关部件	要求： 拆下格栅罩、散热器上部软管、散热器上部支架、电子风扇等相关部件 提示： 拆下空调冷凝器上部装配螺栓，并拧松空调冷凝器下部装配螺栓便于拆卸散热器	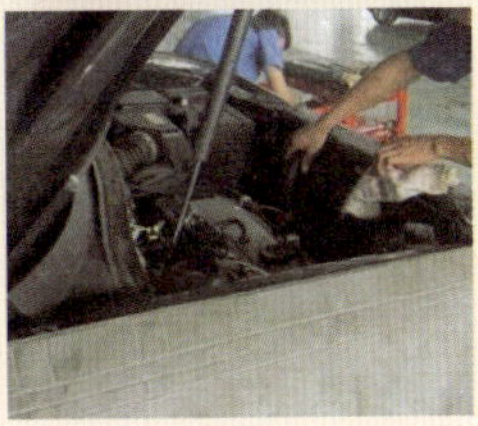

（续）

步　骤	技术规范	图　示
（4）拆卸散热器	要求： 先拉出散热器，然后拆下散热器盖、发动机冷却液温度传感器 2 和排放塞 提示： 取出散热器时要找到合适的空间取出，避免弄坏空调冷凝器等部件	
（5）安装散热器	要求： 将新散热器安装到下部减振垫上，然后拧紧上部装配螺栓 提示： 确保下部减振垫安装牢靠	
（6）安装散热器相关部件	要求： 安装电子风扇，然后连接电子风扇插头与发动机冷却液温度传感器 2 插头，然后安装线束夹具 提示： 电子风扇插头与发动机冷却液温度传感器 2 插头一定要插牢固	
（7）安装散热器软管	要求： 安装散热器软管及其他部件，最后向散热器内加注发动机冷却液 提示： 加注发动机冷却液后一定要排干净冷却系统内的空气，否则发动机温度将会出现高温的异常情况	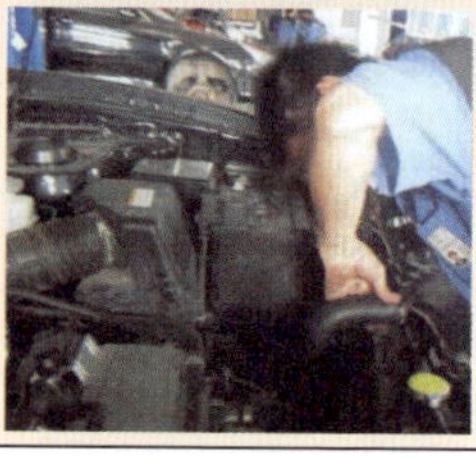

表4-5　拆装节温器

步　骤	操作内容	图　示
（1）拆卸节温器罩的紧固螺栓	排放发动机冷却液，然后拆卸节温器罩上的紧固螺栓	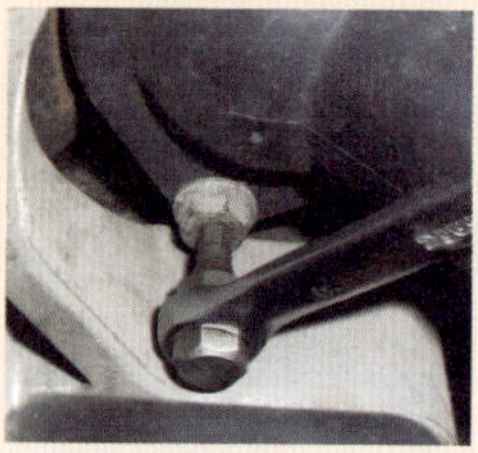

（续）

步　骤	操作内容	图　示
（2）拆下节温器	打开节温器罩，然后取下节温器	
（3）安装节温器	使用新橡胶密封件安装节温器。最后向散热器内加注发动机冷却液，然后排放冷却系统内的空气即可	

147. 怎样检修节温器

1）检查节温器座是否有异物，如有异物必须清理干净，否则，阀座会泄漏水，使冷却液的小循环变为部分大循环，经散热器散热，不利发动机暖机。

2）检查节温器密封垫是否老化、损伤，如果损坏，则更换节温器。

3）查看节温器上记录的节温器开启温度（一般为 82℃）。如果节温器在室温下开启，则更换节温器。

4）将节温器浸没在水中，逐渐将水加热，检查节温器首次开启时的温度和全部打开时的温度，如图 4-17 所示。检查节温器是否在规定的 82℃时开始打开，在 95℃是否全开，全部打开的量是否为 8~9.5mm。如果在低于或高于规定的温度打开，说明节温器损坏必须更换。

图4-17　测试节温器

148. 怎样检修冷却液泵

（1）冷却液泵的检查

检查冷却液泵壳体是否锈蚀渗漏（图 4-18）、冷却液泵轴是否弯曲或磨损过甚、冷却液泵叶轮叶片是否破裂、水封垫圈是否磨损及橡胶水封老化、冷却液泵轴承是否磨损等。如果不能修复，则应更换新的冷却液泵。

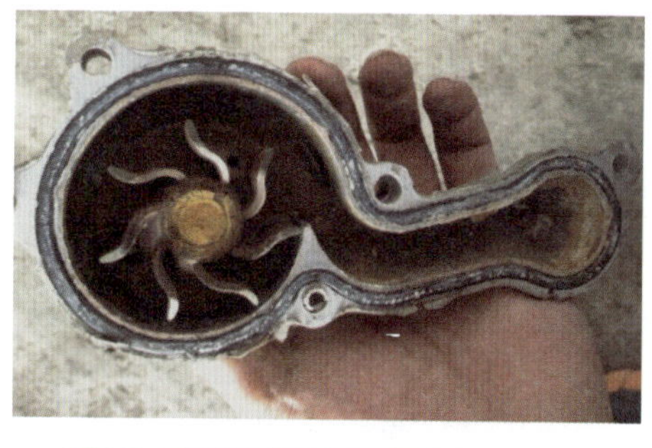

图4-18 冷却液泵壳体锈蚀渗漏

（2）冷却液泵的修复

冷却液泵壳体的破裂，可在裂纹两端钻 2.5mm 止裂孔后，用铸铁焊条火焰焊或电焊；轴承座孔修理可采用镶套修复法，然后镗出座孔。若冷却液泵壳体平面有沟槽，应予以修复，但应严格控制修复时的车削量，以保证叶轮与泵盖之间的间隙。冷却液泵叶轮叶片的破裂，可以采用堆焊法进行修复。若泵轴轴颈发生磨损，可用镀铬或镀铁法进行修复，冷却液泵轴弯曲时应进行校正。

149. 怎样检修电子风扇

1）拆下电子风扇插接器，将 12V 蓄电池正极连接到 2 号端子并将负极连接到 1 号端子进行测试风扇电动机，如图 4-19 所示。如果电动机不运转或者运转不平稳，则将其更换或对电动机进行分解维修。

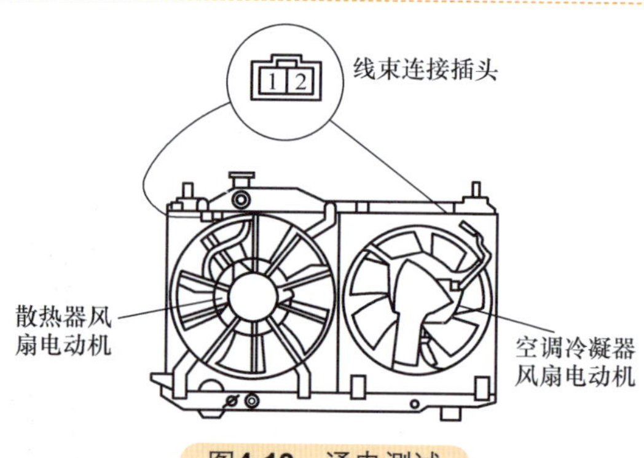

图4-19 通电测试

2）从车上拆下电子风扇总成，如图 4-20 所示。

3）用螺钉旋具撬开电动机后面板，如图 4-21 所示。

图4-20　拆下电子风扇总成

图4-21　撬开电动机后面板

4）对电刷、线圈及电枢轴进行检查，如图 4-22 所示，如果有异常应进行修复（图 4-23），必要时更换新电动机。

图4-22　检查电动机内部情况

图4-23　修复电动机

150. 如何检查散热器

1）首先拆下散热器。

2）用塞子将散热器进口和出口堵住，然后向散热器施加 160kPa 左右的压力到散热器上，如图 4-24 所示。

3）将散热器浸泡在盛有水的容器中检查是否泄漏。

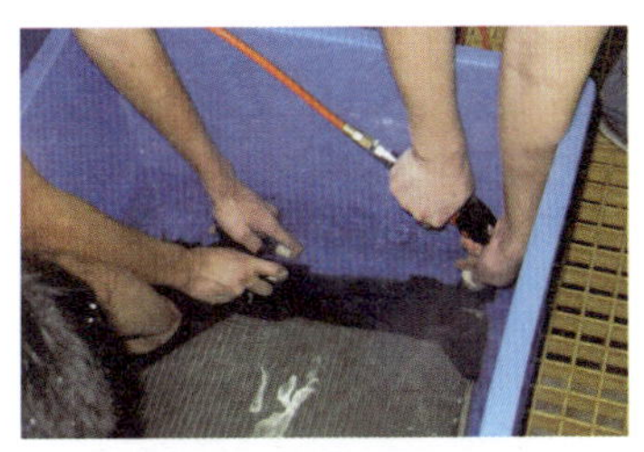

图4-24　检查散热器

注　意

在散热器上，散热器和锁止板之间有间隙，会存在少量空气，当散热器被浸入水中时，显现出漏气现象。因此，在进行漏水检测之前，首先搅动散热器周围的水，直到所有气泡消失。

151. 如何清洗冷却系统

清洗冷却系统见表 4-6。

表4-6　清洗冷却系统

步　骤	操作内容	图　示
（1）从下软管处注入自来水	首先将发动机冷却液排干净，然后拆下散热器上、下软管，最后从下软管处注入自来水进行冲洗	
（2）从上软管处注入自来水	反向从上软管注入自来水进行冲洗	
（3）清洗暖风加热器芯	拆下暖风加热器芯进、出软管，用同样的方法进行冲洗暖风加热器芯。此外，清洗散热器时直接从散热器加注口即可清洗	
（4）用发动机冷却液再次清洗	向气缸体灌发动机冷却液再次清洗，最后安装好软管并添加发动机冷却液即可	

152. 如何清除散热器铁锈及水垢

1）首先将发动机冷却液排干净。

2）将散热器清洗剂（散热器清洁剂）倒入散热器，在其内同时注入自来水，使铁锈和水垢与其产生化学反应，溶解水垢，如图 4-25 所示。

3）起动发动机，让其怠速运转 15min。如果散热器水垢严重，可以适当延长发动机运转时间。

4）发动机熄火，再次拧开散热器排放塞，将散热器里的水以及清洗剂混合物全部排放干净，如图 4-26 所示。

5）最后使用自来水进行冲洗干净，最后添加发动机冷却液即可。

图4-25　散热器清洗剂

图4-26　排放清洗剂混合物

153. 怎样测试冷却系统压力

1）发动机冷却后，小心地拆下散热器盖，并向散热器内加注发动机冷却液至加注口颈部。

2）将压力检测仪与散热器连接，如图 4-27 所示。

3）推动真空泵手柄直到压力达到 93~170kPa，如图 4-28 所示。

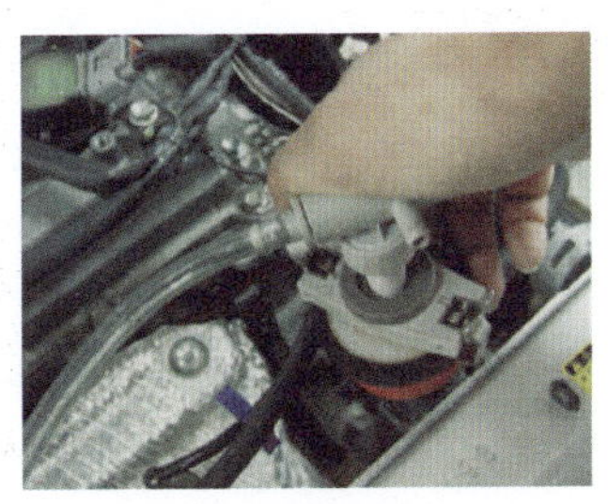

图4-27　连接压力检测仪

图4-28　加压

4）当压力表指示数值达到规定压力时，应停止加压。观察压力检测仪压力表上数值的变化。在 5min 内，没有变化说明冷却系统没有泄漏；如下降过快，说明冷却系统存在严重泄漏。

5）拆下压力检测仪，并重新安装散热器盖。

154. 怎么测试散热器盖

1）拆下散热器盖，使用发动机冷却液浸湿散热器盖封口，然后将散热器盖安装在压力检测仪。

2）推动真空泵手柄直到压力达到93~123kPa，如图4-29所示。

3）检查压力是否下降。如果压力下降，则更换散热器盖。

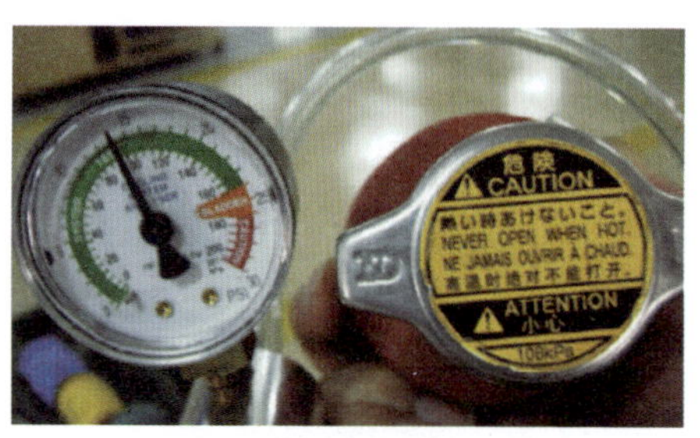

图4-29 测试散热器盖

三、冷却系统常见故障与检修

155. 冷却液中气泡增多故障原因有哪些

当冷却系统的冷却液受热后，产生一些蒸气泡属于正常现象，但气泡过多就说明冷却系统存在故障，其原因如下：

1）气缸垫损坏或密封不严。

2）气缸体或气缸盖产生龟裂或有气孔等，使压缩空气、混合气体或废气钻入冷却液内。

当出现以上情况时，将使冷却系统内的冷却液减少，液面却增高且冷却液变质（图4-30），气压增大，发动机出现过热的现象。

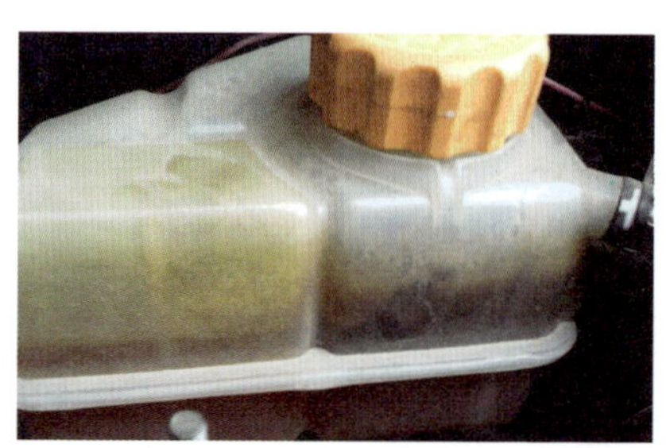

图4-30 冷却液变质

156. 发动机升温缓慢故障原因有哪些

1）节温器失效，卡在全开的位置，使冷却液在低温状态下也进行了大循环。

2）散热器电子风扇电动机故障，没有低速档，只有高速档。

3）发动机冷却液温度传感器失效，导致发动机控制单元识别的温度信号异常。

4）汽车环境温度太低且汽车逆风行驶。

157. 怎样检查冷却系统有无泄漏

检查时，将压力检测仪与冷却液储液罐盖相连接，如图 4-31 所示。将压缩空气充入冷却系统中，其压力为 294kPa 左右，接着可以进行下列检查：

1）如果散热器、连接软管、排放塞、冷却液泵等处有泄漏，均会喷出针状水柱（图 4-32），可明显地发现泄漏点。

2）如果气缸水道损坏，导致冷却液与机油穿通，使机油里含有水分，通过检查机油即可判断。

图4-31　压力检测仪与冷却液储液罐盖相连接

图4-32　喷出针状水柱

158. 电子风扇产生噪声的原因有哪些

1）电子风扇护罩损坏或变形。

2）电子风扇叶片变形。

3）电动机内部润滑不良、轴承磨损严重或轴承间隙过大，如图 4-33 所示。

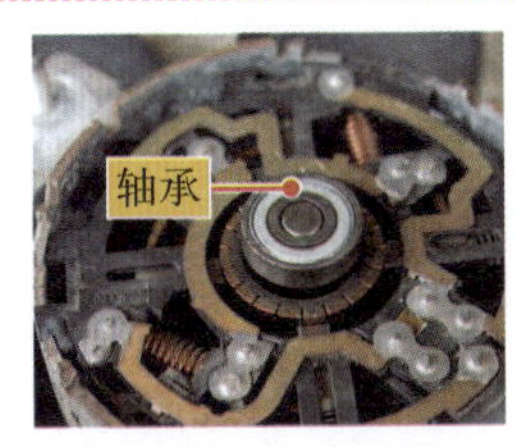

图4-33　轴承间隙过大

159. 如何排除冷却液泵产生噪声的故障

冷却液泵异响一般是冷却液泵轴轴承磨损、松旷或叶轮损坏，冷却液泵轴挡圈未装或未装好，轴承窜动，叶轮背面与冷却液泵盖擦碰发响。

在发动机运转时，用听诊器抵住冷却液泵壳（图 4-34），同时改变发动机的转速，冷却液泵轴承磨损严重，能听到“沙、沙、沙”的异响声；若轴承在泵壳轴承座中松旷，则有轻微的撞击声。拆下传动带用手推动带轮，若能感觉出有过大的轴向和径向间隙，则证明冷却液泵轴承过于磨损或松旷，应拆下冷却液泵进行修复或更换。

图4-34 用听诊器检查冷却液泵

160. 发动机温度过高如何处理

发动机温度过高处理流程如图 4-35 所示。

161. 发动机温度过低如何处理

发动机温度过低处理流程如图 4-36 所示。

162. 冷却液消耗过多如何处理

冷却液消耗过多处理流程如图 4-37 所示。

图4-35　发动机温度过高处理流程

打开发动机盖，检查冷却液储液罐中的冷却液液面是否正常
不正常
添加发动机冷却液，必要时重新更换
正常
检查节温器是否卡在开启位置或安装类型是否正确
不正常
重新更换节温器
正常
检查发动机冷却液温度传感器以及电子风扇控制是否正常，若有故障，将其排除；如无异常，则表明系统工作正常

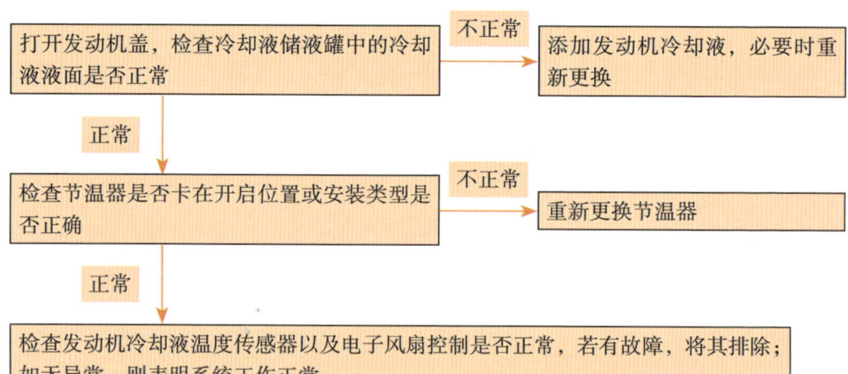

图4-36　发动机温度过低处理流程

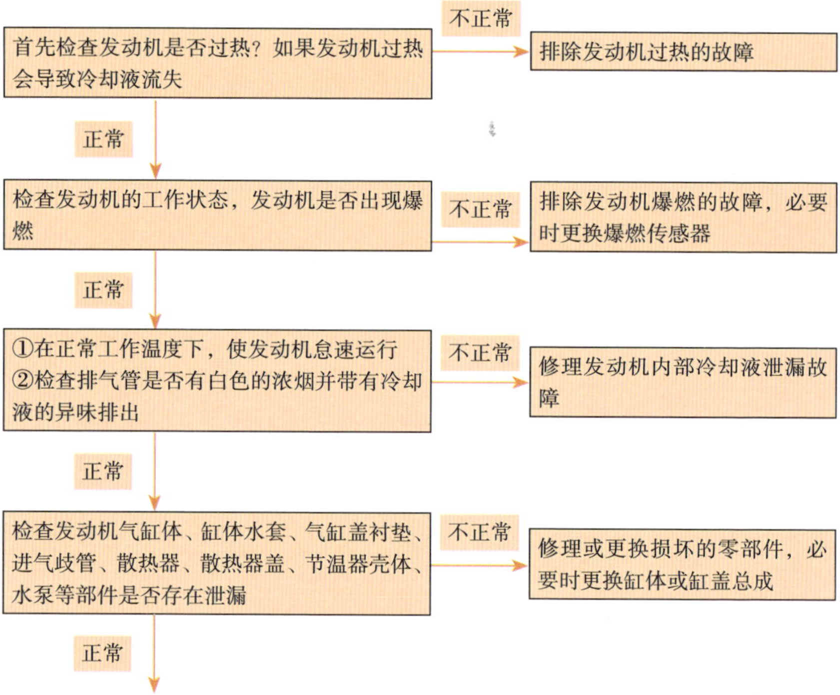

首先检查发动机是否过热？如果发动机过热会导致冷却液流失
不正常
排除发动机过热的故障
正常
检查发动机的工作状态，发动机是否出现爆燃
不正常
排除发动机爆燃的故障，必要时更换爆燃传感器
正常
①在正常工作温度下，使发动机怠速运行
②检查排气管是否有白色的浓烟并带有冷却液的异味排出
不正常
修理发动机内部冷却液泄漏故障
正常
检查发动机气缸体、缸体水套、气缸盖衬垫、进气歧管、散热器、散热器盖、节温器壳体、水泵等部件是否存在泄漏
不正常
修理或更换损坏的零部件，必要时更换缸体或缸盖总成
正常

图4-37　冷却液消耗过多处理流程

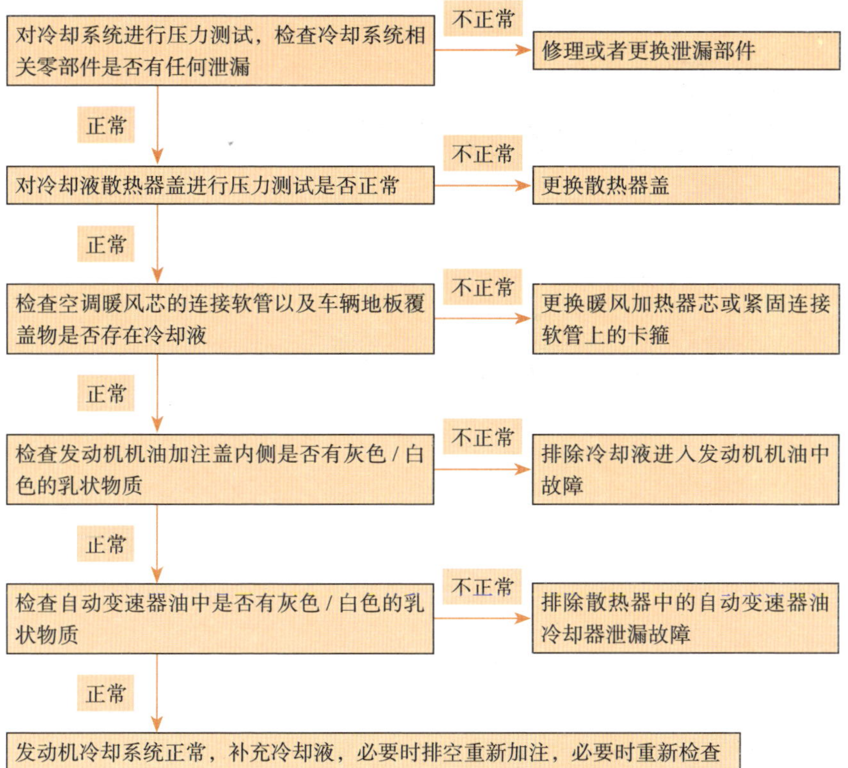

图4-37　冷却液消耗过多处理流程（续）

第五章 燃油系统故障诊断与检修

一、燃油系统基础知识

163. 燃油系统的结构是怎样的

燃油系统由燃油箱、燃油泵、燃油压力调节器、燃油滤清器、燃油表液位传感器、喷油器、燃油分配管及燃油电子控制系统组成。以本田轿车为例，它的燃油系统结构如图 5-1 所示。

164. 燃油喷射系统是怎样分类的

根据现代汽车燃油喷射系统特点，主要分类如下：

（1）根据喷射位置分

根据喷射位置可以分为缸外喷射和缸内喷射，具体特点如下：

1）缸外喷射（图 5-2）是指进气歧管内喷射或进气门前喷射。该方式中喷油器被安装于进气歧管内或进气门附近，故燃油在进气过程中被喷射后与空气混合形成可燃混合气再进入气缸内。由于 缸外喷射方式汽油的喷油压力不高（100~500kPa），且结构简单，成本较低，应用较为广泛。

2）缸内喷射（图 5-3）是指喷油器将燃油直接喷射到气缸燃烧室内，因此需要较高的喷油压力（3000~4000kPa）。由于喷油压力较高，可实现稀薄燃烧，有利于提高经济性和排放指标，但对供油系统的要求较高，成本也相应较高，目前主要应用在宝马、大众等高级轿车 TSI 发动机上。

（2）根据控制方式分

根据控制方式可以分为开环控制和闭环控制，具体特点如下：

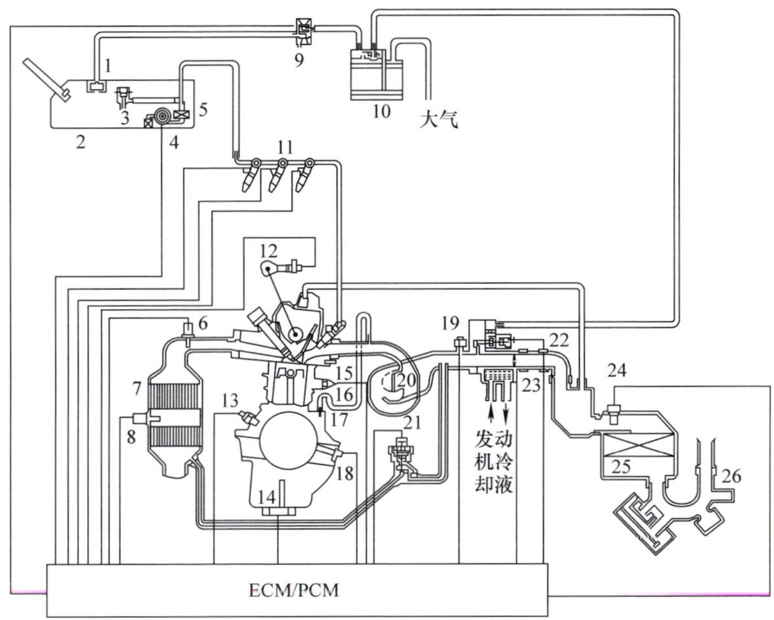

图5-1　燃油系统的结构

1—燃油箱气 / 液分离阀　2—燃油箱　3—燃油压力调节器　4—燃油泵　5—燃油滤清器　6—空气 / 燃油混合比（A/F）传感器（传感器 1）　7—三元催化转化器（TWC）　8—副加热氧传感器（传感器 2）　9—燃油蒸发排放（EVAP）双通阀　10—燃油蒸发排放（EVAP）活性炭罐　11—喷油器　12—凸轮轴位置（CMP）传感器　13—油压开关　14—发动机机油液位传感器　15—发动机冷却液温度（ECT）传感器 1　16—爆燃传感器　17—曲轴箱强制通风（PCV）阀　18—曲轴位置（CKP）传感器　19—进气歧管绝对压力（MAP）传感器　20—进气歧管调节（IMT）阀　21—废气再循环（EGR）阀和位置传感器　22—燃油蒸发排放（EVAP）活性炭罐净化阀　23—节气门体　24—空气质量流量（MAF）传感器 / 进气温度（IAT）传感器　25—空气滤清器　26—进气共振腔

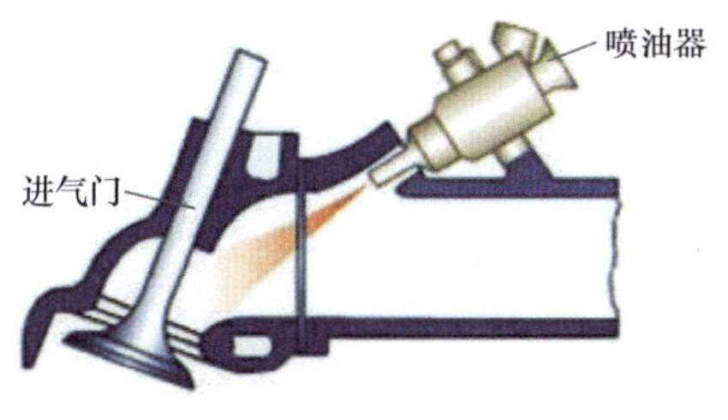

图5-2　缸外喷射

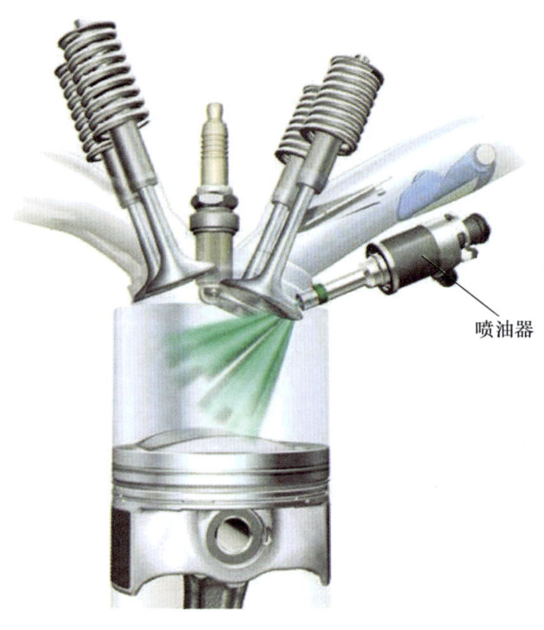

图5-3　缸内喷射

1）开环控制（图5-4）。开环控制系统就是把根据试验确定的发动机各种运行工况所对应的最佳喷油量的数据事先存入发动机控制单元（ECU或ECM/PCM）中，发动机在实际运行过程中，根据各种传感器及信号的输入信号，判断发动机所处的运行工况，再找出最佳喷油量，并发出控制指令。控制指令经功率放大器放大后，再驱动执行器（如喷油器等）动作，由此控制混合气的空燃比，使发动机处于最佳运行状态。

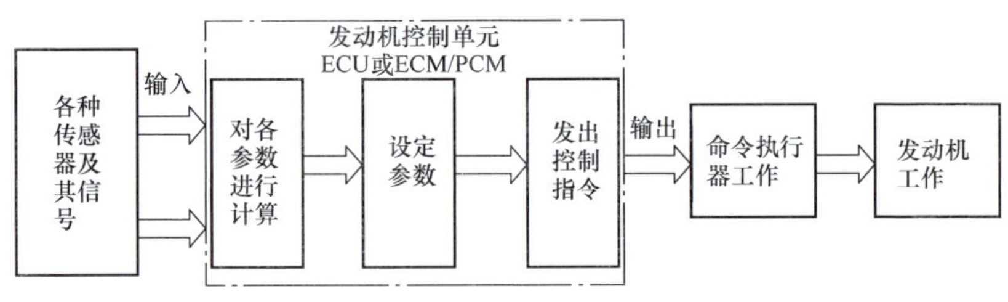

图5-4　开环控制

开环控制系统不带氧传感器等反馈传感器，只受发动机运行工况参数变化的控制，且按事先设定在发动机控制单元（ECU 或 ECM/PCM）中的试验数据流工作。

开环控制其优点是简单易行，缺点是其精度直接依赖所设定的基准数据的精度和电磁喷油器调整标定的精度。但当喷油器及传感器系统电子产品性能变化时，混合气就不能正确地保持在预定的空燃比值上。因此，开环控制对发动机及控制系统的各个结构部分的精度要求高，系统本身抗干扰能力较差，且当使用工况超出预定范围时，就不能实现最佳控制。

2）闭环控制（图 5-5）。闭环控制系统又称为反馈控制系统，其特点是加入了反馈传感器（空燃比传感器及副氧传感器），输出反馈信号，反馈给发动机控制单元 ECU 或 ECM/PCM，以随时修正控制信号。

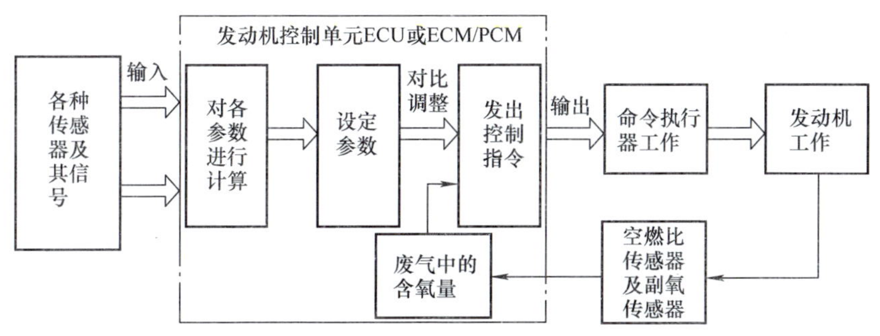

图5-5　闭环控制

闭环控制系统在排气管上加装了空燃比传感器及副氧传感器，可根据排气管中氧含量的变化，测出发动机燃烧室内混合气的空燃比值，并把它输入发动机控制单元 ECU 或 ECM/PCM 中再与设定的目标空燃比值进行比较，将偏差信号经功率放大器放大后再驱动执行器（如喷油器喷油），使空燃比保持在设定的目标值附近。因此，闭环控制可达到较高的空燃比控制精度，并可消除因产品差异和磨损等引起的性能变化对空燃比的影响，工作稳定性好，是目前应用最广泛的形式。

165. 燃油喷射电控系统工作过程是怎样的

燃油喷射电控系统工作过程如图 5-6 所示。它主要是由 ECM/PCM 根据各种传感器来检测发动机状况参数（包括发动机的进气量、转速、负荷、温度及排气中氧的含量等）的变化，再由 ECM/PCM 根据输入信号进行处理、分析和运算来确定所需的燃油喷射量，并通过控制喷油器的开启时间来控制喷入气缸内的每循环喷油量，进而达到对可燃混合气空燃比进行精确控制的目的。

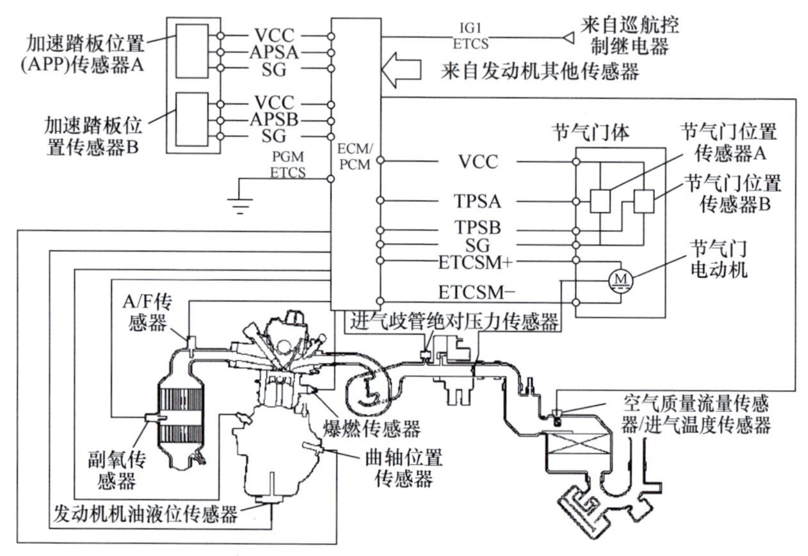

图5-6　燃油喷射电控系统工作过程

166. 电动燃油泵的结构是怎样的

电动燃油泵的结构是由泵体、永磁电动机和外壳三部分所组成的。永磁电动机通电即带动泵体旋转，将燃油从进油口吸入，流经电动燃油泵内部，再从出油口压出，供给燃油系统供油。燃油流经电动燃油泵内部，对永磁电动机的电枢起到冷却作用，又称为湿式燃油泵。

电动燃油泵的永磁电动机部分包括固定在外壳上的永久磁铁和产生电磁力矩的电枢以及安装在外壳上的电刷总成。电刷与电枢上的换向器相接触，其引线接到外壳上的接柱上，将控制电动燃油泵的电压引到电枢绕组上。电动燃油泵的外壳两端卷边铆紧，使各部件组装成一个不可拆卸的总成，如图 5-7 所示。

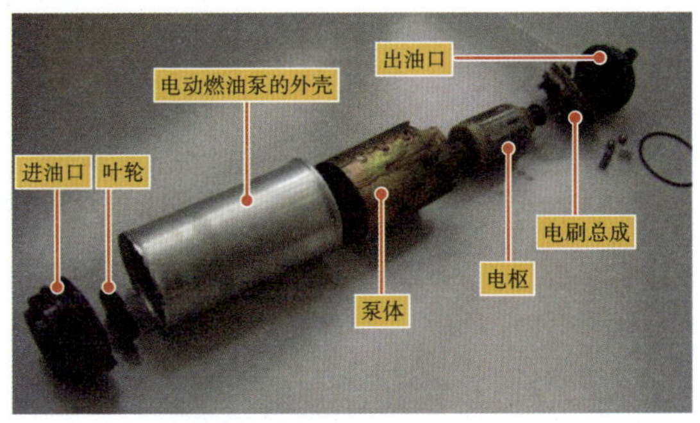

图5-7 电动燃油泵的结构

此外，燃油泵的附加功能由安全阀和单向阀完成。安全阀可以避免燃油管路阻塞时压力过分升高，而造成油管破裂或燃油泵损伤现象发生。单向阀设置目的是为了在燃油泵停止工作时密封油路，使燃油系统保持一定残压，以便发动机下次起动容易。泵体是电动燃油泵泵油的主体，根据其结构的不同可分为滚柱式和涡轮式两种电动燃油泵。

167. 电动燃油泵的控制电路是怎样的

电动燃油泵的控制形式多种多样，但目前中高级轿车均采用发动机控制单元控制，如图 5-8 所示。

在点火开关旋至 ON 位置 2s 后，当起动发动机信号输入时以及当发动机工作时，燃油泵继电器处于接合状态，燃油泵开始工作。

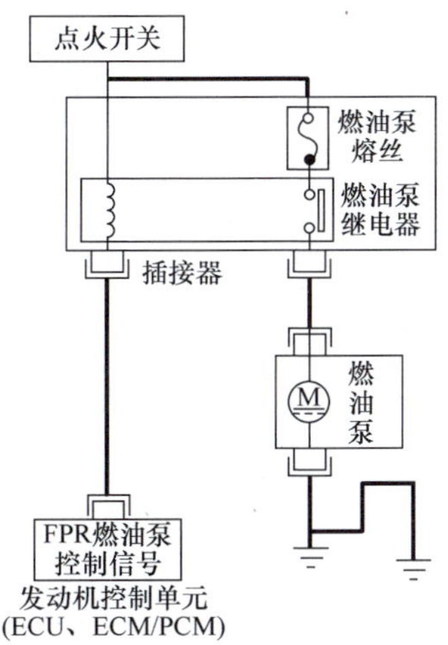

图5-8 电动燃油泵的控制电路

168.燃油压力调节器有什么作用

燃油压力调节器（图 5-9）具有压力调节和稳定压力的作用，将喷油器的燃油压力控制在 300kPa 左右（视发动机型号不同，具体压力值也会有差异）。此外，燃油压力调节器还能像燃油泵的单向阀一样，维持燃油管里的残余压力。

目前大多车型的燃油压力调节器安装在燃油滤清器上，只有旧款的车型安装在燃油分配管上。

图5-9 燃油压力调节器

169.燃油滤清器有什么作用

燃油滤清器（图 5-10）的作用是过滤汽车燃油中的氧化铁、粉尘等固体杂质或是水过滤掉，使供给发动机燃烧的燃油更纯净。

目前大多车型的燃油滤清器安装在燃油箱内，只有旧款的车型安装在燃油箱外。

图5-10 燃油滤清器

170.普通喷油器是怎样的

（1）按照普通喷油器结构分类

按照普通喷油器结构，可以分为轴针式喷油器和孔式喷油器，具体如下：

1）轴针式喷油器。轴针式喷油器主要由滤网、线束插接器、电磁线圈、回位弹簧、衔铁和针阀等组成，针阀与轴针制成一体，如图 5-11 所示。这类喷油器喷口不易堵塞，但响应较差。

2）孔式喷油器。孔式喷油器主要区别是阀门不是针阀而是球阀，如图 5-12 所示。它的喷口有 6~8 个喷孔，雾化质量较好，响应速度快，但容易堵塞。

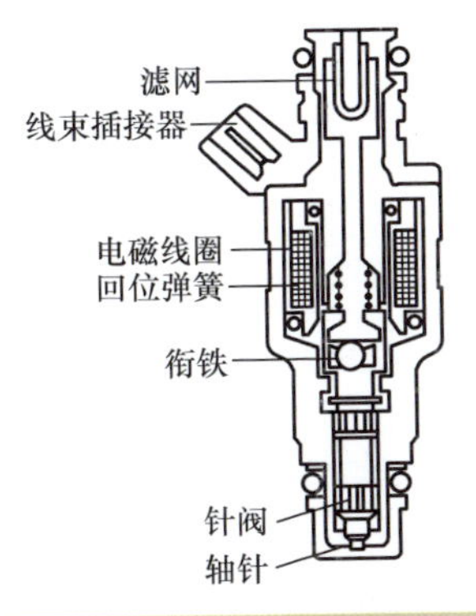

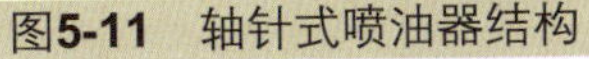
图5-11　轴针式喷油器结构

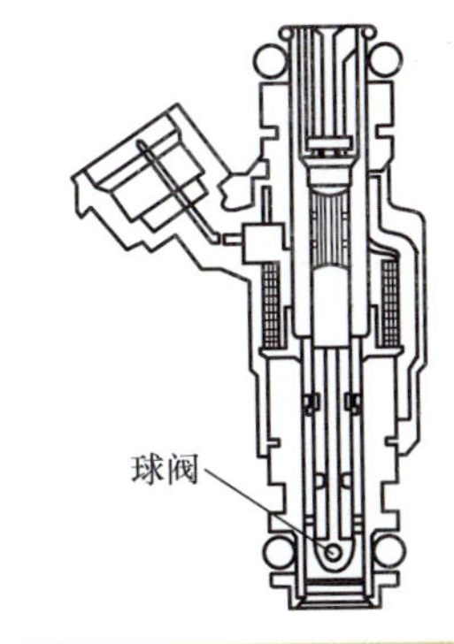

图5-12　孔式喷油器结构

（2）普通喷油器工作原理

当喷油器不喷油时，回位弹簧通过衔铁使针阀紧压在阀座上，防止滴油。当发动机控制单元（ECU或ECM/PCM）给喷油器电路提供一个搭铁信号后，喷油器里的电磁线圈就被通电，此时产生电磁吸力，将衔铁吸起并带动针阀离开阀座，同时回位弹簧被压缩，燃油经过针阀并由轴针与喷口的环隙或喷孔中喷出，如图5-13所示。当电磁线圈断电时，电磁吸力消失。回位弹簧迅速使针阀关闭，喷油器停止喷油。

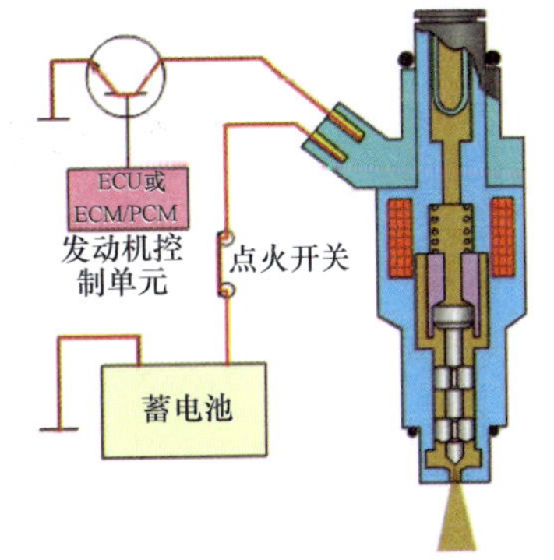

图5-13　普通喷油器工作原理

171. 高压燃油系统是怎样的

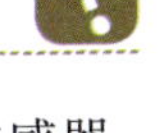

高压燃油系统主要由高压喷油器、高压泵、高压管路、高压传感器、低压传感器和共轨等组成，如图5-14所示。以宝马N55发动机为例，高压燃油系统过程如下：

1）燃油从燃油箱处通过电动燃油泵经供给管路以500kPa预压输送至高压泵内。预压值通过低压传感器来监控，电动燃油泵根据需要输送燃油。

注　意

如果低压传感器失灵，电动燃油泵就会在总线端 15 接通时以 100% 的输送功率继续输送燃油。

2）燃油在持续运行的高压泵内加压，通过高压管路输送至共轨内，然后通过高压管路分配给高压喷油器。

3）发动机管理系统根据发动机负荷和发动机转速确定所需燃油压力。实际达到的压力值通过高压传感器测量并发送至发动机控制单元。在对比共轨压力规定值和实际值后通过燃油量控制阀进行调节燃油喷射压力。

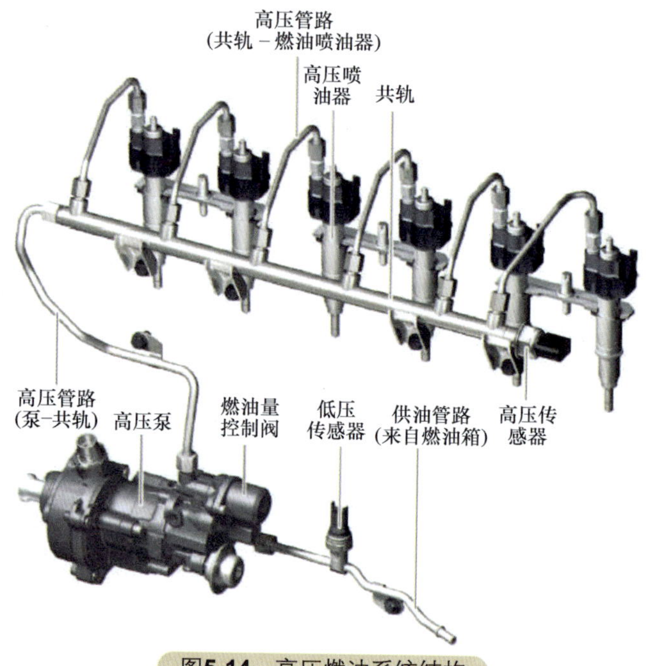

图5-14　高压燃油系统结构

172. 高压喷油器是怎样的

高压喷油器主要由喷嘴针、压电元件和热补偿器三个总成组成，如图 5-15 所示。压电元件通电后膨胀使喷油器的喷嘴针向外伸出阀座。此外，喷油器装有一个热补偿元件，目的是能够承受相应阀门开启升程的不同运行温度变化。

只有采用高压喷油器才能实现缸内直接喷射，这种高压喷油器可产生最高 20 000kPa 的喷射压力并使喷嘴针以极快的速度打开，从而实现燃油喷射。

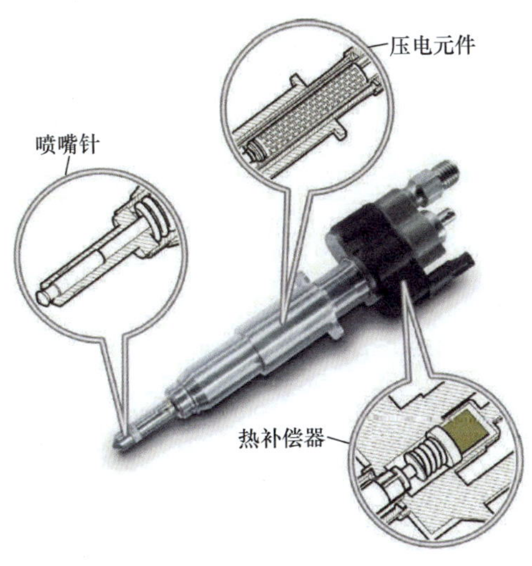

图5-15　高压喷油器

二、燃油系统拆装与检修

173. 如何拆装喷油器

拆装喷油器见表 5-1。

表5-1　拆装喷油器

步　骤	操作内容	图　示
（1）准备工作	①释放燃油压力，然后拆下发动机罩 ②拆下燃油管路快速接头 ③拆下燃油导轨总成紧固螺母，然后断开喷油器插接器	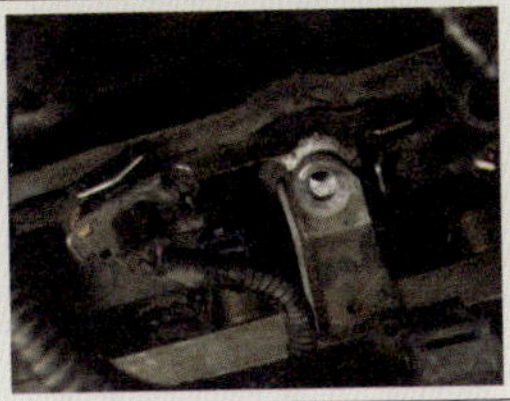

（续）

步　骤	操作内容	图　示
（2）拆卸燃油导轨总成并拆下喷油器	从喷油器安装基座上取下燃油导轨总成，然后按照一定的顺序拆下喷油器	
（3）组装喷油器	① 安装喷油器前应该将其保持清洁干净，在新O形密封圈上涂一层清洁的机油 ② 将喷油器插入燃油导轨内，并安装喷油器卡夹	
（4）安装燃油导轨总成	① 检查所有的喷油器安装牢固后，在O形密封圈上涂一层干净的机油 ② 将燃油导轨总成按照相反的顺序安装在喷油器基座上，然后安装好紧固螺母和喷油器插接器 ③ 打开点火开关至ON（Ⅱ），但不起动发动机。燃油泵运转2s后，燃油管路内的压力会增加。重复该步骤2次或3次，确保燃油无泄漏即可	

174. 如何拆装燃油泵总成

燃油泵总成有些安装在行李箱后面，有些安装在后排座椅下面，甚至有些安装在变速杆附近，如飞度等车型。车型不一样，拆装步骤略有不同，以凯美瑞轿车为例，拆装燃油泵总成见表5-2。

表5-2　拆装燃油泵总成

步　骤	操作内容	图　示
（1）准备工作	释放燃油压力，并打开燃油箱盖将气体排出	

（续）

步　骤	操作内容	图　示
（2）拆开燃油泵总成盖板	拆下后部座垫，找到燃油泵总成位置并拆开燃油泵总成盖板	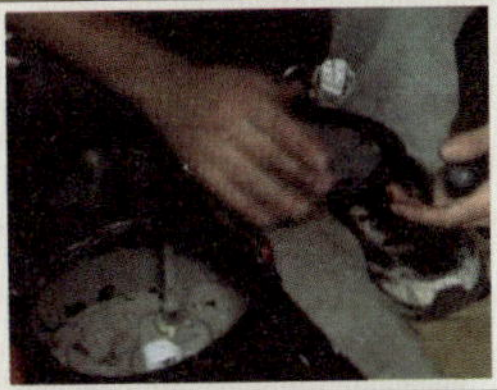
（3）拆卸固定内盖螺栓	断开燃油泵总成上的快速接头，然后拆下固定内盖的螺栓	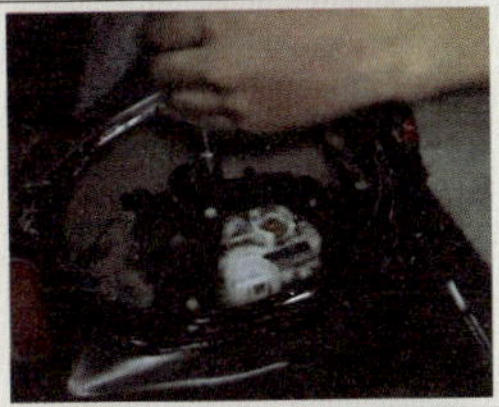
（4）取出燃油泵总成	小心地取出燃油泵总成，注意不要损坏燃油位置传感器	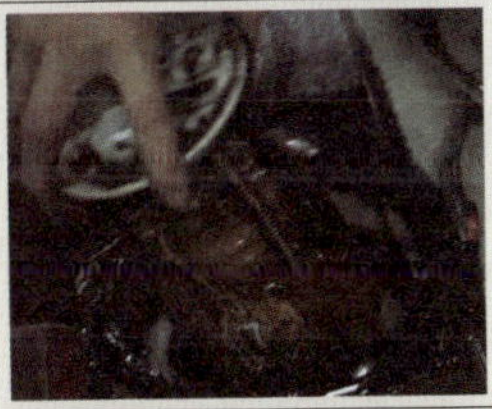
（5）燃油泵总成插入燃油箱	更换燃油滤清器或清洁干净后将燃油泵总成小心地插入燃油箱内	
（6）安装燃油泵总成	将燃油箱上的标记与燃油泵总成对齐，然后按照相反的顺序安装好燃油泵总成。注意：为防止燃油泄漏，应对垫片进行目测或用手检查，并确保垫片未压折	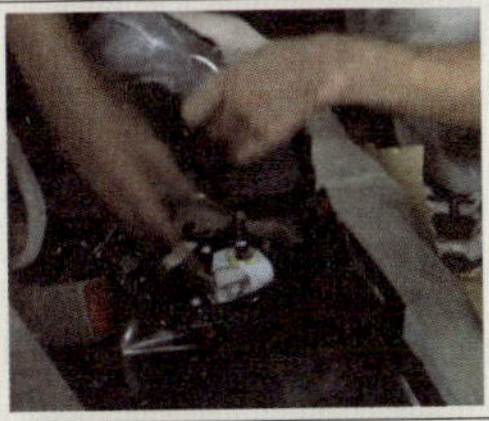
（7）安装燃油泵总成盖板	连接燃油泵总成插头，然后连接快速接头。打开点火开关至 ON（Ⅱ）（但不运行发动机）。燃油泵运转大约 2s 时，燃油压力会升高。重复这一过程 3 次或 4 次，然后检查燃油供给系统是否泄漏。如果没有泄漏则安装燃油泵总成盖板	

175. 如何更换燃油滤清器

更换燃油滤清器见表 5-3。

表5-3 更换燃油滤清器

步骤	操作内容	图示
（1）准备工作	从燃油箱上拆下燃油泵总成	
（2）拆解燃油泵总成	从燃油泵总成上拆卸燃油滤清器、燃油泵、燃油表传感器、燃油压力调节器	
（3）清洁燃油泵滤网	用压缩空气吹干净燃油泵滤网	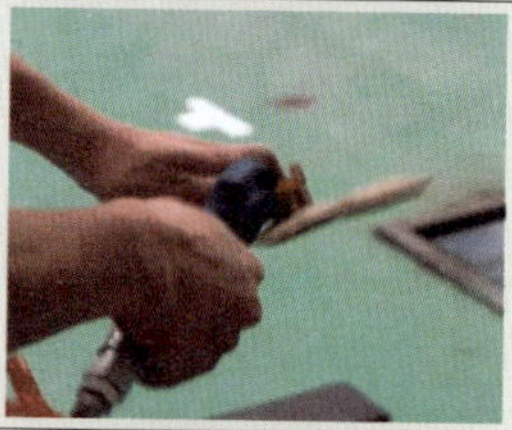
（4）安装燃油泵滤网	按照相反的顺序安装好燃油泵滤网。安装时要确保卡夹安装到位，以免松脱导致人为的故障	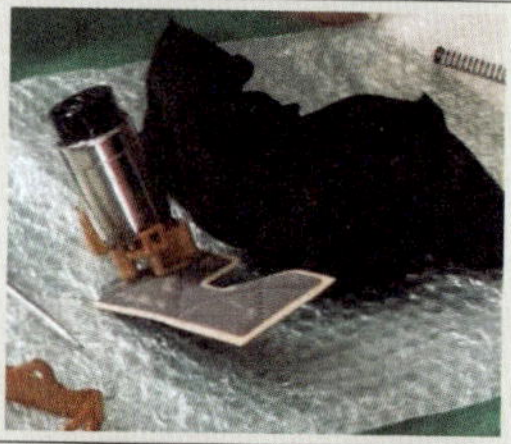
（5）安装新的燃油滤清器	将新的燃油滤清器按照相反的顺序安装好	

（续）

步 骤	操作内容	图 示
（6）安装新的垫片	安装新的垫片即可完成燃油滤清器的更换，同时确保燃油泵线束连接牢固且接头牢固地锁定到位。最后将其安装到燃油箱内即可	

176. 如何更换燃油管

更换燃油管见表 5-4。

表5-4 更换燃油管

步 骤	操作内容	图 示
（1）准备工作	首先选择合适的新燃油管	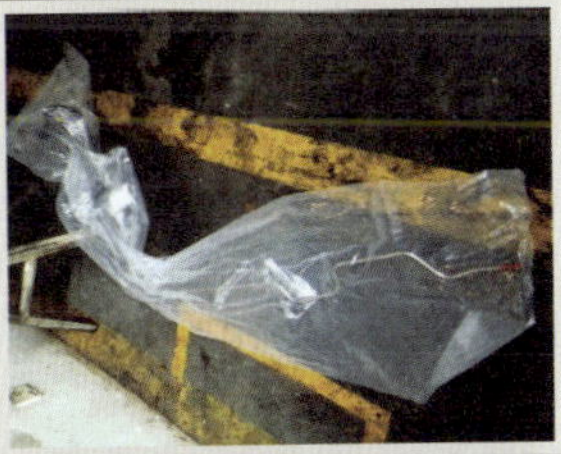
（2）拆卸燃油管	① 释放燃油压力，检查燃油快速接头是否脏污，如有必要，进行清理 ② 将抹布放在快速接头上。一只手握住接头，另一只手压下固定座锁片，以使其从锁片上脱开，然后拉出接头 ③ 拆下燃油管的固定支架，然后拆下燃油管	
（3）安装燃油管	安装燃油管时将快速接头与燃油管路对正，并使固定座锁片与接头凹槽对齐。然后将快速接头压到管路上，直到两个固定座锁片随着“咔嗒”一声锁住为止。最后按照相反的顺序安装好燃油管	

177. 如何拆装燃油箱

拆装燃油箱见表 5-5。

表5-5 拆装燃油箱

步 骤	操作内容	图 示
(1) 准备工作	① 为了便于拆装，首先将燃油箱内的燃油抽空 ② 拆下燃油泵总成上的插头，然后安全地将汽车升起 ③ 拆下燃油管的快速接头	
(2) 拆卸燃油加注管软管	拆松燃油加注管卡箍，然后往回滑动卡箍，在拉下软管的同时扭转软管，以防将其损坏	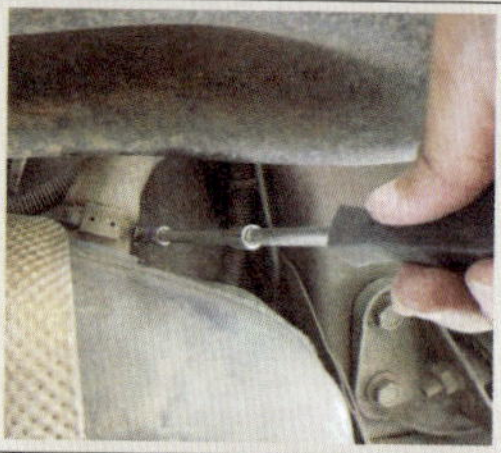
(3) 拆卸箍带螺栓和箍带	在燃油箱底部放置一个千斤顶或其他支撑装置，然后拆下箍带螺栓和箍带	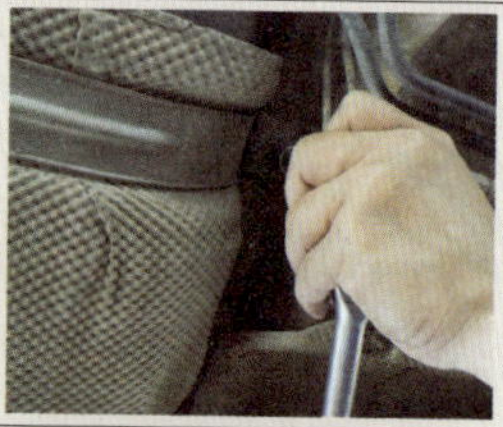
(4) 拆卸排气管	为了便于操作，抬下燃油箱之前拆开排气管	
(5) 拆下燃油箱	缓慢地降下千斤顶或其他支撑装置即可拆下燃油箱	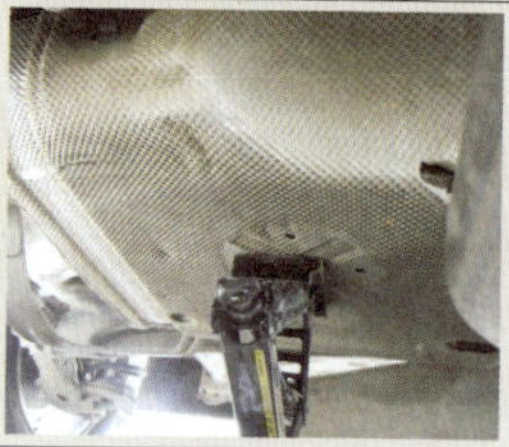

（续）

步　骤	操作内容	图　示
（6）安装燃油箱	按照与拆卸相反的顺序进行安装燃油箱。注意：在安装箍带时，应确保箍带的插入方向正确	

178. 怎样检修电动燃油泵

检修电动燃油泵见表 5-6。

表5-6　检修电动燃油泵

方　法	操作内容	图　示
（1）通电检查电动燃油泵	直接给电动燃油泵接上 12V 的直流电源，如果电动燃油泵正常运转，说明燃油泵工作正常；如果不转，应更换新的电动燃油泵	
（2）检测电动燃油泵电阻	使用万用表检查电动燃油泵接线端的电阻，如果电阻为几欧姆，则说明电动燃油泵正常；如果电阻为零，说明电动燃油泵内部有短路，必须更换新的电动燃油泵	

179. 怎样检修电动燃油泵控制电路

（1）确认电动燃油泵电路是否故障

1）关闭点火开关 10s。

2）点火开关转至接通，但发动机不运转。

3）听电动燃油泵的动作声，若能听到燃油泵工作2s，表示燃油泵控制电路正常。若不能听到燃油泵工作，则应进行下一步检查。

（2）检查燃油泵继电器端子30（线束侧）至30号线间电路是否有故障

1）关闭点火开关。

2）拆卸电动燃油泵继电器。

3）将一端搭铁良好的测试灯的另一端接电动燃油泵继电器端子30（线束侧）。若测试灯不能点亮，应维修该电路。若测试灯正常点亮，应进行下一步检查。

（3）检查电动燃油泵继电器端子85与发动机控制单元端子间电路是否有故障

1）关闭点火开关。

2）断开电动燃油泵继电器。

3）将一端搭铁良好的测试灯的另一端接电动燃油泵继电器85（线束侧）。若测试灯不能点亮，应断开发动机控制单元线束，检查电动燃油泵继电器端子85与发动机控制单元端子之间电路是否断路，若电路断路，应进行电路维修，若线路没有断路，应更换发动机控制单元。若测试灯能正常点亮，应进行下一步检查。

（4）检查电动燃油泵继电器86与搭铁间电路是否有故障

1）拆卸电动燃油泵继电器。

2）将一端接蓄电池正极的测试灯的另一端接电动燃油泵继电器端子86（线束侧）。若测试灯不能点亮，应维修该电路。若测试灯正常点亮，应进行下一步检查。

（5）检查电动燃油泵继电器是否有故障

1）装回电动燃油泵继电器。

2）将一端搭铁良好的测试灯的另一端接电动燃油泵熔丝。

3）连接发动机控制单元线束。

4）点火开关转至接通。若测试灯不点亮，应检查电动燃油泵与电动燃油泵熔丝之间电路。必要时，进行维修。电动燃油泵继电器与电动燃油泵熔丝之间电路若正常，应更换电动燃油泵继电器。若测试灯能正常点亮2s，应进行下一步检查。

（6）检查电动燃油泵电源是否有故障

1）断开电动燃油泵线束插头，检查插头有无烧蚀的情况，如图 5-16 所示。如果没有，应进行下一步检查。

2）在电动燃油泵 2 和 3（线束侧）间跨接测试灯。

3）点火开关转至接通。若测试灯不点亮，应维修电动燃油泵的搭铁电路或电动燃油泵与电动燃油泵熔丝之间电路。若测试灯能正常点亮 2s，应更换电动燃油泵。

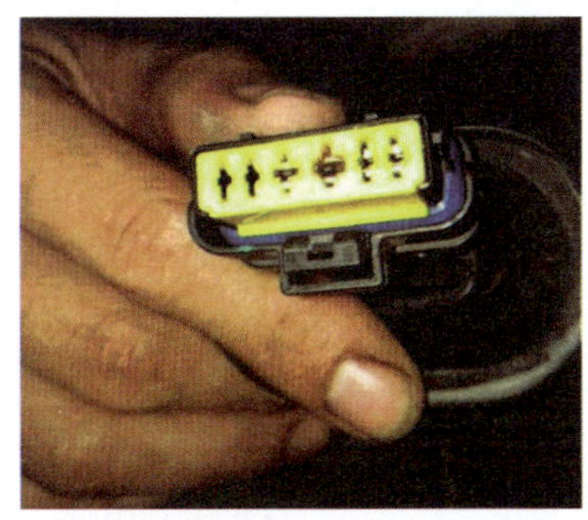

图5-16　燃油泵线束插头烧蚀

180. 怎样清洗燃油箱

1）从车上拆下燃油箱。

2）拆下燃油箱附件（燃油泵总成、燃油加注软管等）。

3）使用燃油清洗剂对燃油箱污垢进行清洗一遍，然后使用高压水枪对燃油进行彻底冲洗干净（图 5-17），最后用干净的抹布将水分擦干净。

4）用压缩空气将燃油箱吹干或自然干燥后，按照相反的顺序安装好燃油箱即可。

图5-17　高压水枪冲洗燃油箱

181. 怎样焊补燃油箱

如果燃油箱渗漏，可用锡焊法或氧焊法进行修复，一般情况下，渗漏处与其他物体没有接触时，可用锡焊法；渗漏处与其他物体有接触摩擦时应用氧焊法。焊补燃油箱见表 5-7。

182. 怎样简单判断喷油器故障

简单判断喷油器故障见表 5-8。

表5-7　焊补燃油箱

步　　骤	操作内容	图　　示
（1）准备工作	在使用氧焊法前应对燃油箱彻底清洗，直至燃油箱中燃油被完全蒸发掉。一般用肥皂水加热后清洗，然后用压缩空气吹干	
（2）焊补燃油箱	用焊枪对渗漏处加热2~5min，确认燃油箱内残留燃油蒸气不会燃烧后方可进行焊补。焊补时，应把燃油加油口对准无人方向	
（3）焊补后检查燃油箱	焊补后，用锤击进行敲击检查燃油箱，如果声音清脆，说明没有泄漏。在焊接处涂上防锈漆安装到汽车上即可	

表5-8　简单判断喷油器故障

方　　法	操作内容	图　　示
（1）用听诊器检查喷油器	在发动机工作时，用听诊器或用手触摸检查喷油器开闭时的振动或声响，如果感觉无振动或听不到声响，说明喷油器或喷油器电路有故障	
（2）断缸检查喷油器	在发动机工作时，逐一拔下喷油器插接器，如果发动机转速下降，且不稳，则说明该缸喷油器良好；如果发动机转速未发生任何变化，则说明该喷油器有故障 注意：在发动机工作时，使用该方法进行断缸试验有可能会产生发动机故障码，一般情况下不予采用	

183. 怎样检修喷油器

检修喷油器见表 5-9。

表5-9　检修喷油器

方　　法	操作内容	图　　示
（1）测量喷油器电阻	拆开喷油器线束插接器，用万用表测量喷油器两端子之间的电阻，低阻值喷油器应为 2~3Ω，高阻值喷油器应为 13~16Ω，否则应更换该喷油器	数字万用表 Ω
（2）通电测试喷油器	将 12V 蓄电池接到喷油器插接器的一个端子上，在将另一个端子重复地与搭铁点接通与断开。如果每次搭铁时，喷油器都能发出短促的“嗒嗒”声，则说明喷油器良好；否则说明喷油器有故障，应更换新的喷油器	

184. 怎样检修喷油器控制电路

检修喷油器控制电路见表 5-10。

表5-10　检修喷油器控制电路

步　　骤	操作内容	图　　示
（1）读取喷油器的故障信息	首先可以连接故障检测仪读取喷油器的故障信息，然后根据故障信息进行检修，如大众品牌轿车的 2 缸喷射器（喷油器）电路低	
（2）检查喷油器电源电路	点火开关置于 OFF，脱开喷油器插接器。点火开关置于 ON，将万用表的黑表笔搭铁，红表笔先后测量插接器的两个端子，其中的一个端子应有 12V 以上的电压。否则应排除喷油器继电器以及喷油器继电器到蓄电池之间的线束断路情况	

（续）

步　骤	操作内容	图　示
（3）检查喷油器控制信号	自制一个串联有 330Ω 左右电阻的二极管试灯。在点火开关置于 OFF 的情况下拔下喷油器插接器，将二极管试灯的正极与喷油器电源端子相连，二极管试灯的负极与喷油器控制信号端子相连。起动发动机，二极管试灯应闪烁，否则应排除喷油器到发动机控制单元之间的线路断路故障	

185. 如何用简易方法清洗喷油器

用简易方法清洗喷油器见表 5-11。

表5-11　用简易方法清洗喷油器

方　法	操作内容	图　示
（1）通电清洗喷油器	① 从发动机上拆下喷油器 ② 用专用插接器连接化油器清洗剂罐和喷油器。使喷油器间断地通电，让化油器清洗剂清洗喷油器，同时观察其喷射雾化情况	
（2）未通电清洗喷油器	在喷油器未通电情况下，让化油器清洗剂清洗干净喷油器即可	

186. 如何用超声波清洗仪清洗喷油器

超声波清洗仪清洗喷油器见表 5-12。

表5-12　超声波清洗仪清洗喷油器

步　骤	操作内容	图　示
（1）准备工作	在超声波清洗仪槽内倒入超声波清洗液，然后在超声波清洗仪槽内放入清洗支架	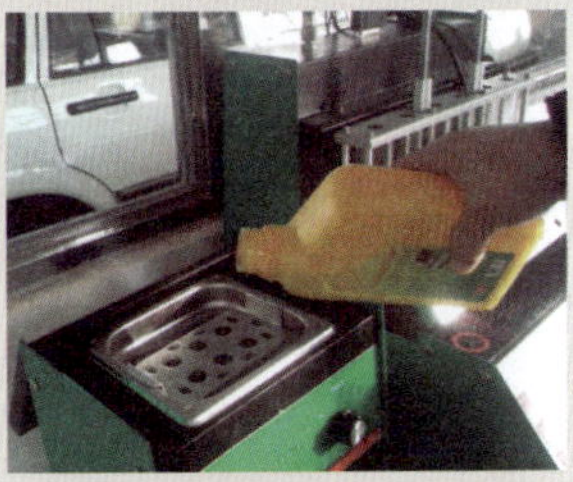
（2）拆下喷油器	拆下喷油器，然后在清洗支架上放好喷油器，清洗液要浸过清洗支架表面	
（3）清洗喷油器	① 连接好超声波清洗仪的线束到喷油器上，然后盖上盖子 ② 打开超声波清洗仪电源开关，旋转超声波清洗仪“设置时间”旋钮，设置好清洗时间即可自行清洗	

187. 如何测试喷油器

测试喷油器方法见表5-13。

表5-13　测试喷油器方法

步　骤	操作内容	图　示
（1）准备工作	在超声波清洗仪中取出清洗干净的喷油器，然后选用合适的接头以便安装喷油器	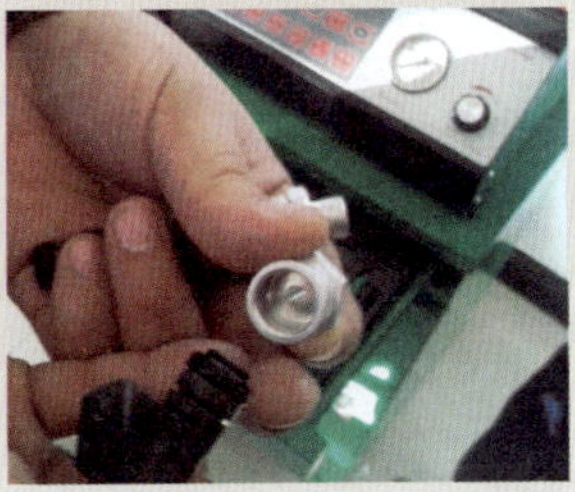

（续）

步　骤	操作内容	图　示
（2）安装喷油器	将喷油器装到喷油器测试仪上，然后将驱动线插头依次插入喷油器插接器中	
（3）启动测试仪	打开喷油器测试仪电源，然后调整测试喷油器的参数，包括转速、喷油脉宽、测试时间等	
（4）泄漏测试	按选择键选择检漏测试项，按下工作键，同时将压力调至 300kPa，观测各喷油器密封性。每分钟滴漏不超过两滴视为合格	
（5）测试喷油器喷油量及雾化情况	当液面达到量筒的 2/3 时按下停止键或暂停键，观测在不同工况下各喷油器的喷油均衡性。一般所有喷油器的喷油量偏差不应超过 2%，在喷油 15s 内（即 2 次或 3 次喷油），喷油器的喷油量应为 60~73cm³，各喷油器的喷油量差别为 13cm³ 或更少为正常，各喷油器雾化要均匀。如果与规定不符合，则应反向冲洗喷油器	
（6）反向冲洗喷油器	按照喷油器测试仪的使用说明，喷油器反过来安装再次清洗喷油器，目的是将喷油器内部的杂质清洗出来	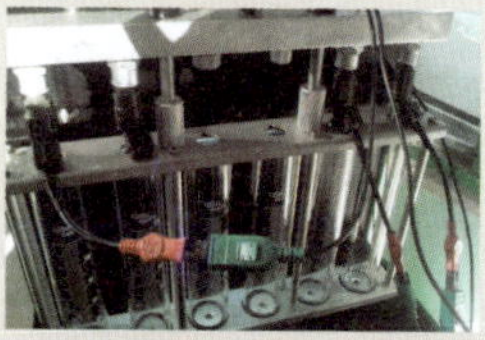
（7）重新测试喷油器喷油量及雾化情况	重新测试喷油器喷油量及雾化情况，如果喷油均衡性符合要求，则说明喷油器恢复正常，否则应更换新喷油器	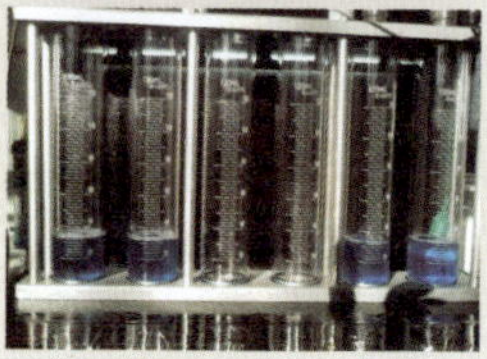

188. 如何释放燃油压力

1）从驾驶人侧仪表板下熔丝 / 继电器盒上拆下燃油泵继电器或燃油泵熔丝，如图 5-18 所示。

图5-18 拆卸燃油泵熔丝

2）起动发动机，并使其怠速运转直至发动机熄火。

3）将点火开关关闭。

4）拆下燃油加注盖以释放燃油箱内的压力。

5）检查燃油管路快速接头是否脏污。如有脏污，进行清理。将抹布放置在燃油管路快速接头上。

6）一只手握住燃油管路接头，另一只手压下固定座锁片，以使其从止锁片上脱开，然后拉出燃油管路接头。

189. 如何测试燃油压力

1）首先释放燃油管路中的压力，然后断开快速连接接头，并连接燃油压力表到燃油管路中，如图 5-19 所示。

2）将打开点火开关，但不要起动发动机，正常情况下可听到燃油泵运转的声音，燃油压力表读数不低于 220 kPa（图 5-20），否则，表明燃油泵工作不正常。

图5-19 连接燃油压力表

图5-20 打开点火开关的燃油压力

3）起动发动机，并使其怠速运转，读取燃油压力表读数，一般为 270~350kPa（图 5-21）。如果燃油压力表超出规定值，则更换燃油压力调节器、燃油滤清器以及燃油泵滤网，然后重新检查燃油压力。

4）对发动机进行加速到3000r/min并稳定2~3min，观察燃油压力表指示值是否上升或波动。如果燃油压力表指示值不上升或来回一直波动，应进一步对燃油泵、燃油压力调节器、燃油滤清器以及燃油泵滤网进行检查，必要时将其更换。

5）关闭点火开关，检查并确保发动机停止10min后，燃油压力系统的保持压力应为150kPa左右（图5-22）。如果燃油压力不符合规定，则进一步检查燃油泵、燃油压力调节器或喷油器，必要时将它们更换。

图5-21　燃油动态压力

图5-22　燃油保持压力

190. 如何检测燃油表传感器

1）从燃油泵总成上拆下燃油表传感器，如图5-23所示。

2）将浮子置于LOW（燃油油位低位）慢慢向F（满）的位置移动，测量燃油表插头1号和2号端子之间的电阻变化情况，如图5-24所示。在浮子缓慢移动的过程中，电阻值应均匀地变化，如果不符合规定，更换或修复燃油表传感器。

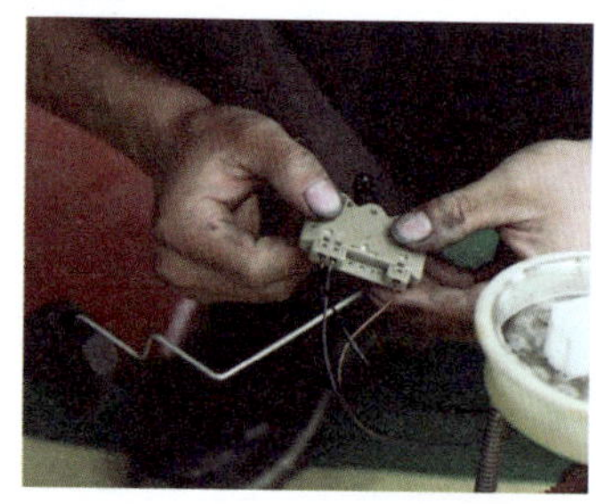

图5-23　拆下燃油表传感器

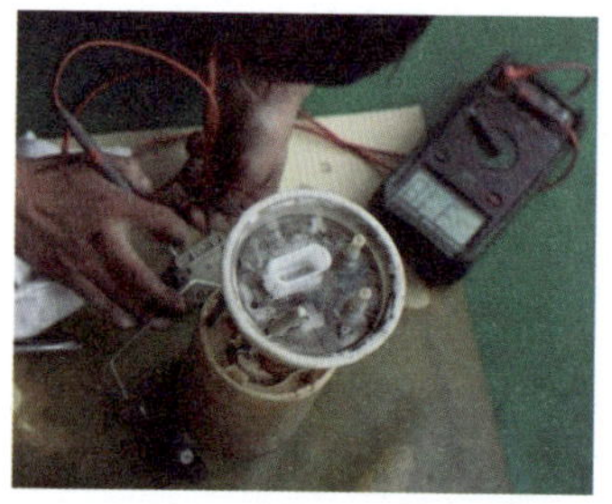

图5-24　测试燃油表传感器

191. 如何修复燃油表传感器

1）首先打开燃油表传感器内部的触点进行检查，如图 5-25 所示。检查浮子与线路板接触是否良好，是否有卡滞的现象。

2）如果线路板存在烧蚀的痕迹或卡滞的情况，应用细砂纸进行打磨，如图 5-26 所示。如果燃油表传感器恢复正常，则将其安装到燃油泵总成上；如果无法修复，则更换新的燃油表传感器。

图5-25　检查燃油表传感器内部

图5-26　修复燃油表传感器

192. 如何免拆清洗燃油系统

1）选择高效燃油系统免拆清洗剂，然后分别将它们倒入免拆清洗仪器中。

2）将免拆清洗仪器的燃油管连接至喷油器分配管的接头上，进气系统连接到发动机进气端或节气门体附近，如图 5-27 所示。注意：拆卸燃油管路之前必须进行泄压操作。

图5-27　安装免拆清洗仪器

3）免拆清洗仪器接上压缩空气管路并调整好空气压力，打开免拆清洗仪器阀门。拔下燃油泵熔丝，起动发动机对燃油系统和进气系统一起进行免拆清洗，如图 5-28 所示。

4）用专业的工具稳定住发动机加速踏板，使发动机稳定在 2000 r/min 的转速，直到发动机自然熄火即可，如图 5-29 所示。

5）最后拆掉免拆清洗仪器并安装好燃油管路及燃油泵熔丝，确保发动机正常起动。

图5-28　起动发动机

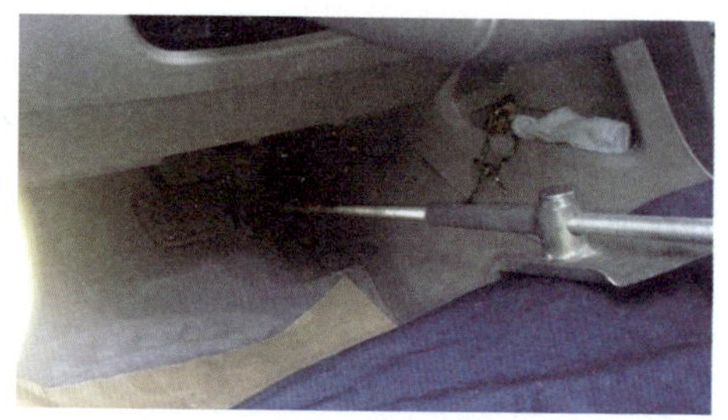

图5-29　稳定住发动机加速踏板

三、燃油系统常见故障与检修

193. 燃油压力过低怎样检修

1）首先检查燃油管路是否存在弯曲、吸扁（图 5-30）、堵塞造成供油不畅，如果有，必须更换燃油管。

2）拆下喷油器进行检查，检查喷油器是否存在泄漏的情况，如果有，必须更换喷油器。

图5-30　燃油管路吸扁

3）拆下燃油泵总成进行检查，检查燃油泵滤网是否堵塞、燃油滤清器是否过脏等，必要时更换燃油压力调节器或燃油泵。

194. 喷油器积炭过多怎样检修

喷油器积炭过多如图 5-31 所示。目前对喷油器的积炭过多常用以

下三种方法进行排除：

1）拆下喷油器，利用专用清洗设备进行清洗和检验。对于积炭严重的喷油器还可采用超声波清洗仪器清洗。经清洗检验合格的喷油器可以装车继续使用，不合格的喷油器应更换。

2）到正规加油站添加厂家指定标号的燃油或标号更高的燃油。

3）在添加燃油时添加燃油清洁剂。

图5-31　喷油器积炭过多

195. 喷油器漏油怎样检修

喷油器漏油故障一般分为内部漏油和外部漏油（图 5-32）两种情况，具体如下：

1）喷油器内部漏油的原因多是其在使用中早期磨损，造成其在系统压力的作用下，不断向进气歧管内漏油，此时必须更换新的喷油器。

2）喷油器外部漏油多发生在喷油器和导轨连接处，多是密封面密封不严，对于此类故障，更换喷油器密封圈（图 5-33）即可排除。

图5-32　喷油器外部漏油

图5-33　更换喷油器密封圈

196. 个别喷油器堵塞怎样诊断

1）利用故障检测仪切断供给某缸喷油器的供油信号（图 5-34），使该缸停止工作，同时观察断油后发动机转速的下降情况，对喷油器工作情况进行判断。

进行该项检测时发动机转速保持在 1200~2000r/min。若将工作良好的喷油信号断开后，会引起发动机功率有较大的下降；而将工作情况差的喷油器信号切断后，引起发动机的功率下降微小。因此，断油后，发动机功率下降微小的一缸的喷油器可能有故障，应对其进行检修。

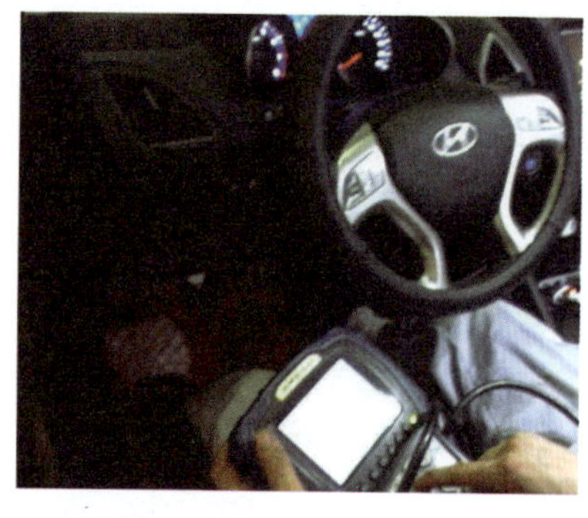

图5-34　切断喷油器的供油信号

2）利用燃油压力表检查喷油器堵塞可以就车进行，即在汽车燃油系统中接入燃油压力表，使发动机处于静止状态，给喷油器一个固定的触发信号，观察燃油压力表的压力读数变化，变化读数小喷油器为堵塞故障。

注　意

当利用燃油压力表检查喷油器堵塞时，要求每个喷油器触发前的压力相同，发动机不需运转。

197. 燃油泵容易烧坏怎样检修

1）首先检查燃油泵的熔丝是否符合原厂的规定，如果不是，更换合格的熔丝。

2）检查燃油泵总成的插接器是否出现接触不良的情况，如果出现接触不良，必须更换燃油泵总成的插接器。

3）检查燃油泵内部的线束插头是否接触不良，当线束插头接触不良（图5-35）导致通电发热容易烧坏燃油泵，必须重新更换燃油泵及线束插头。

图5-35　燃油泵线束插头接触不良

第六章
点火系统故障诊断与检修

一、点火系统基础

198. 点火系统特性是什么

点火系统应在发动机各种不同工况和使用条件下，均能保证可靠而准确地点燃可燃混合气，所以点火系统必须满足以下三个技术要求：

1）点火正时准确，即点火时间应随发动机工作情况而相适应。如本田轿车点火提前角为 6°~10°。

2）电火花应具有足够的点火能量，正常情况下混合气的点火能量为 50~80mJ，起动时应达到 100mJ 左右。

3）能产生足以击穿火花塞电极间隙的电压，正常情况下击穿电压一般均为 15kV 以上，起动时应达到 19kV 左右。

199. 点火系统的组成与电路是怎样的

点火系统主要由发动机控制单元（ECU、ECM / PCM）、各缸的点火线圈及火花塞等组成。以启辰轿车为例，点火系统电路如图 6-1 所示。

200. 点火系统的工作原理如何

点火系统的工作原理是由发动机控制单元控制点火器线圈内部电路，适时地驱动点火器线圈末级 VT 大功率管导通，接通初级电路，如图 6-1 所示。初级电路是：来自 12V 蓄电池电源→点火线圈初级绕组→点火线圈（大功率 VT、反馈电阻）→搭铁→蓄电池负极。

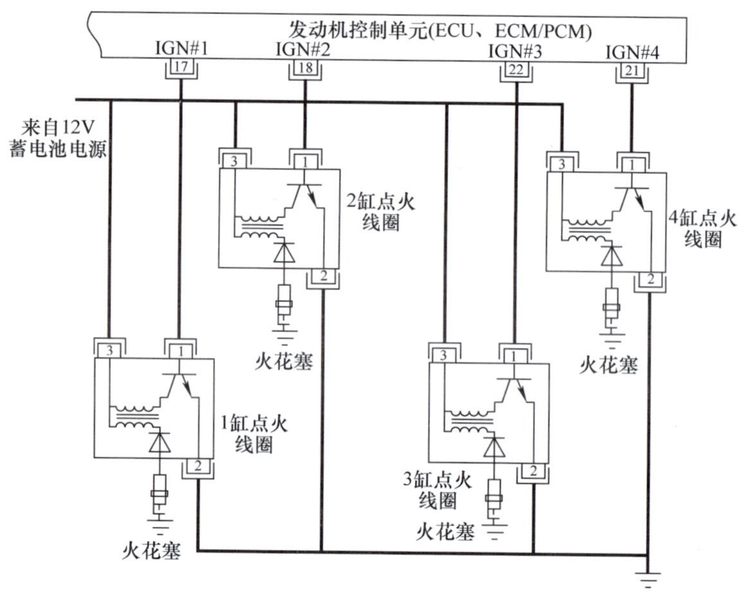

图6-1 点火系统电路

最后由点火线圈次级电路产生高压电，通过火花塞引入发动机气缸，在火花塞电极的间隙之间产生火花点燃混合气。

二、发动机点火系统拆装与检修

201. 如何拆卸点火线圈

拆卸点火线圈见表6-1。

表6-1 拆卸点火线圈

步骤	操作内容	图示
（1）准备工作	首先将点火开关关闭，必要时拔下点火钥匙，避免误起动汽车	

（续）

步　骤	操作内容	图　示
（2）拆开发动机护盖	打开发动机舱盖，然后拆开发动机护盖	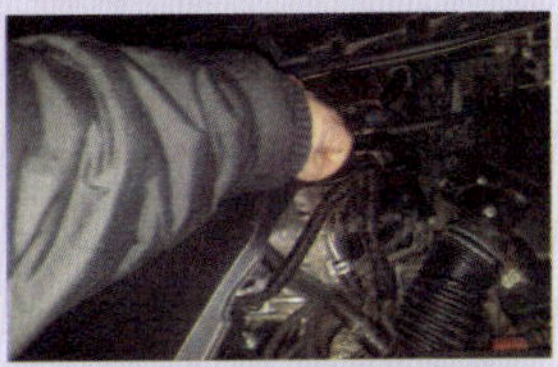
（3）拆卸点火线圈紧固螺栓	使用快速扳手拆卸点火线圈紧固螺栓	
（4）拆卸点火线圈	左右摇晃松动后取出点火线圈，然后拔下点火线圈插头	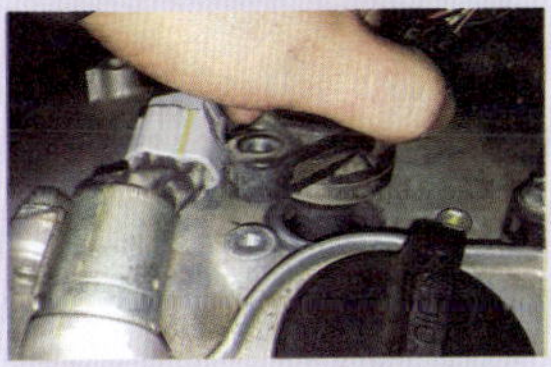
（5）放入点火线圈	选择原厂规定的点火线圈，然后小心地放入点火线圈孔内	
（6）安装点火线圈	按照与拆卸相反的顺序安装好点火线圈	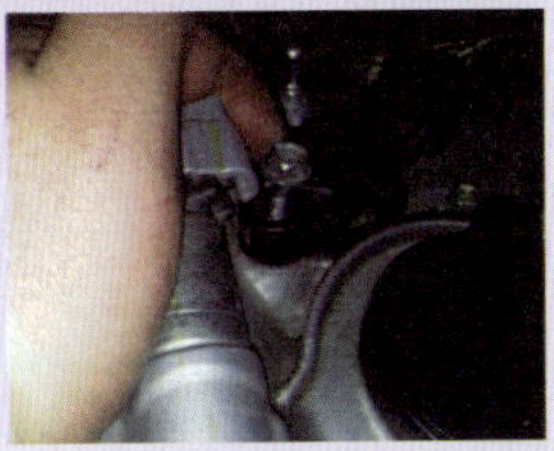

202. 如何拆装火花塞

拆装火花塞见表 6-2。

表6-2　拆装火花塞

步　骤	操作内容	图　示
（1）拧松火花塞	首先拆下点火线圈，然后用火花塞专用套筒拧松火花塞	
（2）取出火花塞	重新插入点火线圈将火花塞带出或者使用磁棒将火花塞吸出	
（3）放入火花塞	选择原厂推荐的火花塞，然后将其放入火花塞孔内	
（4）拧紧火花塞	将火花塞按照规定力矩拧紧，避免用力过大将火花塞拧坏，严重时需要更换气缸盖	

203. 如何诊断点火系统故障

现代轿车一般都具有故障诊断功能，可以按照下面的方法进行诊断：

（1）点火系统自诊断

发动机控制单元具有自诊断功能，当点火系统出现故障时，应首先利用故障检测仪调取存储在发动机控制单元内的故障码，根据故障码可快速对点火系统自身故障的范围做出初步判断并进一步排除故障。如果自诊断结果正常（图 6-2），则进行下一步检查。

图6-2　诊断点火系统

（2）点火数据流与波形分析

连接故障检测仪进入点火系统，读取点火数据流与波形，然后与标准数据进行比较判断。

204. 如何通过外观判断火花塞故障

外观判断火花塞故障（图 6-3）主要是根据经验来判断，具体内容如下：

图6-3　外观判断火花塞故障

1）如果火花塞绝缘部分呈浅棕色说明发动机工作正常。

2）如果火花塞电极沉积黑色烟灰状物较多，说明可燃混合气过稀或汽油辛烷值过低等。

3）如果火花塞电极附近有积炭和机油沉淀物，说明气缸、活塞是过度磨损，气门、气门导管磨损，气门油封失效等。

4）如果火花塞电极有少许积炭但无机油沉积物，说明火花塞使用时间较长需要更换。

5）如果火花塞电极绝缘烧熔，说明发动机长时间点火过早或燃烧室内积炭过多、气门间隙过小、冷却系统工作不良等。

6）如果火花塞电极绝缘部分呈白色且有褐色斑点，说明发动机早燃或是混合气过稀、进气道漏气，造成火花塞受热不均匀。

205. 如何测量火花塞

使用万用表欧姆档测量火花塞电极之间的电阻，如图 6-4 所示。如

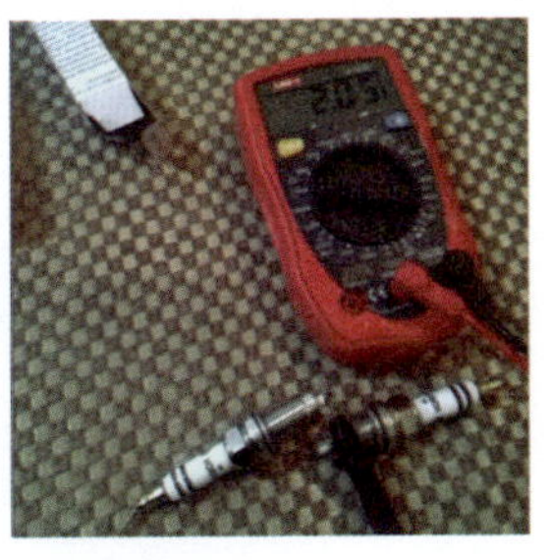

图6-4　测量火花塞电阻

果电阻值不在标准值（车型不同标准有所差异，一般为 2000Ω 左右）的范围内，则更换火花塞。

206. 火花塞间隙如何检查

（1）检查火花塞间隙注意事项

1）为避免对铱火花塞末梢接头造成损坏，不得调整火花塞铱端间隙。如果间隙超过规定值，则更换火花塞（铱火花塞）。

2）为了防止损坏铱火花塞端头，在检查火花塞间隙时，使用钢丝型火花间隙量规进行测量，如图 6-5 所示。

图6-5 火花塞间隙检查

（2）火花塞的电极间隙值

车型不同间隙有所差异，一般为 1.0 ~ 1.1mm，如果间隙大于标准值则更换火花塞。

207. 火花塞间隙如何调整

对于可调式的火花塞，可使用钳子夹住旁电极根部来调整电极间隙（图 6-6），禁止直接敲打旁电极调整，否则将会使旁电极损坏。若安装后掉落到气缸内，会划伤气缸孔导致严重的故障。

图6-6 用钳子调整火花塞间隙

208. 如何清洁火花塞

清洁外表时，不可图方便、快捷使用砂纸、金属片等除垢，而应当把火花塞浸入汽油中，用毛刷予以清除（图 6-7），以确保火花塞外表陶瓷体不受损伤。

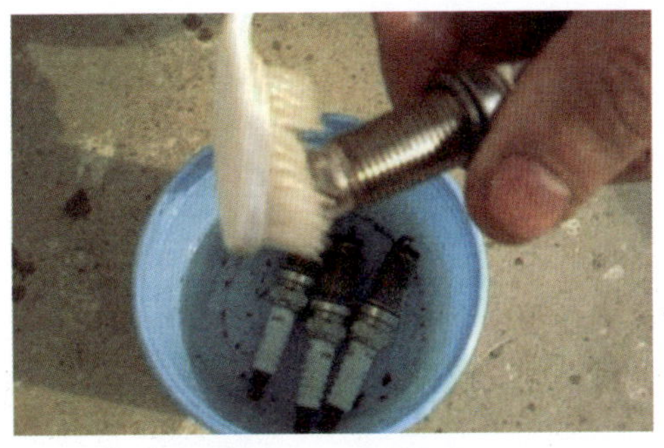

图6-7　清洁火花塞

209. 如何检查点火正时

1）让发动机处于怠速运转状态，发动机温度正常。

2）按照要求连接好点火正时灯，用点火正时灯照射曲轴带轮或飞轮上的正时标记，如图 6-8 所示。

3）当发动机怠速运转，光线正好照亮 A 与 B 两重合的正时标记（图 6-9）时，说明该车基本点火提前角准确，否则，基本点火提前角不在规定范围内，应进行调整。

图6-8　检查点火正时

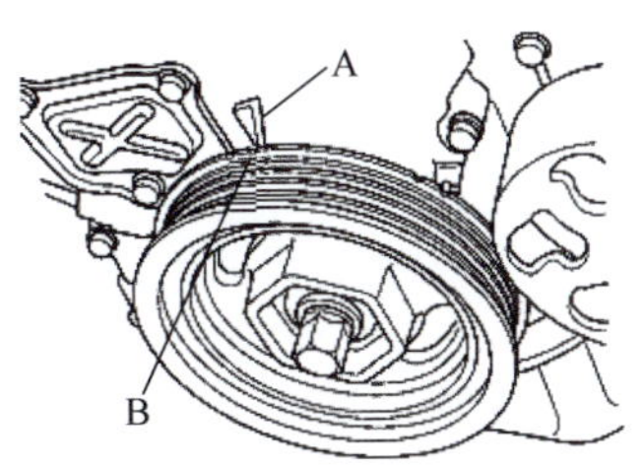

图6-9　基本点火提前角位置

210. 如何检查点火线圈

以独立点火系统的点火线圈为例，使用万用表进行检查电阻，具体如下：

1）首先使用万用表检查点火线圈端子 1、3 与 2 应有电阻值，如图 6-10 所示。

2）检查点火线圈端子 1 与 3 之间应为∞，如图 6-11 所示。

3）如果点火线圈的电阻（车型不同点火线圈的电阻有所差异）与规定不符合应更换点火线圈。

图6-10　点火线圈端子1、3与2

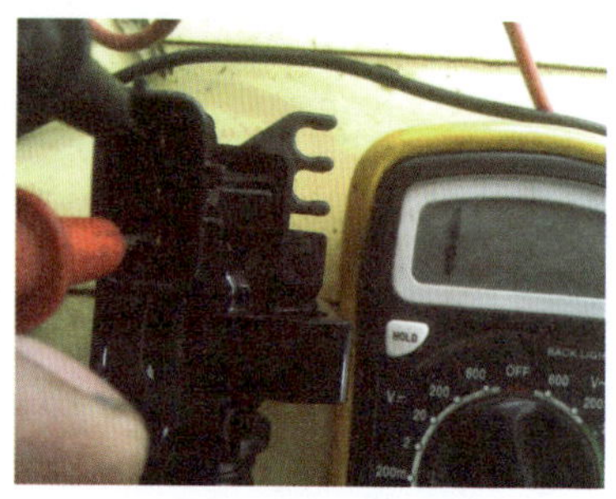

图6-11　点火线圈端子1与3

三、发动机点火系统常见故障与检修

211. 发动机不能起动且无火花如何排除

1）首先检查点火线圈及其插接器（图 6-12）是否正常，如果点火线圈出现损坏必须更换。

图6-12　检查点火线圈及其插接器

2）检查曲轴位置传感器、凸轮轴位置传感器及控制电路是否正常，如果出现损坏，必须更换新的零部件。

3）发动机控制单元是否损坏，如果出现损坏，必须更换新的发动机控制单元。

212. 发动机点火火花弱如何排除

1）首先检查点火线圈是否良好，测试点火线圈电压是否正常，各插接器及线束连接是否牢固等，如有必要应更换点火线圈。

2）检查火花塞的间隙是否符合要求，如果火花塞的间隙过大（图6-13），应进行调整，必要时应更换火花塞。

图6-13　火花塞的间隙过大

213. 个别缸不点火如何排除

1）拆下该缸的点火线圈，同时换上新的火花塞，让火花塞搭铁，如图6-14所示。起动发动机，如果有火花，说明原来火花塞有故障，应进行下一步检查；如果没有火花，应排除点火线圈及其控制线路是否出现断路或短路的故障。

图6-14　点火测试

2）拆下火花塞，清除积炭，调整火花塞间隙，检查火花塞外部有无破裂漏电情况，视需要更换火花塞。

214. 点火正时不准如何排除

1）首先测试曲轴位置传感器、凸轮轴位置传感器是否正常，如果不正常，必须更换新的传感器；如果正常，应检查点火正时。

2）拆下发动机正时室盖，检查发动机的正时标记及链条标记（图6-15）是否正常，如果不正常，则按照规定重新调整点火正时。

图6-15　检查正时标记

第七章
传感器及发动机控制单元的故障诊断与检修

一、传感器故障诊断与检修

215. 曲轴位置传感器如何工作的

曲轴位置传感器系统包括曲轴位置传感器齿板和感应线圈。传感器齿板有 34 个齿，被安装在曲轴上。感应线圈由缠绕的线圈、软铁心和永久磁铁构成，如图 7-1 所示。

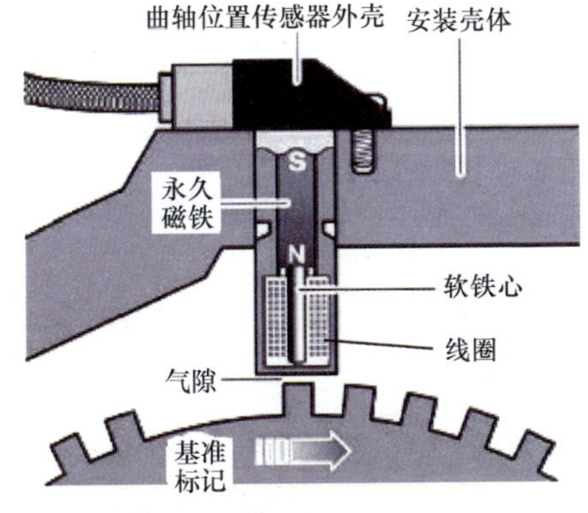

图7-1　曲轴位置传感器原理

传感器齿板旋转，当每个传感器齿通过感应线圈时，产生脉冲信号。发动机每转动一次，感应线圈就产生 34 个信号。根据这些信号，ECM/PCM 计算曲轴位置以及发动机转速。利用这些计算值，燃油喷射时间和点火正时得到控制。

216. 曲轴位置传感器常见故障及原因有哪些

发动机曲轴位置传感器有故障时，会造成发动机不能工作或发动机起动后立即熄火，常见的故障有传感器插接器或内部线路接触不良而使传感器信号弱或无信号输出，传感器感应线圈短路而使传感器信号弱或无信号输出，传感器安装松动或间隙不当而使传感器信号弱或无信号输出。

以丰田 1AZ-FE 发动机为例，曲轴位置传感器故障码如下：

1）P0335 曲轴位置传感器电路故障，故障原因是曲轴位置传感器电路中存在断路或短路，曲轴位置传感器、曲轴位置传感器齿板、ECM/PCM 等故障。

2）P0339 曲轴位置传感器电路间歇故障，故障原因是曲轴位置传感器电路中存在接触不良，曲轴位置传感器、曲轴位置传感器齿板、ECM/PCM 等故障。

217. 曲轴位置传感器检修方法有哪些

（1）检查曲轴位置传感器电阻

用万用表测量曲轴位置传感器线束侧的插头端子 1 号和 2 号之间的电阻，如图 7-2 所示。如丰田应为 1150~1450Ω，否则应更换曲轴位置传感器。

（2）检查曲轴位置传感器输出信号

用发光二极管检测灯从曲轴位置传感器插头的背面连接端子 1 与 2 时，然后起动发动机几秒，当发动机每转两圈检测灯应闪烁一下，否则应更换曲轴位置传感器。

（3）检查曲轴位置传感器波形

使用示波器检测曲轴位置传感器信号波形，如果与规定不符合，说明曲轴位置传感器有故障。以通用轿车为例，它的曲轴位置传感器信号波形如图 7-3 所示。

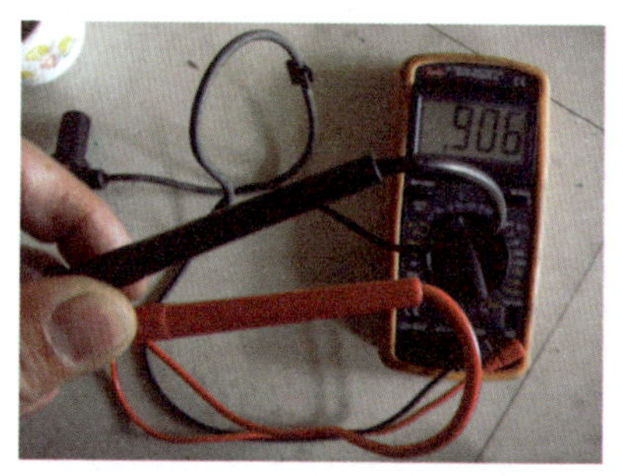

图7-2 检查曲轴位置传感器电阻

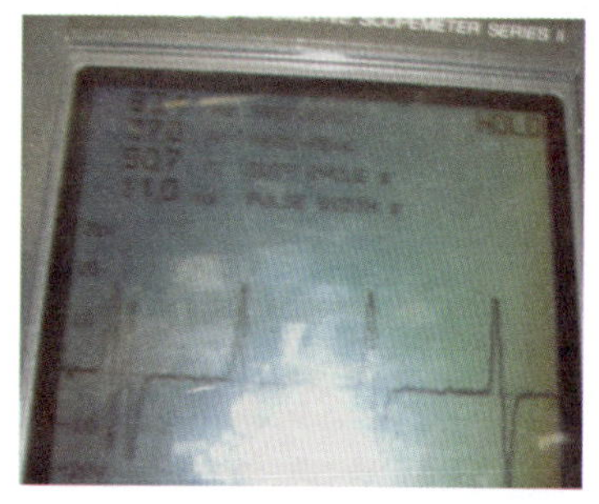

图7-3 曲轴位置传感器信号波形

218. 凸轮轴位置传感器如何工作的

凸轮轴位置传感器由永久磁铁和软铁心组成，外面缠有线圈，安装

在气缸盖上，如图 7-4 所示。当凸轮轴转动，凸轮轴上信号盘会激活传感器中的内置永久磁铁，在线圈中产生电压。传感器中生成的电压是一种信号，可以使 ECM/PCM 找到凸轮轴位置，用来控制点火正时和燃油喷射正时。

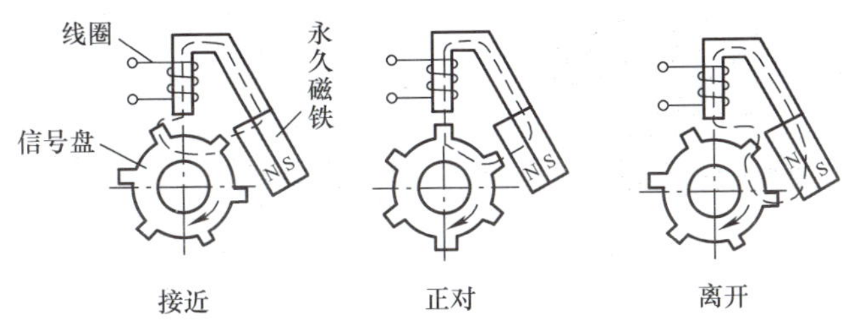

图 7-4　凸轮轴位置传感器原理

219. 凸轮轴位置传感器常见故障及原因有哪些

发动机凸轮轴位置传感器有故障时，会造成发动机不能工作或发动机起动后立即熄火，常见的故障有传感器插接器或内部线路接触不良而使传感器信号弱或无信号输出，传感器感应线圈短路而使传感器信号弱或无信号输出，传感器安装松动或间隙不当而使传感器信号弱或无信号输出。

以丰田 1AZ-FE 发动机为例，凸轮轴位置传感器故障码如下：

P0340 凸轮轴位置传感器电路故障，故障原因是凸轮轴位置传感器电路中存在断路或短路，凸轮轴位置传感器、凸轮轴位置传感器信号盘（凸轮轴）、ECM/PCM 等故障。

220. 凸轮轴位置传感器检修方法有哪些

（1）检查凸轮轴位置传感器电阻

用万用表测量凸轮轴位置传感器线束侧的插头端子 1 号和 2 号之间的电阻值，如图 7-5 所示。如丰田应为 950~1250Ω，否则应更换凸轮轴位置传感器。

（2）检查凸轮轴位置传感器输出信号

用发光二极管检测灯从凸轮轴位置传感器插头的背面连接端子 1 与 2 时，然后起动发动机几秒，当发动机每转两圈检测灯应闪烁一下，否则应更换凸轮轴位置传感器，如图 7-6 所示。

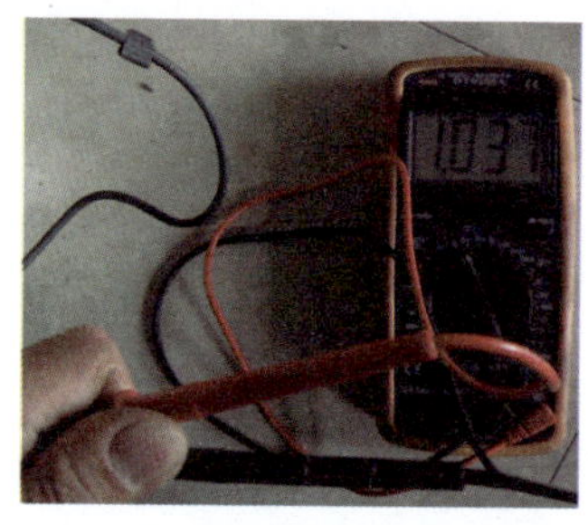

图7-5 检查凸轮轴位置传感器电阻

图7-6 检查凸轮轴位置传感器输出信号

（3）检查凸轮轴位置传感器波形

使用示波器检测凸轮轴位置传感器信号波形，如果与规定不符合，说明凸轮轴位置传感器有故障。以通用轿车为例，它的凸轮轴位置传感器信号波形如图 7-7 所示。

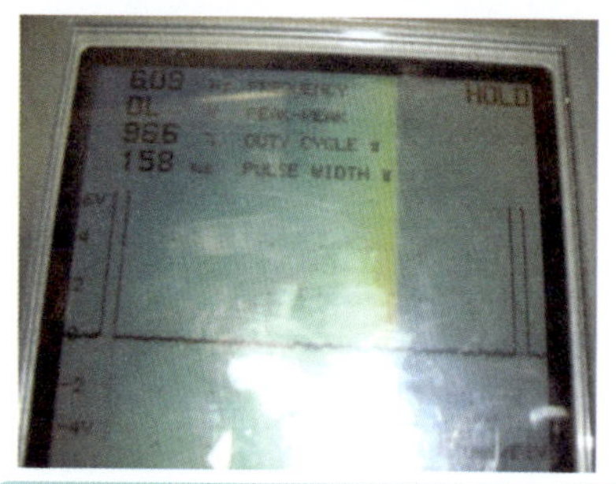

图7-7 凸轮轴位置传感器信号波形

221. 发动机冷却液温度传感器如何工作的

发动机冷却液温度传感器用来检测发动机冷却液的温度。该传感器利用了一个对温度改变敏感的热敏电阻，它内置于发动机冷却液温度传感器内（图 7-8），其电阻值会随温度的升高而变小。

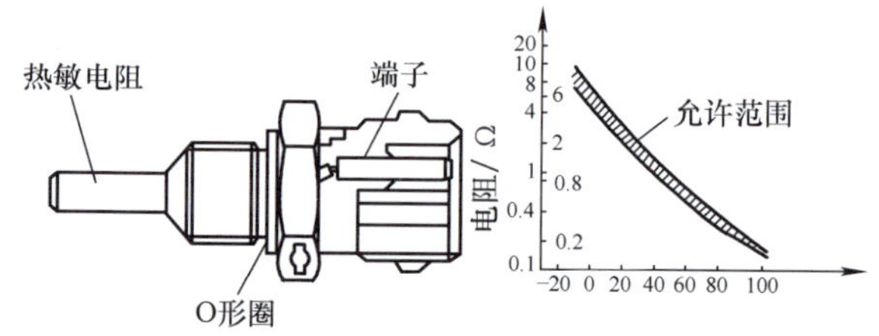

图7-8 发动机冷却液温度传感器原理

222. 发动机冷却液温度传感器常见故障及原因有哪些

发动机冷却液温度传感器有故障时，会造成发动机起动困难、怠速不稳、油耗增大、加速回火等情况，常见的故障有传感器插接器接触不良、传感器断路或短路、传感器损坏、传感器表面水垢太多等。

以丰田 1AZ-FE 发动机为例，发动机冷却液温度传感器故障码如下：

1）P0115 发动机冷却液温度传感器电路故障，故障原因是发动机冷却液温度传感器电路中存在断路或短路，发动机冷却液温度传感器、ECM/PCM 等故障。

2）P0116 发动机冷却液温度传感器性能故障，故障原因是发动机冷却液温度传感器、节温器等故障。

3）P0117 发动机冷却液温度传感器电路输入低故障，故障原因是发动机冷却液温度传感器电路中存在接触不良，发动机冷却液温度传感器、ECM/PCM 等故障。

4）P0118 发动机冷却液温度传感器电路输入高故障，故障原因是发动机冷却液温度传感器电路中存在短路，发动机冷却液温度传感器、ECM/PCM 等故障。

223. 发动机冷却液温度传感器检修方法有哪些

（1）检查发动机冷却液温度传感器电阻

1）点火开关置于 OFF 位置，拆卸冷却液温度传感器导线插接器，用数字式高阻抗万用表欧姆档测试传感器两端子的电阻值，其电阻值与温度的高低成反比，在热机时（丰田轿车）应小于 1kΩ。

2）拆下冷却液温度传感器，将冷却液温度传感器置于热水中，如图 7-9 所示。用数字式高阻抗万用表欧姆档测试不同温度下冷却液温度传感器两端子之间的电阻值，其值应符合规定，否则应更换传感器。如丰田轿车冷却液温度传感器在 20℃时，电阻为 2.2kΩ；

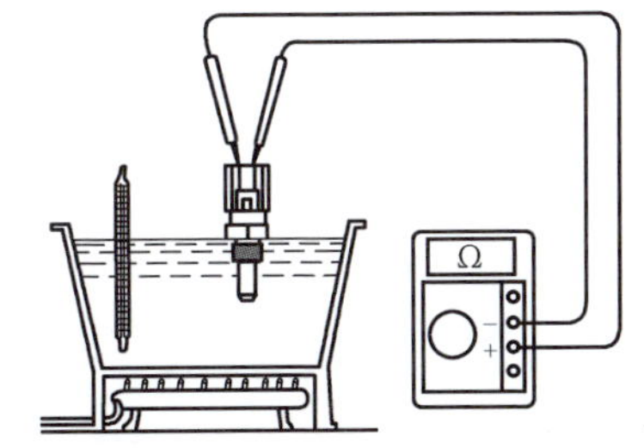

图7-9　车下检查发动机冷却液温度传感器电阻

80℃时为 0.25kΩ。

（2）检查发动机冷却液温度传感器输出信号

装好冷却液温度传感器，将此传感器的导线插接器插好，当点火开关置于 ON 位置时，从冷却液温度传感器导线插接器 THW 端子或从 ECM/PCM 插接器 THW 端子与 E2 间测试传感器输出电压信号。如丰田车 THW 与 E2 端子间电压在 80℃时应为 0.25~1.0V。此外，所测得的电压值应随冷却液温度成反比变化。

（3）检查发动机冷却液温度传感器波形

使用示波器检查发动机冷却液温度传感器波形，将示波器黑表笔接 E2，红表笔接 THW，显示波形应随发动机温度升高而逐渐下降，如图 7-10 所示。

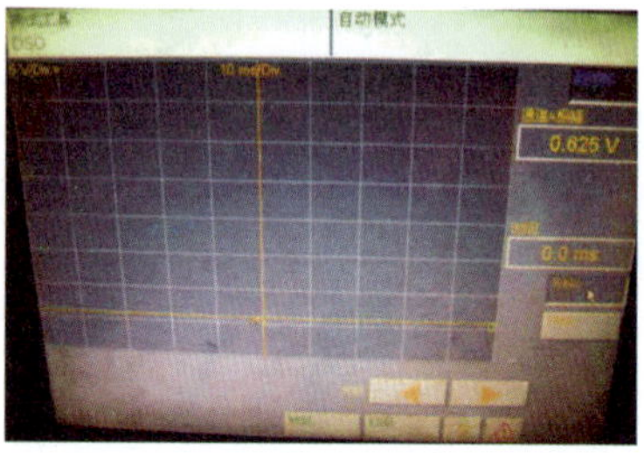

图7-10　检查发动机冷却液温度传感器波形

（4）读取发动机冷却液温度传感器数据流

使用故障检测仪观察发动机冷却液温度传感器的动态数据，当发动机转速为 800r/min，蓄电池电压为 14V，发动机冷却液温度传感器温度应为 93.6℃（若冷却液温度小于 80℃，则为暖机过程），进气温度为 39.1℃。

224. 进气温度传感器如何工作的

进气温度传感器内置在质量型空气流量传感器中。传感器检测空气进气温度并转换为 ECM/PCM 信号。该传感器单元利用了一个对温度改变敏感的热敏电阻，其电阻值可随进气温度而改变，如图 7-11 所示。在进气温度较低时，热敏电阻值增大。当温度上升时，电阻值减小。

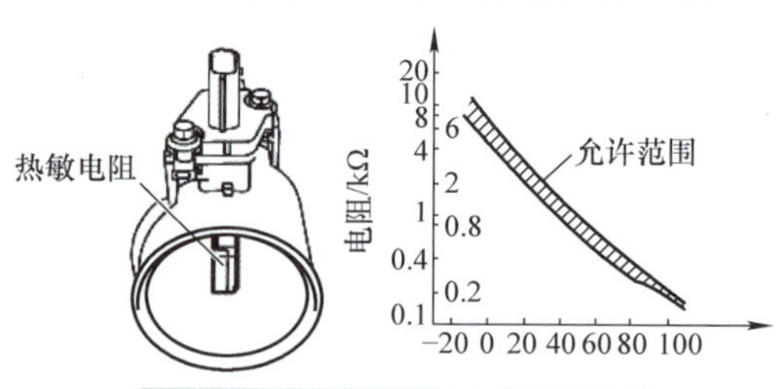

图7-11　进气温度传感器原理

225. 进气温度传感器常见故障及原因有哪些

当进气温度传感器出现故障时，发动机 ECM/PCM 检测到故障信息，并使发动机进入故障应急状态，此时发动机可能会出现热车难起动、排放超标等故障。常见的故障有进气温度传感器感受温度部分脏污，使传感器热敏电阻感受进气温度变化的灵敏度下降，从而导致其电阻值不能反映实际的进气温度；进气温度传感器插接器接触不良、进气温度传感器热敏电阻性能不良、进气温度传感器线路断路或短路等。

以丰田 1AZ-FE 发动机为例，进气温度传感器故障码如下：

1）P0110 进气温度传感器电路故障，故障原因是进气温度传感器电路中存在断路或短路，进气温度传感器、ECM/PCM 等故障。

2）P0112 进气温度传感器电路输入低故障，故障原因是进气温度传感器电路中存在接触不良，进气温度传感器、ECM/PCM 等故障。

3）P0113 进气温度传感器电路输入高故障，故障原因是进气温度传感器电路中存在短路，进气温度传感器、ECM/PCM 等故障。

226. 进气温度传感器检修方法有哪些

（1）检查进气温度传感器电阻

用万用表检测进气温度传感器的电阻，然后与标准值比较，如果测得阻值过大、过小或无穷大，说明传感器失效，应更换进气温度传感器。如丰田轿车在 20℃时电阻值为 2.21~2.69kΩ，在 80℃时电阻值为 322Ω。

（2）检查进气温度传感器输出信号

拔下进气温度传感器插头，接通点火开关，用万用表检测进气温度传感器两端子的 ECM/PCM 供电电压应为 5V 左右，如图 7-12 所示。当发动机温度高时，信号电压低；温度低时，信号电压高。如电压偏离标准值过大，则更换进气温度传感器。

图7-12　检查进气温度传感器输出信号

（3）读取进气温度传感器数据流

使用故障检测仪观察进气温度传感器的动态数据，当发动机转速为 800r/min，冷却液温度为 93.6℃（若冷却液温度小于 80℃，则为暖机过程），进气温度传感器应为 39.1℃。

227.空气流量传感器如何工作的

空气流量传感器是测量通过节气门空气流量的传感器。ECM/PCM 利用该信息来确定燃油喷射时间,并提供合适的空燃比。如图 7-13 所示，在空气流量仪表内侧有一个暴露在进气气流中的加热式铂热丝，由铂热丝形成桥式电路，并且通过控制功率晶体管将铂热丝的温度控制在某个值上。铂热丝发出热量，而它周围的进气流又会把热量带走。进气流量越大，带走的热量就越多。因此，当进气流量增加时，提供给铂热丝的电流也会变大以维持铂热丝的温度恒定。ECM/PCM 通过这一电流的变化检测到进气流量。

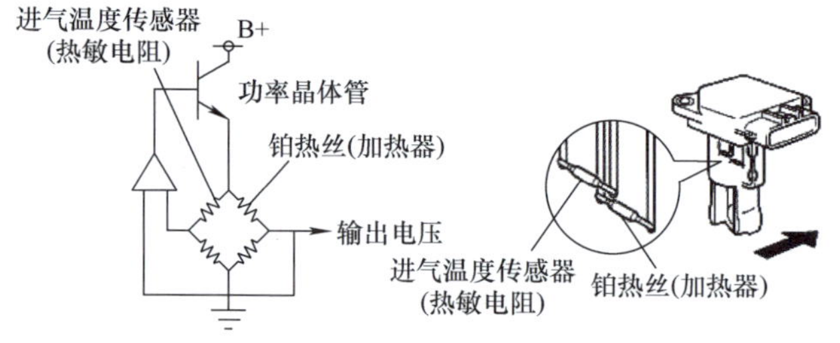

图7-13　空气流量传感器原理

228.空气流量传感器常见故障及原因有哪些

当空气流量传感器出现故障时,发动机 ECM/PCM 检测到故障信息,并使发动机进入故障应急状态，此时发动机可能会出现起动困难、燃油消耗过大、发动机失速等故障。常见的故障有空气流量传感器信号电压过高或过低，从而导致其空气流量传感器不能反映实际的进气量；空气流量传感器插接器接触不良、空气流量传感器性能不良、空气流量传感器线路断路或短路等。

以丰田 1AZ-FE 发动机为例，空气流量传感器故障码如下：

1）P0100 空气流量传感器电路故障，故障原因是空气流量传感器电路中存在断路或短路，空气流量传感器、ECM/PCM 等故障。

2）P0102 空气流量传感器电路输入低故障，故障原因是空气流量传感器电路中存在接触不良，空气流量传感器、ECM/PCM 等故障。

3）P0103 空气流量传感器电路输入高故障，故障原因是空气流量传感器电路中存在短路，空气流量传感器、ECM/PCM 等故障。

229. 空气流量传感器检修方法有哪些

（1）检查空气流量传感器电源电压

将点火开关转到 ON 位置，当发动机不起动，用万用表测量空气流量传感器的电源电压应为 9~14V，如图 7-14 所示。若无电压，则排除蓄电池至空气流量传感器电源之间断路或熔丝熔断故障。

（2）检查空气流量传感器输出信号

使用万用表测量空气流量传感器信号端子 VG 与搭铁端子之间的信号电压值，在发动机不起动时应小于 0.5V；发动机怠速时为 1.0~1.3V；发动机转速达 3000r/min 时应为 1.8~4.9V，如图 7-15 所示。若不符合要求，应更换空气流量传感器。

图7-14　检查空气流量传感器电源电压

图7-15　检查空气流量传感器输出信号

（3）检查空气流量传感器波形

使用示波器检测空气流量传感器信号波形，如果与规定不符合，说明空气流量传感器有故障。以通用轿车为例，它的空气流量传感器信号波形如图 7-16 所示。

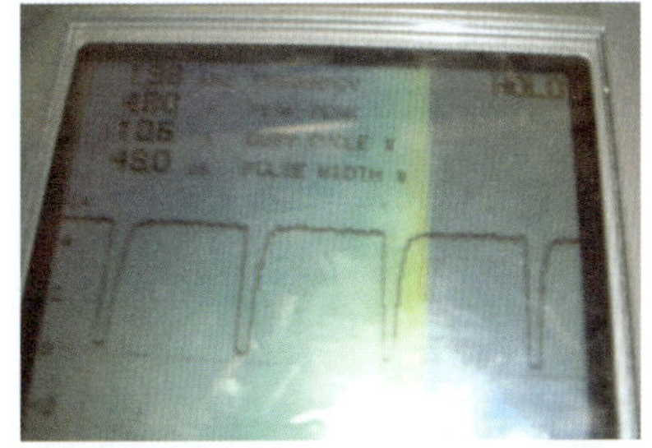

图7-16　空气流量传感器信号波形

（4）读取空气流量传感器数据流

使用故障检测仪在不同发动机转

速下观察空气流量传感器的动态数据，并与标准值进行比较即可判断空气流量传感器的好坏，如丰田凯美瑞空气流量应为 1~270g/s。

230. 进气歧管绝对压力传感器如何工作的

进气歧管绝对压力传感器主要检测进气压力，它将进气歧管绝对压力转换为传送到 ECM/PCM 的电压信号，位于进气总管上。如图 7-17 所示，进气歧管绝对压力传感器有一个密封的硅膜片和一个真空室，硅膜片的变化量由 IC 放大电路产生一个与输入压力成正比的，与参考电压成比例的输出电信号。

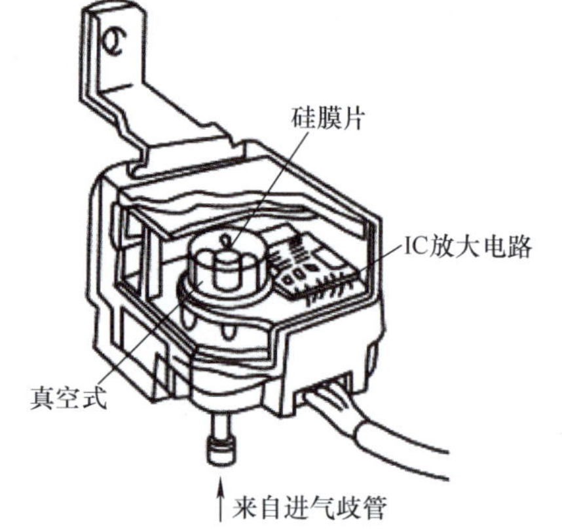

图7-17 进气歧管绝对压力传感器原理

231. 进气歧管绝对压力传感器常见故障及原因有哪些

当进气歧管绝对压力传感器出现故障时，发动机 ECM/PCM 检测到故障信息，并使发动机进入故障应急状态，此时发动机可能会出现起动困难、燃油消耗过大、发动机失速等故障。常见的故障有进气歧管绝对压力传感器信号电压过高或过低，从而导致其进气歧管绝对压力传感器不能反映实际的进气量；进气歧管绝对压力传感器插接器接触不良、进气歧管绝对压力传感器性能不良、进气歧管绝对压力传感器线路断路或短路等。

以丰田皇冠发动机为例，进气歧管绝对压力传感器故障码如下：

1）P0105 进气歧管绝对压力传感器信号不良故障，故障原因是进气歧管绝对压力传感器电路中存在断路或短路，进气歧管绝对压力传感器、ECM/PCM 等故障。

2）P0106 进气歧管绝对压力传感器线路范围 / 性能问题，故障原因是进气歧管绝对压力传感器故障等。

3）P0107 进气歧管绝对压力传感器电路输入低故障，故障原因是进气歧管绝对压力传感器电路中存在接触不良，进气歧管绝对压力传感器、ECM/PCM 等故障。

4）P0107 进气歧管绝对压力传感器电路输入高故障，故障原因是进气歧管绝对压力传感器电路中存在短路，进气歧管绝对压力传感器、ECM/PCM 等故障。

5）P0109 进气歧管绝对压力传感器线路间歇不良故障，故障原因是进气歧管绝对压力传感器线路或插接器接触不良。

232. 进气歧管绝对压力传感器检修方法有哪些

（1）检查进气歧管绝对压力传感器电源电压

以丰田轿车为例，接通点火开关，测量进气歧管绝对压力传感器线束侧端子 VCC 与 E2（图 7-18）之间的电压应为 4.5~5.5V，否则应检查传感器线路和 ECM/PCM 或 ECU。

（2）检查进气歧管绝对压力传感器输出信号

打开点火开关，但不起动发动机，测量线束侧端子 PIM 与 E2 之间信号电压应为 3.3~3.9V；起动发动机并保持怠速运转，此时信号电压应为 1.5V，并随节气门开度而增加，否则更换进气歧管绝对压力传感器。

（3）读取进气歧管绝对压力传感器数据流

在进气歧管上接一个真空表，并将故障检测仪与诊断插头连接。起动发动机，在不同转速下观察进气歧管绝对压力传感器的输出电压值应符合规定（图 7-19），否则应更换进气歧管绝对压力传感器。

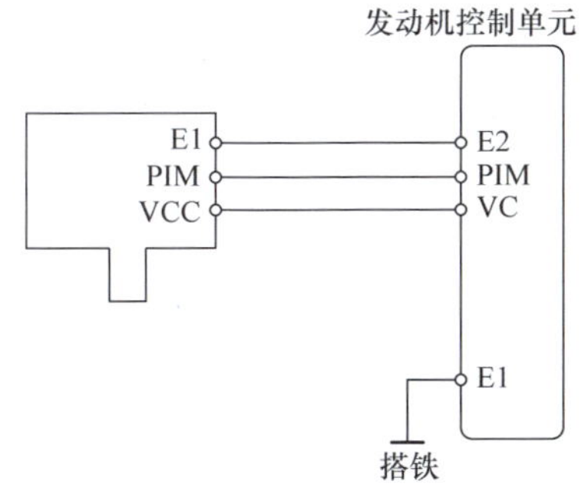

图7-18 进气歧管绝对压力传感器电路

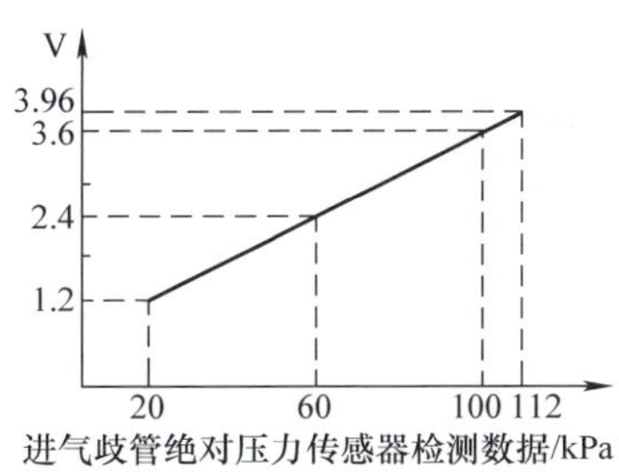

图7-19 进气歧管绝对压力传感器对应的电压值

233. 节气门位置传感器如何工作的

节气门位置（TP）传感器安装在节气门体总成上，用来检测节气门开度。该传感器为非接触式。该传感器使用霍尔效应元件，甚至在极端的驾驶条件下（如速度极高或极低时）也可以产生准确的信号。如图7-20所示，节气门位置传感器有两个传感器电路，它们分别发送VTA1和VTA2信号。VTA1用来检测节气门开度，VTA2用来检测VTA1的故障。传感器信号电压在0~5V范围内变化，其变化幅度与节气门的开度成比例，信号将被发送到ECM/PCM的VTA端子。

当节气门关闭时，传感器输出电压降低。当节气门打开时，传感器输出电压升高。ECM/PCM根据这些信号计算节气门开度，并控制节气门执行器来适应驾驶情况。这些信号还会用在空燃比校正、供电增加校正和燃油切断控制等计算中。

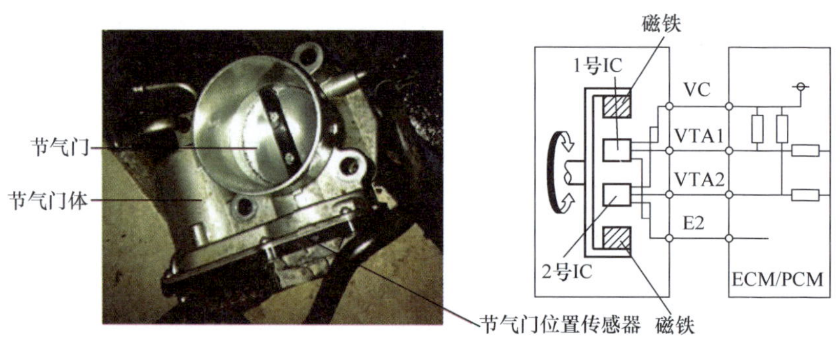

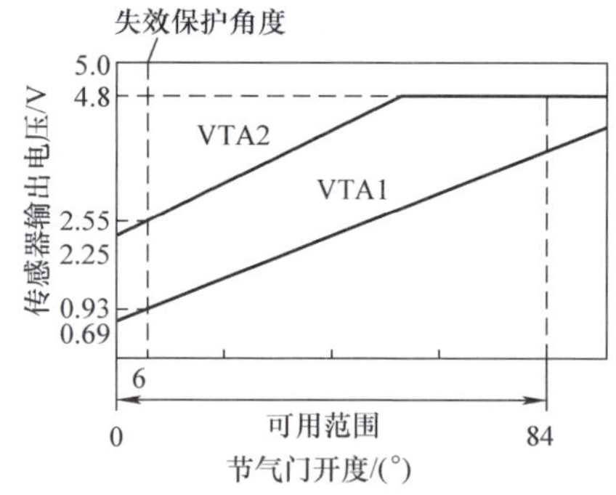

图7-20　节气门位置传感器原理

234. 节气门位置传感器常见故障及原因有哪些

当节气门位置传感器出现故障时，可能会造成发动机怠速不稳或无怠速、加速困难或不能加速、发动机油耗增大等故障。常见的故障有节气门位置传感器信号电压不准确，从而导致无法对喷油量进行精确的控制；节气门位置传感器插接器接触不良、节气门位置传感器性能不良、节气门位置传感器线路断路或短路等。

以丰田 1AZ-FE 发动机为例，节气门位置传感器故障码如下：

1）P0120 节气门位置传感器电路故障，故障原因是节气门位置传感器电路中存在断路或短路，节气门位置传感器、ECM/PCM 等故障。

2）P0122 节气门位置传感器电路输入低故障，故障原因是节气门位置传感器电路中存在接触不良，节气门位置传感器、ECM/PCM 等故障。

3）P0123 节气门位置传感器电路输入高故障，故障原因是节气门位置传感器电路中存在短路，节气门位置传感器、ECM/PCM 等故障。

235. 节气门位置传感器检修方法有哪些

（1）检查节气门位置传感器电源电压

断开节气门位置传感器插接器 C5 插头，然后将点火开关转到 ON，用数字万用表测量 VC 与 E2（图 7-21）的电压值应为 4.5~5.5V。如电压值不正常则应检查线路或 ECM/PCM 故障。

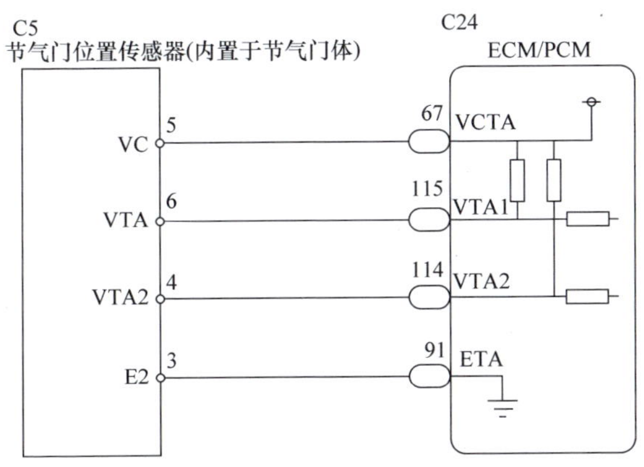

图7-21　节气门位置传感器电路

（2）检查节气门位置传感器输出信号

起动发动机，然后使用数字万用表检测 6 号 VAT1 端子与 3 号搭铁脚的信号电压在 0~5V 范围内变化，其变化幅度与节气门的开度成正比，否则说明节气门位置传感器故障，应更换节气门体（节气门位置传感器内置于节气门体）。

（3）读取节气门位置传感器数据流

使用故障检测仪在不同发动机转速下观察节气门位置传感器的动态数据，并与标准值进行比较即可判断节气门位置传感器的好坏。如丰田凯美瑞节气门位置传感器部分动态数据如下：

1）当松开加速踏板时，VTA1 应为 0.5~1.1V，VTA2 应为 2.1~3.1V，如果与规定不符合，则说明节气门位置传感器有故障。

2）当踩下加速踏板时，VTA1 应为 3.3~4.9V，VTA2 应为 4.6~5.0V，如果与规定不符合，则说明节气门位置传感器有故障。

236. 空燃比传感器如何工作的

空燃比传感器主要控制空燃比，它作为排气控制的主要信号，并向 ECM/PCM 发送改变燃油喷射持续时间的信号，位于三元催化转化器的上游。如图 7-22 所示，空燃比传感器的信号根据理论比（14.7）指示空燃比是否过浓或过淡。若空燃比过浓减小喷油量，若空燃比过淡增加喷油量。

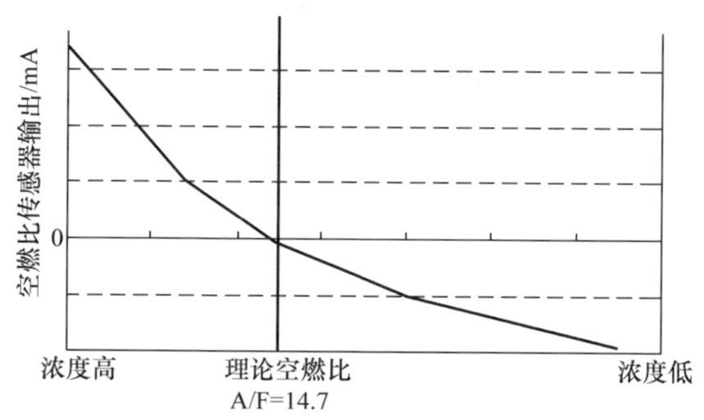

图7-22　空燃比传感器原理

237. 空燃比传感器常见故障及原因有哪些

当空燃比传感器出现故障时，可能会造成发动机怠速不稳、加速困难或不能加速、发动机油耗增大等故障。常见的故障有空燃比传感器信号电压不准确，从而导致无法对喷油量进行精确的修正；空燃比传感器插接器接触不良、空燃比传感器性能不良、空燃比传感器线路断路或短路等。

以丰田 1AZ-FE 发动机为例，空燃比传感器故障码如下：

1）P0031 空燃比传感器的加热器控制电路电压低，故障原因是空燃比传感器电路中存在断路，空燃比传感器、ECM/PCM 等故障。

2）P0032 空燃比传感器的加热器控制电路电压高，故障原因是空燃比传感器电路中存在短路，空燃比传感器、ECM/PCM 等故障。

3）P0171 空燃比过低，故障原因是进气系统、喷油器堵塞，空气流量传感器、发动机冷却液温度传感器、燃油压力、排气系统的气体泄漏，空燃比传感器电路中存在断路或短路，空燃比传感器、ECM/PCM 等故障。

4）P0172 空燃比过浓，故障原因是点火系统、喷油器堵塞，空气流量传感器、发动机冷却液温度传感器、燃油压力、排气系统的气体泄漏，空燃比传感器电路中存在断路或短路，空燃比传感器、ECM/PCM 等故障。

238. 空燃比传感器检修方法有哪些

（1）检查空燃比传感器电源电压

以丰田凯美瑞为例，空燃比传感器在工作时，使用万用表测量空燃比传感器 2 号端子与搭铁（图 7-23）之间的电压应为 9~14V（根据车型不同情况也会有变化），否则应检修空燃比传感器线路故障。

（2）检查空燃比传感器输出信号

使用万用表测量 AF+ 与 AF– 之间的电压值在理论空燃比时输出为 3.3V 上下波动，浓度高时为 3.35V，浓度低时则为 3.0V，若不符合规定说明空燃比传感器故障。

（3）检查空燃比传感器加热器

在空燃比传感器端子 1 和 2 处检查空燃比传感器加热器电阻。当 20℃时为 1.8~3.4Ω，当温度上升很小时，电阻就会有很大的提高。

（4）读取空燃比传感器数据流

使用故障检测仪在不同发动机转速下观察空燃比传感器的动态数据，并与标准值进行比较即可判断空燃比传感器的好坏。空燃比传感器根据喷油量的增加和减少做出如下反应：

① +25% = 过浓输出：小于 3.0V。

② −12.5% = 过淡输出：大于 3.35V。

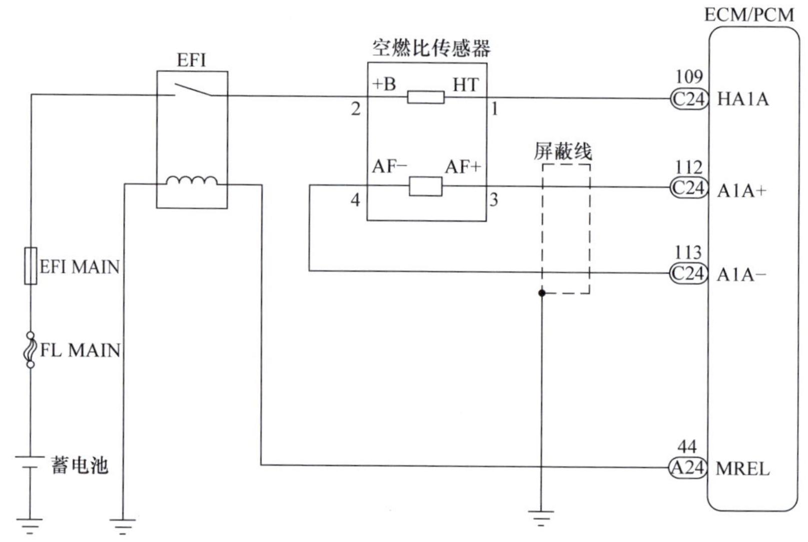

图7-23　空燃比传感器电路

239. 氧传感器如何工作的

氧传感器用于检测三元催化转换器下游废气中的氧含量，并向 ECM/PCM 发送改变燃油喷射持续时间的信号。ECM/PCM 将氧传感器输出与空燃比传感器输出相比较，以确定催化剂的功效，位于三元催化转换器下方。氧传感器产生的信号电压在过量空气系数 $\lambda=1$ 时产生突变，当 $\lambda>1$（混合气稀）时，氧传感器输出信号电压几乎为零；当 $\lambda<1$（混合气浓）时，氧传感器输出信号电压接近 1V，如图 7-24 所示。

在空燃比过淡时，废气中氧含量将增加。氧传感器会通知 ECM/PCM 经过三元催化转换器后的空燃比过淡（低电压等，即小于 0.45V）。

相反，在空燃比大于空燃比理论值时，废气中氧含量将减小。氧传感器通知 ECM/PCM 经过三元催化转化器后的空燃比过浓（高电压，即大于 0.45V）。

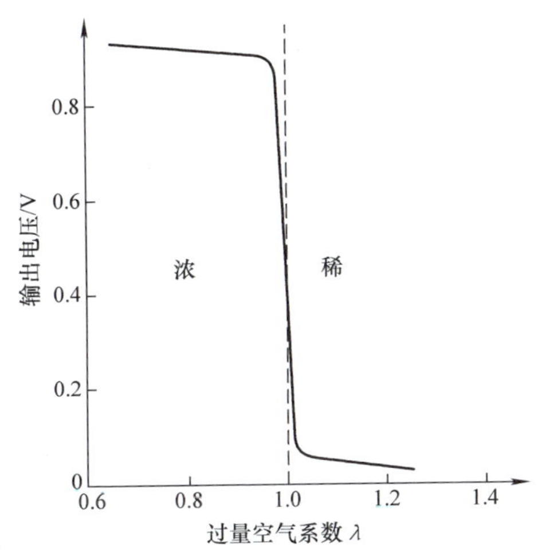

图7-24　氧传感器原理

240. 氧传感器常见故障及原因有哪些

当氧传感器出现故障时，可能会造成发动机怠速不稳、加速困难或不能加速、发动机油耗增大等故障。常见的故障有氧传感器信号电压不准确、氧传感器插接器接触不良、氧传感器性能不良、氧传感器线路断路或短路等。

以丰田 1AZ-FE 发动机为例，氧传感器故障码如下：

1）P0136 氧传感器电路故障，故障原因是排气系统泄漏，氧传感器电路中存在断路或短路，氧传感器、氧传感器加热器、空燃比传感器、ECM/PCM 等故障。

2）P0137 氧传感器电路电压低故障，故障原因是排气系统的气体泄漏，氧传感器电路中存在断路或短路，氧传感器、空燃比传感器、ECM/PCM 等故障。

3）P0138 氧传感器电路电压高故障，故障原因是氧传感器电路中存在短路，氧传感器、ECM/PCM 等故障。

241. 氧传感器检修方法有哪些

（1）检查氧传感器电源电压

以丰田凯美瑞为例，氧传感器在工作时，使用万用表测量氧传感器2号端子与搭铁之间（图7-25）的电压应为9~14V（根据车型不同情况也会有变化），否则应检修氧传感器线路故障。

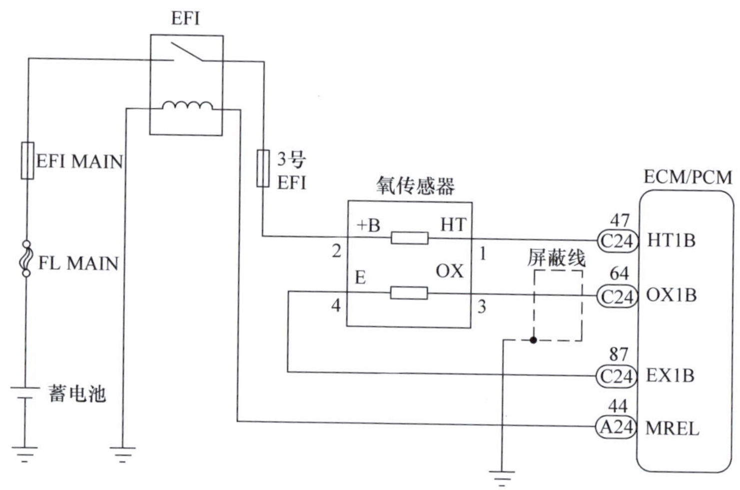

图7-25 氧传感器电路

（2）检查氧传感器输出信号

使用万用表测量OX与E之间的电压值在理论空燃比时输出为0.45V上下波动，若不符合规定说明氧传感器故障。

（3）检查氧传感器加热器

在氧传感器端子1和2处检查氧传感器加热器电阻。当20℃时为11~16Ω，当温度上升很小时，电阻就会有很大的提高。

（4）读取氧传感器数据流

使用故障检测仪在发动机不同转速下观察氧传感器的动态数据，并与标准值进行比较即可判断氧传感器的好坏。

1）正常工作状态时为0.1~0.9V范围内变化。

2）当过稀时，不高于0.55V。

3）当过浓时，不低于0.4V。

242. 爆燃传感器如何工作的

爆燃（KS）传感器主要检测爆燃信号，它调整点火正时以使爆燃减轻到最低程度，位于发动机缸体上。爆燃传感器是一种振动加速度传感器，在发动机振动时产生一个振荡电压信号（图 7-26）输送到 ECM/PCM。

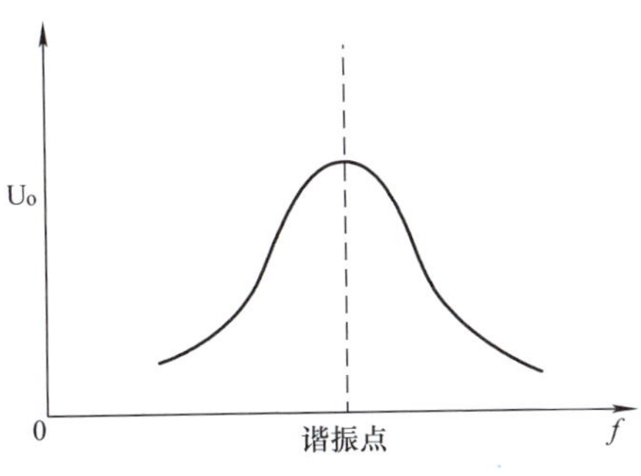

图7-26　爆燃传感器原理

243. 爆燃传感器常见故障及原因有哪些

当爆燃传感器出现故障时，可能会造成发动机加速发抖、发动机功率下降、发动机油耗增大、发动机运转不稳、点火正时不准等故障。常见的故障有爆燃传感器插接器接触不良、爆燃传感器失效等。

以丰田 1AZ-FE 发动机为例，爆燃传感器故障码如下：

1）P0327 爆燃传感器电路输入低故障，故障原因是爆燃传感器电路中存在短路，爆燃传感器、ECM/PCM 等故障。

2）P0328 爆燃传感器电路输入高故障，故障原因是爆燃传感器电路中存在断路，爆燃传感器、ECM/PCM 等故障。

244. 爆燃传感器检修方法有哪些

（1）检查爆燃传感器电阻

以丰田凯美瑞为例，将点火开关置于 OFF，拔下爆燃传感器 C30 上的插接器，用万用表欧姆档检测爆燃传感器的 1 号端子与 2 号端子（图 7-27）的电阻。当 20℃时为 120~280kΩ，如果不符合规定则更换爆燃传感器。

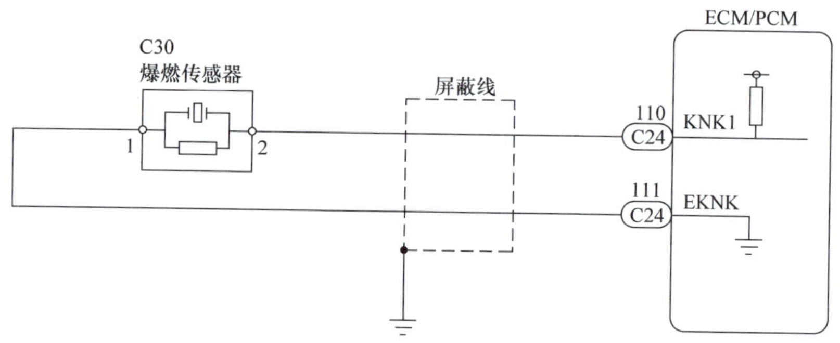

图7-27 爆燃传感器电路

（2）检查爆燃传感器输出信号

将万用表旋到毫伏档，用橡胶锤敲击发动机缸体，此时测量爆燃传感器应有脉冲电压输出。否则，应更换爆燃传感器。

（3）检查爆燃传感器波形

当发动机产生敲缸、振动、爆燃时，爆燃传感器输出波形的峰值电压和频率将会突然增加，如图 7-28 所示。若波形不符合规定，应更换爆燃传感器。

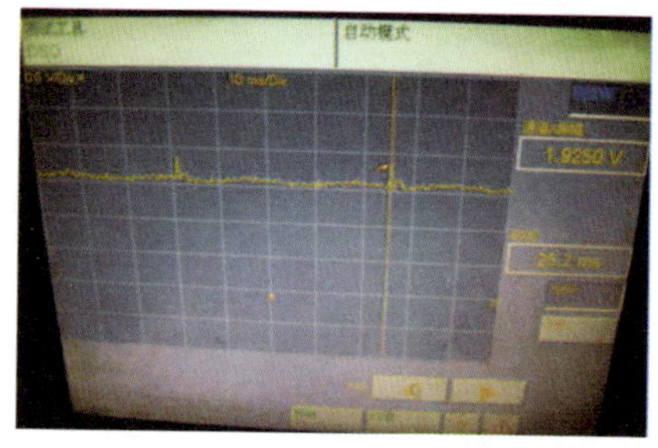

图7-28 爆燃传感器波形

二、发动机控制单元的故障诊断与检修

245. 什么是发动机控制单元

发动机控制单元就是发动机 ECU（Electronic Control Unit），又称“发动机计算机”“行车计算机”“车载计算机”等。它是根据存储的程序和数据对各种传感器输入的信息进行运算、处理和判断，然后输出相应的指令，使发动机处在最佳的工作状态。发动机控制单元的外形如图 7-29 所示。

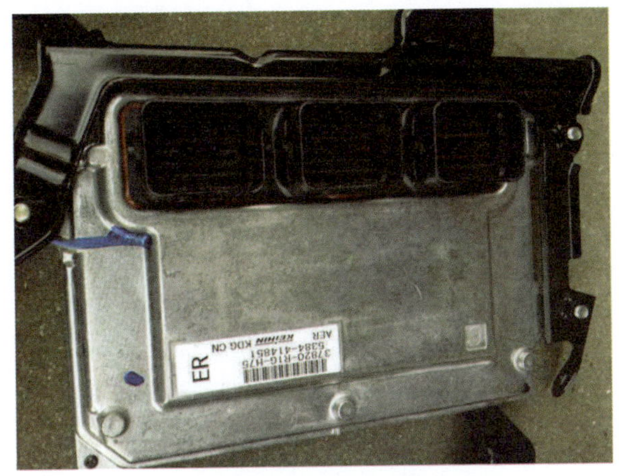

图7-29　发动机控制单元的外形

246. 发动机控制单元主要功能有哪些

1）接收各种传感器或其他开关装置的输入信号，并将输入信号处理成发动机控制单元能够处理的信号，如模拟信号转换成数据信号。

2）提供传感器参考电压，如 5V、9V、12V。

3）存储、计算和分析处理信息，存储运行信息和故障信息，分析输入信息并进行相应的计算处理。

4）输出执行命令，把弱信号变为强信号的执行命令。

5）输出故障信息。

6）完成多种控制功能，如在发动机控制系统中，发动机控制单元可完成点火控制、燃油喷射控制、怠速控制、排放控制和进气控制等功能。

7）具有失效保护功能。当收到监控回路发出的异常信号时，立即启动备用控制程序，使发动机各种工况的喷油量和点火时刻均按原来设定程序进行控制，实现发动机基本行驶功能。

247. 发动机控制单元结构与原理是怎样的

发动机控制单元主要由微处理器 CPU、输入接口、输出接口、12V 稳压电源电路、5V 稳压电源电路等组成，如图 7-30 所示。它的工作原理如下：

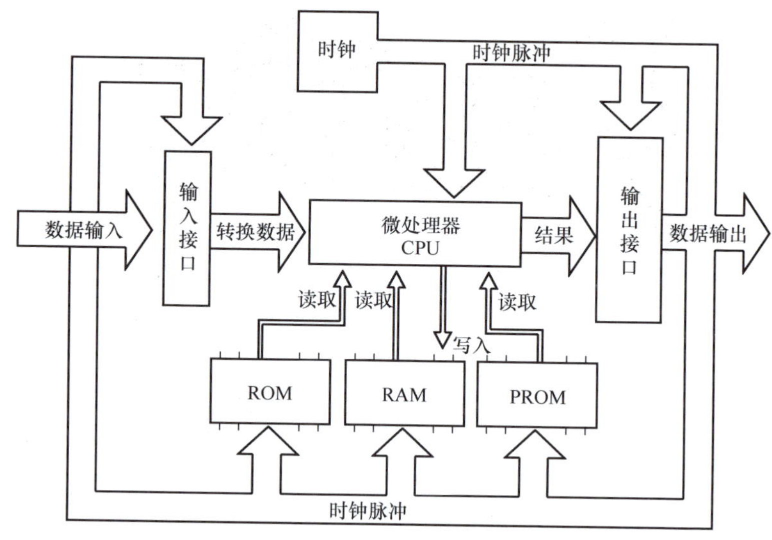

图7-30 发动机控制单元的结构与原理

1）微处理器 CPU 是整个发动机控制单元的核心部件，主要是利用其内部程序和数据对各种传感器输送来的信号进行运算处理，并将处理结果送往输出接口。

2）输入接口是对各种输入信号进行处理，如除去杂波，把正弦波转换成矩形波以及电平信号；将预处理后的信号输送给微处理器 CPU。

3）输出接口是发动机控制单元与执行器之间的连接部分，它将发动机控制单元发出的控制指令转变成控制信号，驱动执行器工作，起着控制信号生成和放大等功能。

4）12V 稳压电源电路是接收蓄电池电压输入，并将输入电压保持在 12V 左右。

5）5V 稳压电源电路是将 12V 电源转变成 5V 输出电源，供给发动机控制单元内部使用，且为曲轴位置传感器、凸轮轴位置传感器、空气流量传感器以及冷却液温度传感器等提供参考电压。

248. 发动机控制单元损坏的原因有哪些

发动机控制单元是汽车重要的电器，而且价格昂贵，在使用过程中要避免损坏。损坏的主要原因如下：

1）发电机电压超出正常范围（大于 16V）或蓄电池接反并起动汽车。

2）发动机控制单元进水、潮湿，造成线路短路或腐蚀。

3）外部线路潮湿或短路，导致线路电流过载（一般搭铁线烧断），如图 7-31 所示。

4）受高压静电冲击（电焊或错误拆装）。

5）强烈的外力冲击造成发动机控制单元外壳损坏、变形及线路板破裂。

6）发动机控制单元内部元件老化、烧毁（电阻或电容）或程序设计缺陷，如图 7-32 所示。

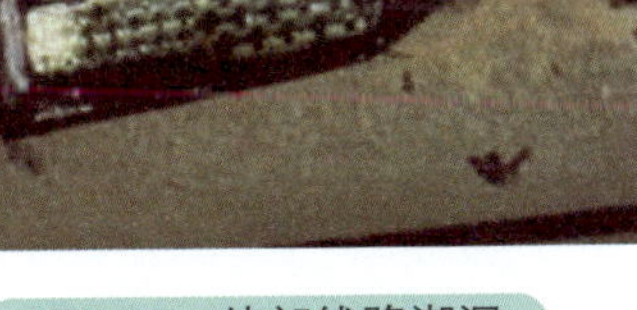

图7-31　外部线路潮湿

图7-32　发动机控制单元内部电阻烧毁

249. 如何测量发动机控制单元端子电压

1）用万用表检测蓄电池的电压，应大于或等于 11V，否则应进行充电再测试。

2）从汽车上拆下发动机控制单元，但保持线束与发动机控制单元处于连接状态。

3）打开点火开关置于 ON 位置。

4）将万用表置于电压档，并依次将万用表表笔从线束插头的导线一侧插入测量发动机控制单元各端子之间的电压，如图 7-33 所示。

5）记录下各端子与搭铁之间的电压，然后查阅标准数据进行比较，如所测的电压与标准值不符合，则说明发动机控制单元或控制线路故障。

250. 如何测量发动机控制单元端子电阻

1）从汽车上拆下发动机控制单元。

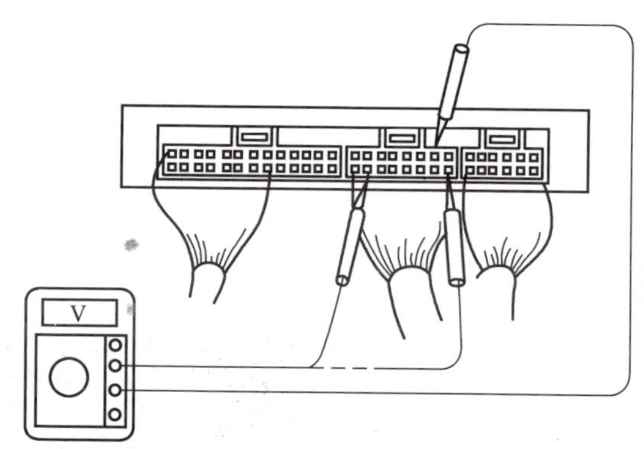

图7-33　测量发动机控制单元端子电压

2）拔下发动机控制单元线束插头。

3）用万用表测量导线插接器插头各端子的电阻，如图 7-34 所示。

4）记录所测电阻值，并与标准值进行比较从而确定发动机控制单元控制线路是否正常。

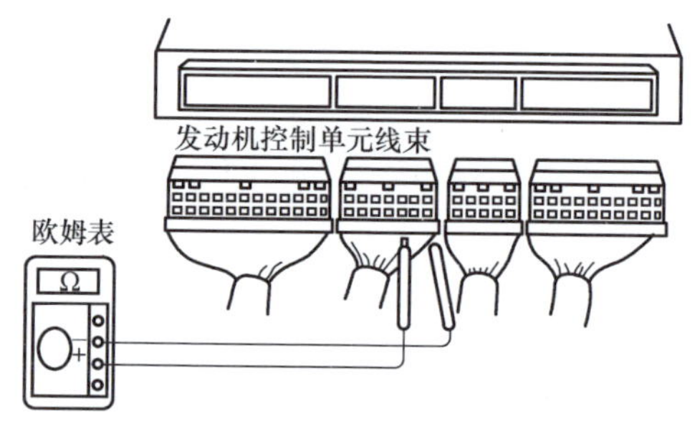

图7-34　测量发动机控制单元端子电阻

251. 如何确认发动机控制单元是否损坏

1）从汽车上拆下发动机控制单元，但保持线束与发动机控制单元处于连接状态，然后起动发动机检查相应功能是否正常，同时用手触摸发动机控制单元表面（图 7-35），当感觉有一定的温度和轻微的振动感为正常，但如果烫手说明发动机控制单元存在故障。

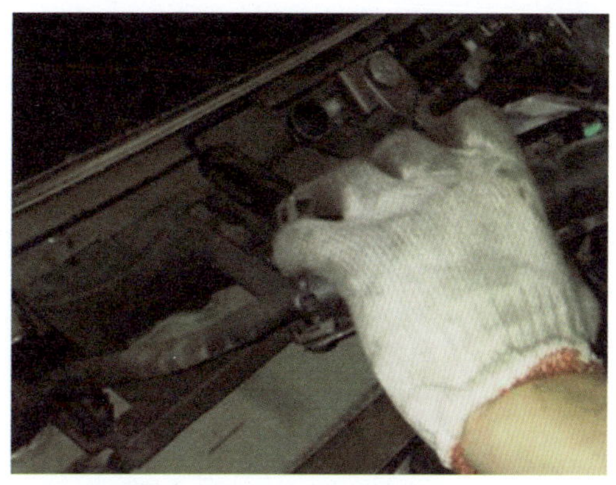

图7-35 用手触摸发动机控制单元

2）使用良好的发动机控制单元进行替换检查，并进行一定里程的路试，如果故障现象消除，则说明原来的发动机控制单元损坏，应更换新的发动机控制单元。

252. 如何按照电路图寻找发动机控制单元损坏元件

图7-36 寻找发动机控制单元损坏元件

发动机控制单元通常采用大功率晶体管放大器执行信号以驱动执行器，这类故障原因大多是晶体管、二极管短路或断路所致。因此，根据电路图或实际线路图的走向找到与故障执行器（如喷油器、点火线圈）连接的相应发动机控制单元端子，然后使用数字万用表的电阻档，从确定的发动机控制单元端子开始（图 7-36），沿着发动机控制单元的印刷电路查找某个晶体管是否出现异常情况。

253. 如何测量发动机控制单元晶体管

1）首先打开发动机控制单元外壳，保持线束与发动机控制单元处于连接状态，起动发动机。然后使用万用表的电压档连接到要确认的印刷线（图 7-37），显示 5V 则为基极（b）。

2）用万用表测试晶体管，如果发现集电极（c）与基极（b）的正反向电阻无穷大，则说明晶体管已经断路；如果发现集电极（c）与发射极（e）之间的电阻为 0，则说明晶体管已经被击穿。

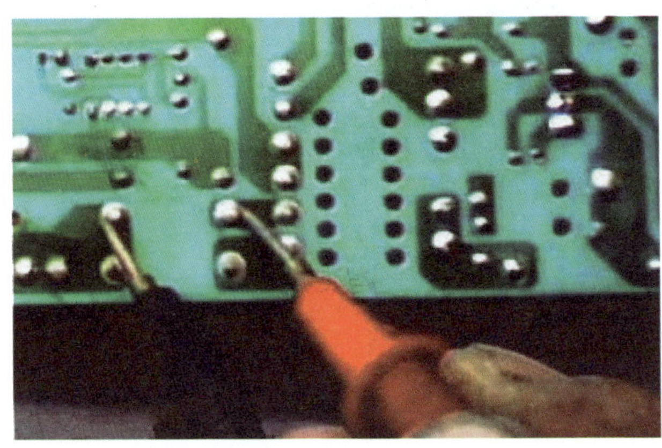

图7-37　测量发动机控制单元晶体管

254. 如何更换发动机控制单元的晶体管

1）将替换的晶体管焊接到电路板上，焊接时注意焊锡要尽可能少，避免过热，如图 7-38 所示。

2）焊接完后要用万用表测量各管脚（图 7-39）应不能相互导通，确保晶体管能正常工作。

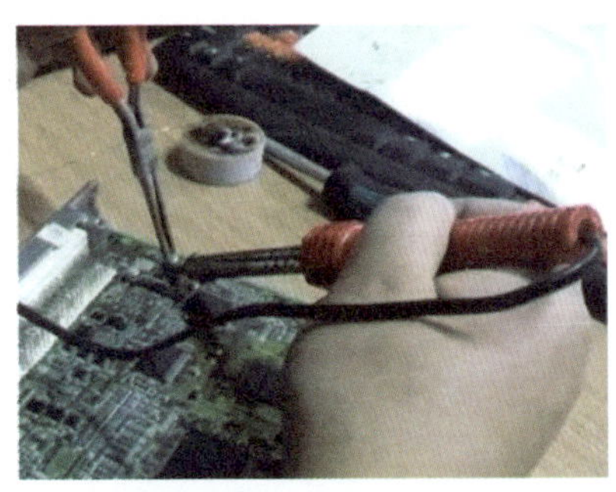

图7-38　晶体管焊接

图7-39　测试晶体管

255. 如何更换发动机控制单元的微处理器

1）调整热风枪的风力和温度，并使用喷嘴沿集成电路两边焊脚上移动加热（图 7-40），当焊锡熔化时，用镊子或等同的工具将发动机控制单元的微处理器取下。

2）使用电烙铁将发动机控制单元的微处理器定位好，然后调节热风枪温度，进行吹焊焊接，如图 7-41 所示。

图7-40　拆卸发动机控制单元的微处理器

图7-41　焊接发动机控制单元的微处理器

256. 发动机故障码的显示方式是怎样的

发动机控制单元自诊断系统检测到发动机故障信号并经判断为故障后，即将故障信息以故障码的形式存储到发动机控制单元存储器中。通过一定操作程序将故障码或故障资料按特定的方式显示出来。不同车型故障信息的显示方式也不同。发动机故障码的显示方式主要有以下三种形式：

1）数字显示，在高档轿车上采用数字直接显示故障码。

2）用发光二极管（LED）显示，LED 可以安装在发动机控制单元中或诊断插座上。

3）用激活发动机故障指示灯闪烁（图 7-42）显示，故障码不同，闪烁的频率也不同。

图7-42　发动机故障指示灯

257. 发动机故障码的读取与分析方法是怎样的

1）首先运用故障检测仪读取并记录所有故障码。

2）清除所有的故障码。

3）确认故障码已经被清除。

4）模拟故障产生的条件进行路试以确定故障现象。

5）重新连接故障检测仪读取并记录所有故障码。

6）对间歇性故障码和当前故障码进行区分。

7）区分与故障现象相关的故障码和无关的故障码，从而确定主要故障码产生的原因。

8）进一步检查、测量故障码所代表的传感器、执行器及相关线路（图 7-43），以便确定发生故障的位置或部件。

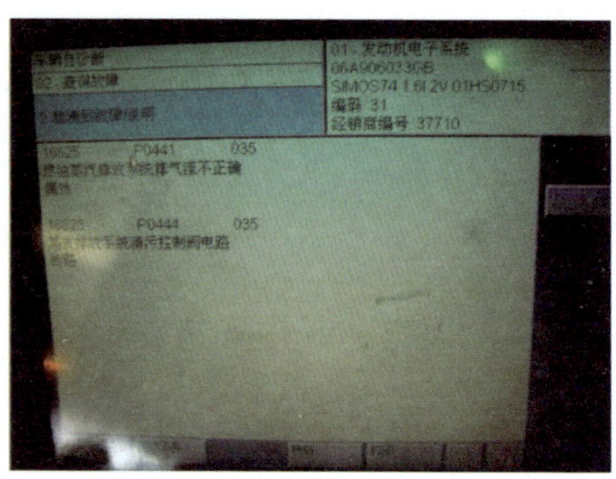

图7-43　发动机故障码的读取与分析方法

258. 发动机数据流诊断方法是怎样的

将发动机的一些主要传感器和执行器正常工作时的参数值（如转速、蓄电池电压、空气流量、喷油时间、节气门开度、点火提前角、冷却液温度等）提供给检修人员，然后按不同的要求进行组合，形成数据流。

数据流可通过故障检测仪显示屏显示出来，如图 7-44 所示，可以根据发动机工作过程中各种传感器数据的变化与标准数据流对比，即可诊断出发动机控制系统的故障原因。

259. 发动机波形诊断方法是怎样的

汽车发动机工作时各种传感器信号所描述的波形图与故障时的波形图相比较，从而确定故障的方法称为波形诊断。

用示波器进行波形诊断可以快速捕捉信号变化速率是非常快的电路信号，如图 7-45 所示，并且还可以用较慢的速度显示这些信号的波形，便于检修人员观察和分析故障。

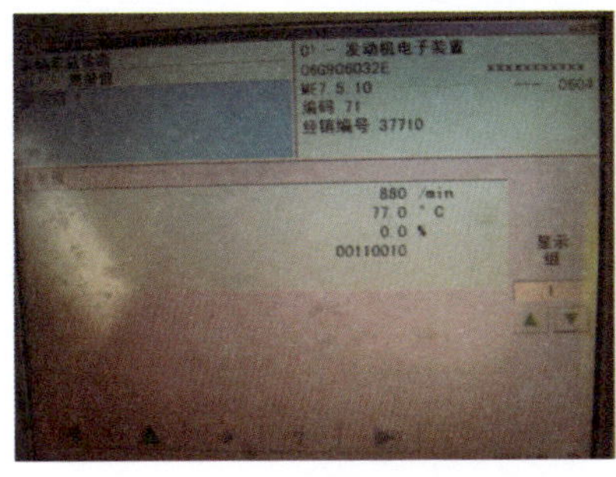

a）显示组 1

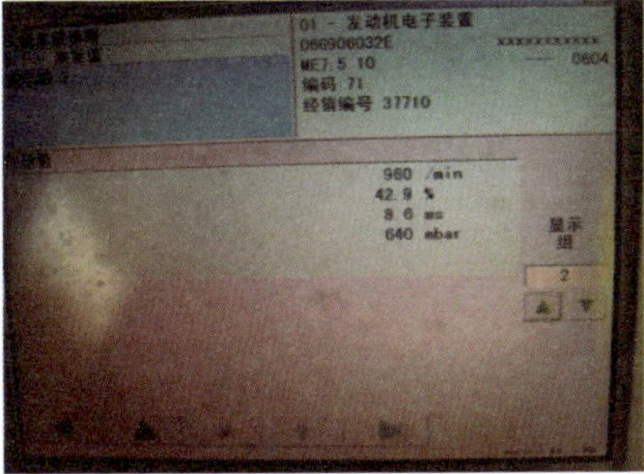

b）显示组 2

图7-44　大众轿车发动机数据流

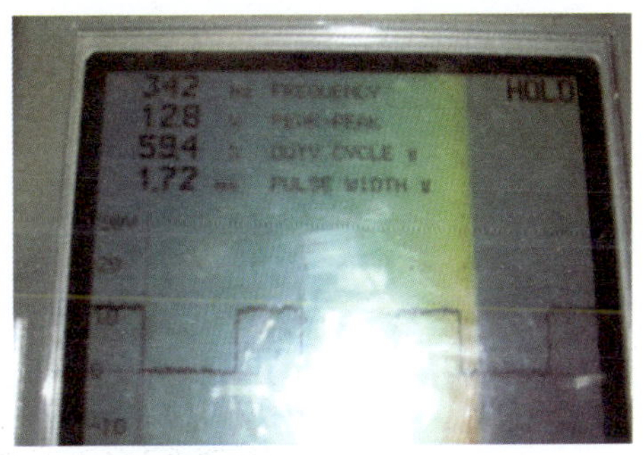

图7-45　发动机波形诊断

260. 发动机直流信号是怎样的

发动机直流信号如图 7-46 所示。具体内容如下：

1）在发动机中产生直流（DC）信号的传感器、蓄电池电压或发动机控制单元输出的传感器参考电压。

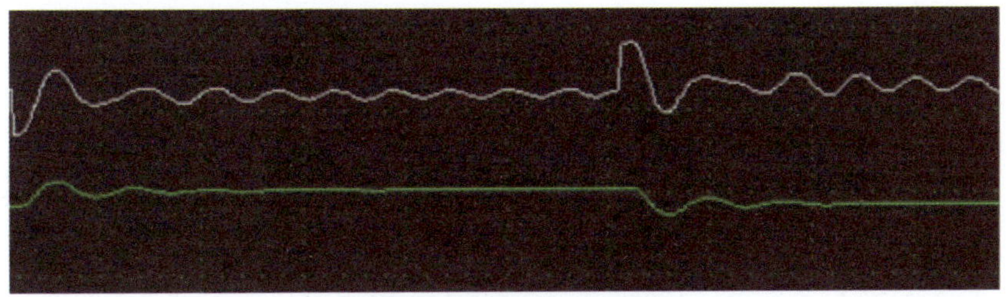

图7-46　发动机直流信号

2）直流信号的传感器包括发动机冷却液温度传感器、燃油温度传感器、进气温度传感器、节气门位置传感器、废气再循环位置传感器、翼板式或热丝式空气流量传感器以及进气歧管绝对压力传感器等。

261. 发动机交流信号是怎样的

发动机交流信号如图 7-47 所示。在发动机传感器中产生交流（AC）信号的传感器有车速（VSS）传感器、曲轴位置传感器、凸轮轴位置传感器和爆燃传感器等。

262. 发动机频率信号是怎样的

发动机频率信号如图 7-48 所示。在发动机中产生可变频率信号的传感器有数字式空气流量传感器、福特数字式进气歧管绝对压力传感器、光电式凸轮轴和曲轴位置传感器、霍尔式凸轮轴和曲轴位置传感器等。

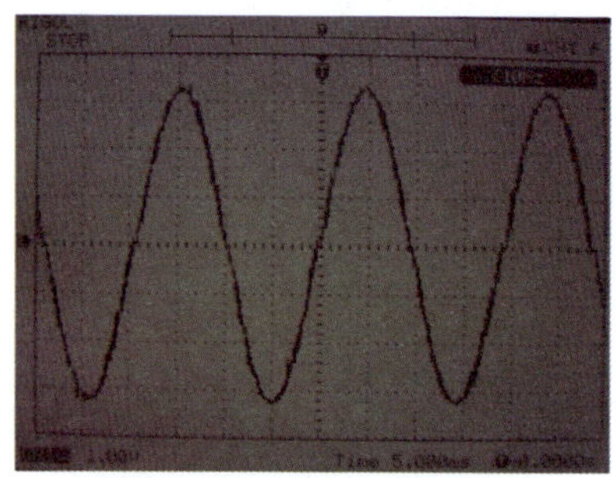

图7-47　发动机交流信号

图7-48　发动机频率信号

263. 发动机脉宽信号是怎样的

发动机脉宽信号如图 7-49 所示。在发动机中产生脉宽调制信号的电路有点火线圈、电子点火正时电路、废气再循环控制、净化、涡轮增压和其他控制电磁阀、喷油器、怠速控制电动机和电磁阀。

264. 发动机串行数据信号是怎样的

发动机串行数据信号如图 7-50 所示。发动机控制系统都具有自诊断功能和其他串行数据送给能力的控制单元，则串行数据是由发动机控制单元（ECU或PCM）、车身控制单元（BCM）和防滑制动系统（ABS）或其控制单元产生的。

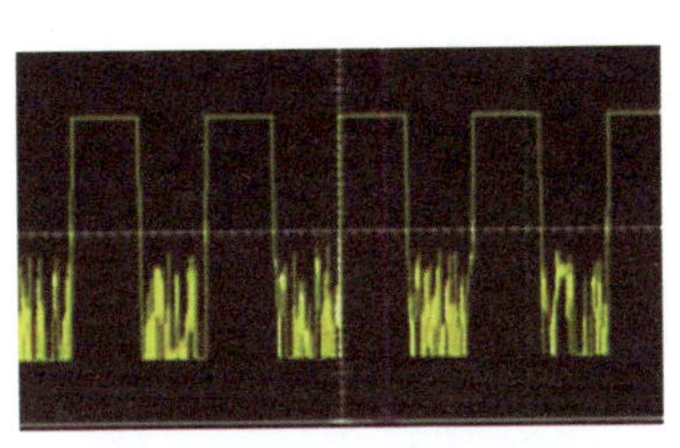
图7-49　发动机脉宽信号

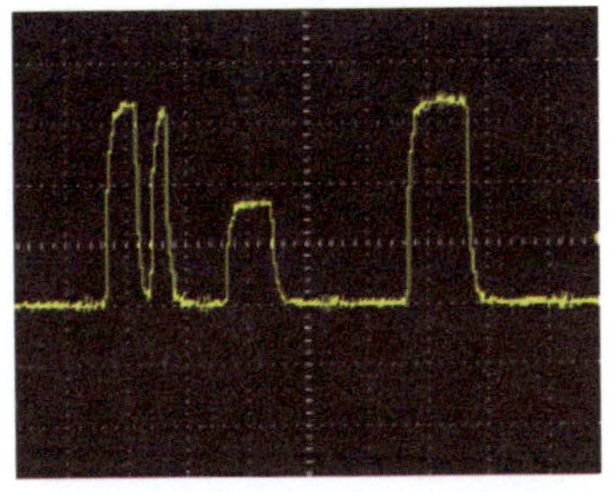
图7-50　发动机串行数据信号

三、发动机综合故障诊断

265. 如何排除发动机不能运转故障

（1）故障现象

打开点火开关，起动发动机时，发动机无法起动且起动机不转。

（2）故障诊断与排除

1）检查蓄电池电压是否正常，如果蓄电池电压不足应进行充电，必要时更换蓄电池。

2）检查点火开关以及相关电路是否存在故障，如果存在故障，应更换点火开关并进行防盗系统的匹配。

3）检查起动机、继电器以及相关电路是否存在故障，必要时更换新的部件。

4）检查发动机控制单元以及相关电路是否存在故障，可以借助故障检测仪进行诊断，然后按照故障提示进行检修。

266. 如何排除发动机起动困难故障

（1）故障现象

当打开点火开关起动发动机时，起动机能正常转动，但发动机不能起动。

（2）故障诊断与排除

1）检查燃油压力是否正常，如果燃油压力过低，应检查或更换燃油泵、燃油压力调节器或燃油滤清器、燃油管等。

2）检查节气门体是否正常，如果过脏必须进行清洁，必要时更换节气门体或对节气门体进行匹配。

3）检查点火线圈、火花塞工作是否正常，如果出现异常，必须更换新的部件。

4）借助故障检测仪检查发动机传感器及发动机控制单元是否存在故障码，然后按照故障提示进行检修。

5）检查发动机是否气缸压力低，如果气缸压力过低，排除气缸密封不严的故障。

6）检查正时链条是否损坏或破裂，如果损坏，重新更换正时链条，并按规定调整点火正时。

267. 如何排除发动机转动缓慢故障

（1）故障现象

当打开点火开关起动发动机时，起动机能正常转动，但转动缓慢。

（2）故障诊断与排除

1）检查蓄电池桩头或连接是否松动，如果出现异常应将其紧固，必要时重新更换蓄电池桩头。

2）测试蓄电池是否电量过低，如果蓄电池电压不足应进行充电，必要时更换蓄电池。

3）检查起动机安装是否牢固，如果出现松动，重新紧固螺栓。

4）检查发动机内的机油黏度是否过大，必要时更换机油。

268. 如何排除发动机容易熄火故障

（1）故障现象

发动机运转或汽车行驶过程中自动熄火，而再起动并正常。

（2）故障诊断与排除

1）借助故障检测仪进行诊断，并根据故障指示的内容进行检修。

2）检查发动机冷却液温度传感器是否存在故障，将冷却液温度传感器插头拔下，使用万用表测量其电阻应在规定的技术范围内，否则说明冷却液温度传感器故障，将其更换。

3）检查燃油压力是否正常，如果燃油压力过低，应检查燃油泵、燃油压力调节器或燃油滤清器、燃油管等，更换故障的部件。

4）检查火花塞、点火线圈及曲轴位置传感器、点火控制线路是否存在故障。

269. 如何排除发动机不易着车故障

（1）故障现象

当起动发动机时，要转动 2~3 次点火开关，发动机才能起动，存在不易着车的现象。

（2）故障诊断与排除

1）检查进气系统是否漏气，如果存在漏气，更换进气软管或进气歧管垫。

2）检查燃油压力是否过低，如果压力过低，检查或更换燃油泵、燃油压力调节器或燃油滤清器等。

3）检查火花塞的技术状况是否变差，必要时更换火花塞。

4）检查发动机冷却液温度传感器是否存在故障，必要时更换发动机冷却液温度传感器。

5）检查空气质量流量传感器是否存在故障，必要时更换空气质量流量传感器。

6）拆下喷油器进行测试，如果喷油器出现喷油异常或损坏的情况必须更换。

7）检查点火正时是否正常，如果正时不对应进行调整。

270. 如何排除发动机加速不良故障

（1）故障现象

当发动机加速时，转速不能提高，发动机有“嗡嗡”的响声。

（2）故障诊断与排除

1）检查进气系统是否有泄漏，重点检查进气接头及软管、真空软管是否出现破裂。

2）检查节气门位置传感器或节气门体是否存在损坏的故障，必要时更换节气门体。

3）检查燃油压力是否正常，若燃油压力过低，应排除压力过低的故障。

4）检查点火正时是否正常，若正时不对，应进行必要的调整。

5）检查喷油器工作是否正常，如果有均匀的振动声，说明喷油器工作正常，否则应排除喷油器以及相关控制线路的故障。

6）检查废气再循环控制系统是否正常，将废气再循环系统上的真空软管拆下，并将其塞住，如果加速性能正常，说明废气再循环电磁阀故障应将其更换。

271. 如何排除发动机燃油消耗过大故障

（1）故障现象

发动机在行驶过程中燃油消耗过大，但发动机没有出现故障指示灯的现象。

（2）故障诊断与排除

1）首先检查燃油是否泄漏，如果出现泄漏，则更换损坏的燃油管或检修燃油箱。

2）检查燃油压力是否过高，如果燃油压力过高，则更换燃油压力调节器。

3）拆下喷油器进行测试，检查喷油器是否雾化不良或漏油，如果存在漏油严重必须更换。

4）排除冷却液温度传感器及其线路故障。

5）排除节气门位置传感器及其线路故障。

6）排除空气流量传感器（或进气压力传感器）及其电路故障等。

272. 如何排除加速时发动机发抖故障

（1）故障现象

在行驶中突然感觉发动机加速无力，发动机剧烈抖动的现象。

（2）故障诊断与排除

1）检查空气滤清器是否堵塞，如果堵塞，则清洁干净空气滤清器，必要时将其更换。

2）检查真空软管是否泄漏，如果泄漏，则更换真空软管。

3）检查加速踏板位置传感器信号是否不稳定，必要时更换加速踏板位置传感器或修理线路。

4）检查曲轴位置传感器信号是否不稳定，必要时更换曲轴位置传感器或曲轴带轮。

5）检查节气门位置传感器的信号是否不稳定，必要时更换节气门体。

6）检查火花塞是否损坏或间隙不对，必要时调整或更换火花塞。

7）测试燃油喷油器是否堵塞或雾化不良，如果存在堵塞，清洗喷油器，必要时将其更换。

8）检查燃油压力是否过低，如果压力过低，更换燃油泵或燃油压力调节器。

9）检查废气再循环电磁阀是否工作不良，必要时更换废气再循环电磁阀。

10）检查燃油是否水分或脏污过多，清洁燃油系统，并使用质量过关的燃油。

273. 如何排除发动机失速故障

（1）故障现象

当发动机在怠速运转时，发动机转速不稳，出现忽高忽低波动的现象。

（2）故障诊断与排除

1）借助故障检测仪进行诊断，并根据故障指示的内容进行检修。

2）让发动机怠速运行，然后分别对各气缸的喷油器以及点火线圈进行逐一检查，并将其故障进行排除。

3）排除进气系统泄漏的故障。

4）检查怠速控制系统以及相关的控制电路是否有故障。

5）检查氧传感器或空燃比传感器控制电路有无故障。

274. 如何排除发动机间歇无力故障

（1）故障现象

当发动机在加速时，加速迟缓，出现间歇无力的故障。

（2）故障诊断与排除

1）检查燃油压力是否正常，若燃油压力过低，应进行排除压力过低的故障。

2）检查喷油器工作是否正常,如果喷油器有故障,则应更换喷油器。

3）检查节气门开度是否正常，当加速踏板踩到底时，节气门应处于全开的位置，否则应调整其拉索或踏板位置。

4）检查点火正时是否正常，如出现异常，则应进行调整或更换相关的零部件。

5）检查点火系统的火花塞火花是否过弱，如果火花不强，应排除点火系统的故障。

6）检查发动机压缩比，若压缩比过低，则对分解发动机进行检修。

275. 如何排除发动机爆燃故障

（1）故障现象

爆燃一般发生在急加速和上坡时较为明显，而气门响随发动机转速变化而变化的现象。

（2）故障诊断与排除

1）检查燃油辛烷值是否符合规定，如果不符合要求，则使用正确牌号的燃油。

2）检查爆燃传感器以及相关线路是否正常，如果出现异常，则应进行修复。

3）检查喷油器是否堵塞或损坏，必要时更换喷油器。

4）检查火花塞间隙是否不对或损坏，必要时更换新的火花塞。

5）检查燃烧室内是否积炭严重，如果积炭严重，则清洗燃烧室（图 7-51）。

图7-51 清洗燃烧室

6）检查曲轴位置传感器或凸轮轴位置传感器以及相关线路是否存在故障等。

7）检查发动机冷却系统是否过热等。

第八章 怠速控制系统的故障诊断与检修

一、怠速控制系统基础

276. 什么是怠速控制

怠速控制就是控制怠速时发动机的进气量。当发动机怠速负荷增大时或发动机起动后，冷却液未达到正常温度之前，另外还有当发动机转速急剧降低到怠速时，ECM/PCM 控制电子节气门使进气量增大，从而使怠速转速提高，防止发动机运转不稳或熄火；当发动机怠速负荷减小时，ECM/PCM 控制电子节气门使进气量减少，从而使怠速降低，以免怠速转速过高。

277. 电子节气门有什么作用

电子节气门采用电子节气门控制系统控制，它使节气门开度得到精确控制，不但可以提高燃油经济性，减少排放，同时，系统响应迅速，可获得满意的操控性能；另一方面，可实现怠速控制、巡航控制和车辆稳定控制等功能，简化了控制系统结构。

278. 电子节气门如何分类

目前电子节气门种类包括步进电动机式和直流伺服电动机式，但两者的控制方式也有所不同，具体如下：

1）步进电动机式电子节气门采用 H 桥电路结构，ECM/PCM 通过发出的脉冲个数、频率与方向控制电平对步进电动机（图 8-1）进行控制。电平的高低控制步进电动机转动的方向，脉冲个数控制电动机转动的角度，即发出一个脉冲信号，步进电动机就转动一个步进角，脉冲频率控制电动机转速，转速与脉冲频率成正比。因此，通过对上述三个参数的调节可以实现电动机精确定位与调速。

2）直流伺服电动机式节气门采用脉冲宽度调制技术，其特点有频率高、效率高、功率密度高与可靠性高。ECM/PCM 通过调节脉宽调制信号的占空比，来控制直流伺服电动机（图 8-2）转角的大小，电动机方向则是由和节气门相连的回位弹簧控制的。电动机输出转矩和脉宽调制信号的占空比成正比。当占空比一定，电动机输出转矩与回位弹簧阻力矩保持平衡时，节气门开度不变；当占空比增大时，电动机驱动力矩克服回位弹簧阻力矩，节气门开度增大；反之，当占空比减小时，电动机输出转矩和节气门开度也随之减小。直流伺服电动机广泛应用于电子节气门的控制系统中。

图8-1 步进电动机

图8-2 直流伺服电动机

279. 电子节气门的结构是怎样的

电子节气门包括节气门驱动齿轮、减速齿轮、直流伺服电动机、回位弹簧、节气门、带集成电路的盖罩等，如图 8-3 所示。

280. 电子节气门控制系统是怎样的

以本田轿车为例，电子节气门控制系统包括节气门电动机（直流伺服电动机）、节气门位置传感器 A/B、加速踏板位置传感器 A/B、电子节气门控制系统（ETCS）控制继电器及 ECM/PCM 组成，如图 8-4 所示。

电子节气门控制系统主要运用节气门位置传感器感知节气门的开度，并通过位于车辆内部的加速踏板位置传感器 A/B 信号协同操作，来调节吸入气缸中的空气量。

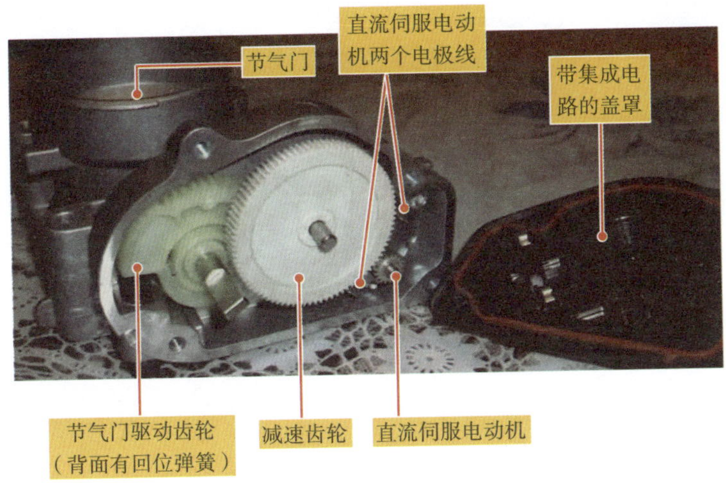

图8-3 电子节气门的结构

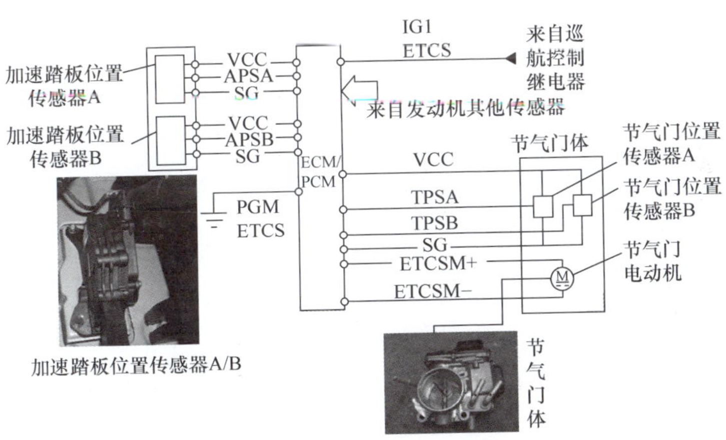

图8-4 电子节气门控制系统

二、怠速控制系统故障排除

281. 为何要清洗节气门体

电控发动机使用一定的时间后在节气门处的表面会积累很多油泥，

主要原因是由于发动机的曲轴箱内的废气（含有汽油蒸气）都要经过节气门后才能进入进气歧管，然后进入气缸被燃烧掉。同时，经过空气滤清器后的空气中仍然含有少量的细微颗粒物（以尘土为主），这部分的颗粒物在经过节气门时，极易和从曲轴箱来的废气中的汽油蒸气结合，附着在节气门的表面，随着发动机工作时间的加长，积累的脏物越来越多，到一定的程度时就会导致怠速不稳，特别是打开空调、前照灯时更加明显，严重的时候行驶过程中可能会出现自动熄火的现象，同时也会增加油耗，所以清洗节气门体是非常必要的。

汽车每行驶 30 000~40 000km 应清洗一次节气门。除了出现怠速不稳时需要清洗节气门外，未出现故障前也可以同正常维护一样，采取定期清洗，如果所在的使用环境比较恶劣，尘土较多，建议每 20 000km 清洗一次。

282. 如何直接清洗节气门体

1）首先拆下节气门体的进气软管接头，如图 8-5 所示。

2）检查节气门表面有无损伤、卡滞或过脏的情况，如图 8-6 所示。

图8-5　拆下进气软管接头

图8-6　检查节气门

3）向节气门内喷入化油器清洗剂，然后用干净的抹布小心地进行擦拭，如图 8-7 所示。注意：此方法适用于节气门不是很脏的情况下采用，清洁时小心不要过度地打开节气门，避免损坏节气门体的直流伺服电动机。

图8-7　直接清洗节气门体

283. 如何车下清洗节气门体

1）将发动机暖机后熄火。如图 8-8 所示，拆下节气门体，检查节气门体表面有无损伤。

2）堵住节气门体的旁通道，不要让清洗剂进入到旁通道内，然后用清洗剂进行彻底清洗，如图 8-9 所示。注意：此方法清洗节气门干净彻底，但要避免清洗剂进入节气门的电子部件内。

3）最后按照相反的顺序安装好节气门体及其他部件，必要时匹配节气门体。

图8-8　拆下节气门体

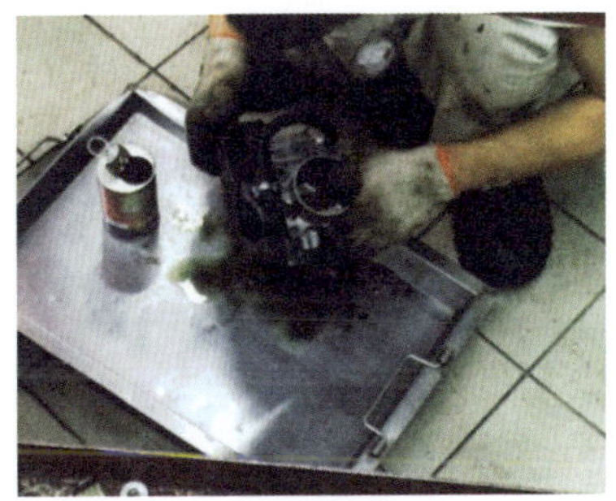

图8-9　车下清洗节气门体

284. 如何免拆清洗节气门体

1）将进气系统强力清洗保护剂倒入免拆清洗仪中，然后安装好免拆清洗仪，如图 8-10 所示。

2）将清洗管伸入节气门的旁边，如图 8-11 所示。起动发动机进行清洗，直到进气系统强力清洗保护剂耗尽为止。

285. 清洗节气门体后为何要进行匹配

清洗或更换完节气门体后均要进行节气门体与发动机控制单元重新匹配。因为清洗或更换节气门体改变了发动机控制单元识别原来节气门怠速时的位置，只有使发动机控制单元匹配好节气门体的初始参数，让发动机控制单元了解节气门的基本参数，在以后的运行过程中，发动机控制单元才能自动调整它与节气门的动作，达到同步运转，否则将会出现发动机怠速不稳或怠速过高（图 8-12）的情况。

图8-10　安装免拆清洗仪

图8-11　清洗管放置

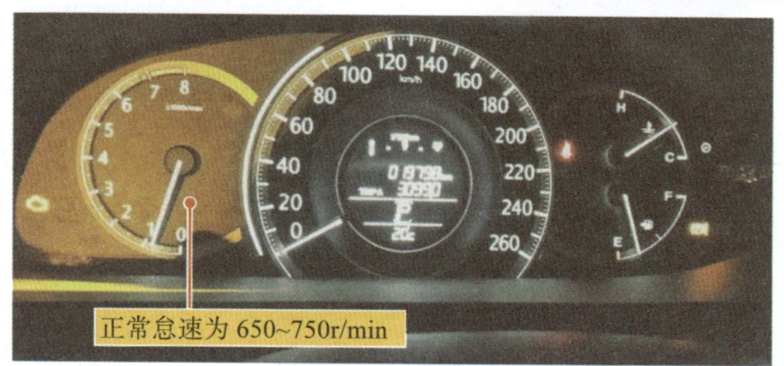

图8-12　怠速过高

286. 如何匹配节气门体

节气门体匹配方法会根据车型不同采取不同的操作方法，下面以本田轿车为例，说明匹配节气门体的操作：

1）首先连接故障检测仪到诊断插座上，然后进行诊断系统，如图8-13 所示。

2）找到节气门体的匹配功能，然后进行发动机怠速学习，如图 8-14 所示。

3）最后起动发动机进行检查，发动机怠速在 650~750r/min 为正常状态。

287. 如何检修节气门体

1）首先使用故障检测仪进行检查，确定节气门体是否存在故障，如果存在故障，应对其进行修复或更换。

图8-13　进行诊断系统

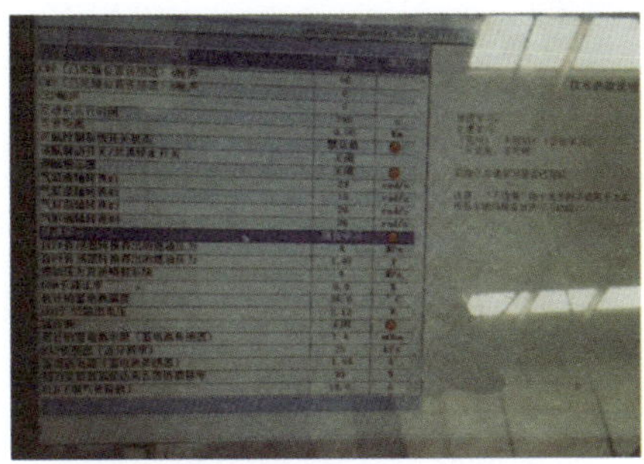
图8-14　进行发动机怠速学习

2）拆卸节气门体盖罩螺栓，如图 8-15 所示。

3）检查节气门体的电子控制部件是否有烧蚀或卡滞的情况，如果有，应进行修复（图 8-16），如果不能修复则更换新的节气门体。

图8-15　拆卸节气门体盖罩螺栓

图8-16　修复气门体的电子控制部件

4）检查节气门盖罩内阀板的节气门位置传感器及直流伺服电动机的两个电源端子是否存在接触不良的情况，如图 8-17 所示。

图8-17　检查节气门体盖罩电子控制部件

5）如果能修复则按照相反的顺序安装好，然后安装到发动机上，同时要对节气门体进行匹配。

288. 如何排除发动机怠速过高故障

（1）故障现象

正常起动发动机，使其温度达到正常值后，它的怠速超过正常值。

（2）故障诊断与排除

1）借助故障检测仪进行检查，然后根据故障提示进行检修。

2）检查节气门体是否正常，如出现卡滞、关闭不严的故障，应修复或更换节气门体。

3）检查冷却液温度传感器是否有故障，如有出现失效的故障，应将其更换。

4）检查加速踏板位置传感器是否有故障，如有出现失效的故障，应将其更换。

5）检查曲轴箱强制通风系统是否正常，如有故障，应进行检修。

6）重新匹配节气门体，如果故障现象消除，说明是由于没有正确匹配节气门体造成的。

289. 如何排除发动机怠速不稳定故障

（1）故障现象

发动机正常起动后，使其温度恢复正常，发动机怠速不稳定，出现一会高，一会低的情况。

（2）故障诊断与排除

1）检查进气系统是否漏气，如果存在泄漏，更换进气软管或进气歧管垫。

2）检查节气门体是否损坏，如果出现损坏，修理或更换节气门体。

3）检查空气质量流量传感器和相关线束是否有故障，如果有故障，更换空气质量流量传感器或排除相关线束故障。

4）检查点火线圈或火花塞是否正常，如果不正常，更换损坏的点火线圈或火花塞。

5）检查燃油压力是否过低，如果燃油压力过低，检查或更换燃油泵、燃油压力调节器或燃油滤清器等。

6）测试各缸喷油器喷油是否不均，如果存在异常，清洗喷油器，必要时更换喷油器。

7）检查曲轴箱强制通风系统是否正常，如有故障，应进行检修。

8）检查燃油蒸发排放（EVAP）控制系统是否正常，如有故障，应进行检修。

290. 如何排除发动机怠速抖动故障

（1）故障现象

发动机正常起动后，使其处于怠速状态，发动机出现严重抖动。

（2）故障诊断与排除

1）检查空气滤清器是否堵塞，如果出现堵塞，清洁干净空气滤清器，必要时更换。

2）检查真空软管是否泄漏，如果出现泄漏，更换真空软管。

3）检查发动机是否过热，如果存在异常，清洗冷却系统水道或更换发动机冷却液温度传感器。

4）检查加速踏板位置传感器信号是否存在不稳定，如果存在异常，更换加速踏板位置传感器或修理线路。

5）检查曲轴位置传感器信号是否存在不稳定，如果存在异常，更换曲轴位置传感器或曲轴传动带齿轮。

6）检查节气门体是否损坏，如果出现损坏，修理或更换节气门体。

7）检查火花塞的间隙是否正常，如果不正常，调整或更换火花塞。

8）检查燃油压力是否过低，如果燃油压力过低，检查或更换燃油泵、燃油压力调节器或燃油滤清器等。

9）检查排气系统是否堵塞、三元催化转化器是否失效等，修理或更换损坏的零件。

10）检查发动机压缩比是否过低，如果存在异常，拆检发动机进行修理。

第九章 进排气控制系统的故障诊断与检修

一、进气控制系统的故障诊断与检修

291. 自然吸气式发动机进气系统结构与工作过程是怎样的？

自然吸气式发动机进气系统（也称为空气供给系统）由进气共振腔、空气滤清器、空气质量流量传感器 / 进气温度传感器、进气歧管绝对压力传感器、节气门体（包括怠速控制系统）、进气歧管等组成，如图 9-1 所示。它的工作过程如下：

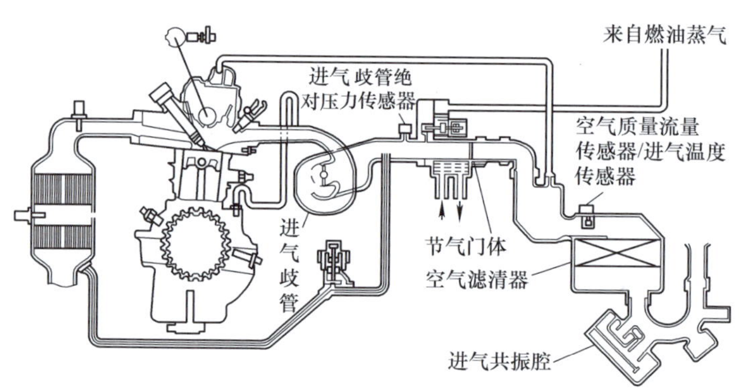

图9-1 自然吸气式发动机进气系统结构

在气缸进气行程真空吸力的作用下，适量的空气经空气滤清器滤清后，经节气门和（或）怠速通道到进气歧管，与喷油器喷出的汽油混合后从进气门进入气缸。在汽车运行时，空气的流量由节气门开度控制。当发动机处于怠速工况时，由怠速控制系统进行控制。

292. 进气歧管调节控制系统是怎样的

进气歧管调节控制系统主要是用来调节发动机功率，它通过打开和关闭进气歧管调节（IMT）阀作动器来实现控制，如图 9-2 所示。

工作中当进气歧管调节阀关闭时，发动机低速运转时转矩较高；当进气歧管调节阀打开时，发动机高速运转时的转矩较高。进气歧管调节阀作动器包括一个测试进气歧管调节阀位置，并将该信号发送至 ECM/PCM 的传感器。

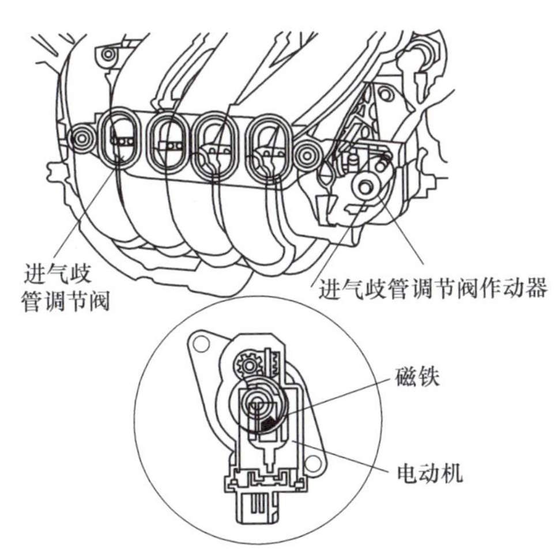

图9-2　进气歧管调节控制系统结构与原理

293. 如何清洁进气歧管的积炭

清洁进气歧管的积炭见表 9-1。

表9-1　清洁进气歧管的积炭

步　骤	操作内容	图　示
（1）拆下进气歧管	拆下进气歧管相关附件，然后取下进气歧管	
（2）清洁进气歧管	使用化油器清洗剂将进气歧管的积炭清洁干净，然后用压缩风枪吹干净，最后将清洁后的进气歧管按照相反的顺序安装到发动机	

294. 如何清洁空气滤清器

清洁空气滤清器方法见表 9-2。

表9-2 清洁空气滤清器方法

步骤	技术规范	图示
（1）清洁空气滤清器	要求： 打开发动机舱盖，取下空气滤清器，将尘土磕出来，然后按照进气的反方向用风枪将空气滤清器内的大部分尘土颗粒清除干净 提示： 必须从空气滤清器的反面吹尘土，如果沿进气方向吹将会越吹越堵塞	
（2）安装空气滤清器	要求： 将清洁后的空气滤清器按照相反的顺序安装到空气滤清器壳体内 提示： 安装空气滤清器之前，用压缩风枪将空气滤清器壳体吹干净	

295. 什么是涡轮增压系统

涡轮增压系统是依靠涡轮增压器来加大发动机进气量的一种系统，涡轮增压器（图 9-3）实际上就是一个压缩机。它是利用发动机排出的废气作为动力来推动涡轮室内的涡轮（位于排气道内），涡轮又带动同轴的叶轮转动（位于进气道内），叶轮就压缩由空气滤清器管道送来的新鲜空气，再送入气缸。当发动机转速加快，废气排出速度与涡轮转速也同步加快，空气压缩程度就得以加大，发动机的进气量就相应地得到增加，就可以增加发动机的输出功率。

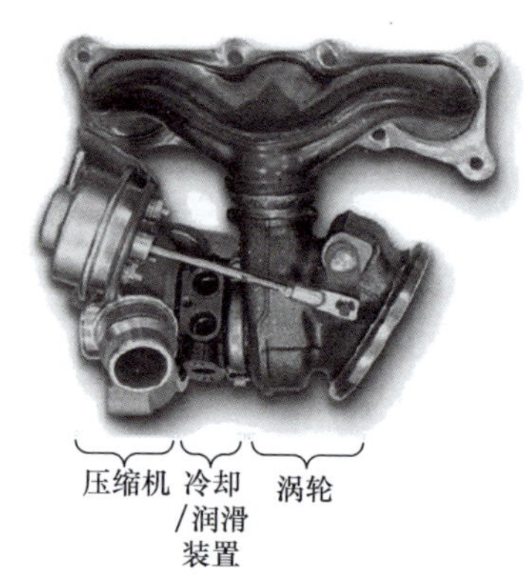

图9-3 涡轮增压器结构

例如，在宝马N54发动机上，涡轮和压缩机的最高转速可达200 000r/min，废气入口温度最高可达1050℃。由于温度很高，因此N54发动机的废气涡轮增压器不仅与发动机机油系统相连，而且还集成在发动机的冷却液循环回路内。当N54发动机装有电动冷却液泵时，还可以在关闭发动机后排出废气涡轮增压器内的余热，防止轴承壳体内的机油过热，从而防止轴颈处机油焦化。

296. 什么是双涡轮增压系统

双涡轮增压系统就是采用两个相互独立的涡轮增压器的增压系统。以宝马N54发动机为例，气缸1、2和3（气缸列1）驱动涡轮增压器5，气缸4、5和6（气缸列2）驱动另一个涡轮增压器2，如图9-4所示。小型涡轮增压器的优点在于，在涡轮增压器加速过程中由于涡轮转动惯量较小因此动能较小，因而压缩机可以更快达到较高增压压力，从而轻松实现瞬间加速性能。

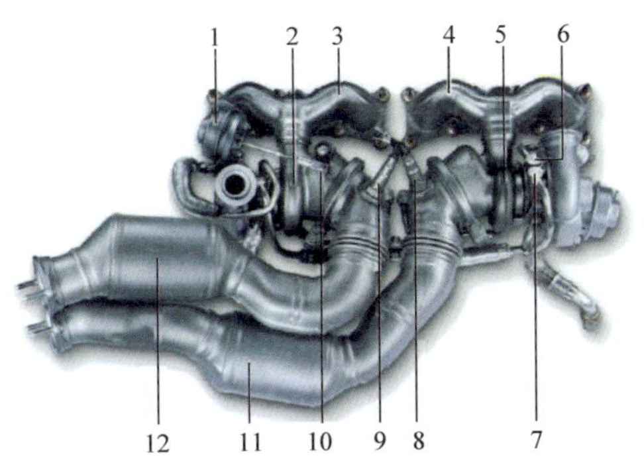

图9-4　双涡轮增压系统结构

1—气缸列2废气旁通执行机构　2—气缸列2涡轮增压器　3—气缸列2排气歧管　4—气缸列1排气歧管　5—气缸列1涡轮增压器　6—冷却液回流管路　7—冷却液供给管路　8—气缸列1平板式宽带氧传感器　9—气缸列2平板式宽带氧传感器　10—废气旁通操控杆　11—气缸列1三元催化转化器　12—气缸列2三元催化转化器

297. 涡轮增压式发动机进气系统结构与工作过程是怎样的

以宝马N54发动机为例，涡轮增压式发动机进气系统结构如图9-5

所示。它主要由空气管路、涡轮增压器、进气管路、空气滤清器、增压空气冷却器和各种传感器等组成。

涡轮增压式发动机进气工作过程如图9-6所示。新鲜空气经过空气滤清器10和增压空气进气管路6、18由涡轮增压器23、24的压缩机吸入并压缩。由于涡轮增压器的运行温度很高，因此将其与冷却液循环回路和发动机机油循环回路连接在一起。增压空气在涡轮增压器内压缩时产生很高的温度，因此需要通过一个增压空气冷却器16对其再次冷却。经过压缩和冷却的增压空气从增压空气冷却器处通过节气门12进入进气管。为了确保新鲜空气进气量始终与相应的发动机运行条件相符，该系统装有一些传感器和执行机构，它们由发动机控制单元MSD80进行控制。

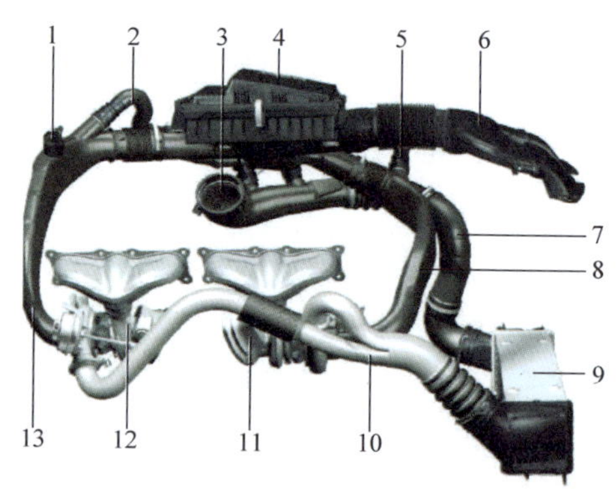

图9-5　涡轮增压式发动机进气系统结构

1—增压运行模式下泄漏气体的PTC加热装置　2—气缸列2循环空气管路
3—节气门连接接口　4—空气滤清器　5—气缸列1循环空气管路　6—进气管
7—增压空气压力管路　8—气缸列1增压空气进气管路　9—增压空气冷却器
10—增压空气集气管路　11—气缸列1涡轮增压器　12—气缸列2涡轮增压器
13—气缸列2增压空气进气管路

注　意

涡轮增压式发动机进气系统利用排出废气的能量事先压缩吸入的新鲜空气，从而使更多的空气进入燃烧室内。只有在系统无泄漏的情况下该系统才能正常工作。

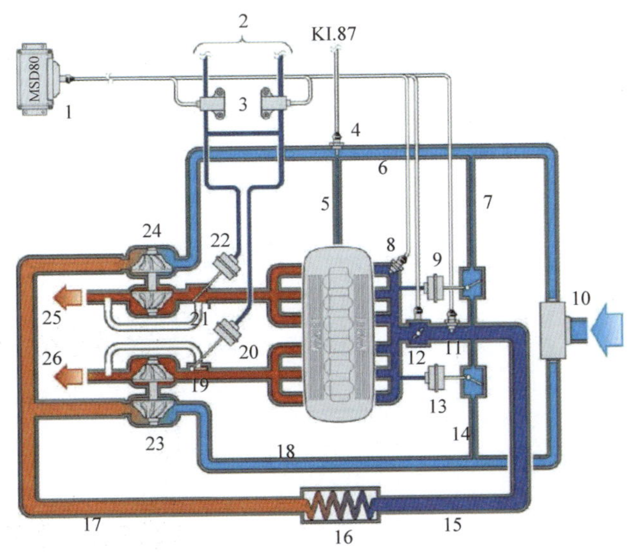

图9-6　涡轮增压式发动机进气工作过程

1—发动机控制单元 MSD80　2—至真空泵的管路　3—电子气动压力转换器（EPDW）　4—泄漏气体 PTC 加热装置　5—增压运行模式的泄漏气体管路　6—气缸列 2 增压空气进气管路　7—气缸列 2 循环空气管路　8—进气管压力传感器　9—气缸列 2 循环空气减压阀　10—空气滤清器　11—增压空气压力和温度传感器　12—节气门　13—气缸列 1 循环空气减压阀　14—气缸列 1 循环空气管路　15—增压空气压力管路　16—增压空气冷却器　17—增压空气集气管路　18—气缸列 1 增压空气进气管路　19—气缸列 1 废气旁通阀　20—气缸列 1 废气旁通执行机构　21—气缸列 2 废气旁通阀　22—气缸列 2 废气旁通执行机构　23—气缸列 1 涡轮增压器　24—气缸列 2 涡轮增压器　25—至气缸列 2 的三元催化转化器　26—至气缸列 1 的三元催化转化器

298. 增压空气冷却系统是怎样的

增压空气冷却系统主要利用增压空气冷却器进行冷却空气，如图 9-7 所示。增压空气冷却系统能够提高功率和降低耗油量。由于涡轮增压器内压缩空气使增压的空气受热，经过增压空气冷却器内最多可降低 80℃。这样

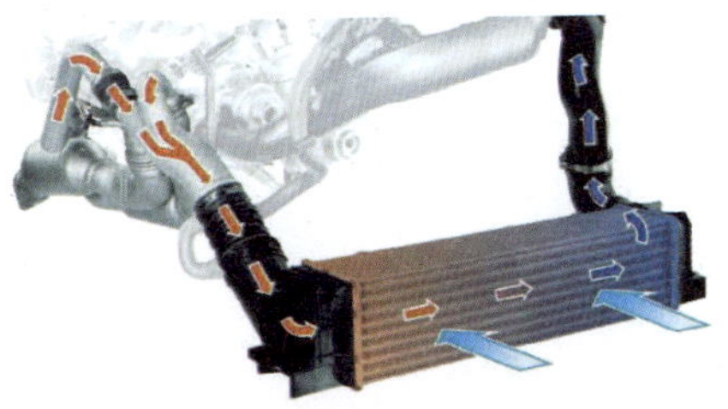

图9-7　增压空气冷却系统

可提高增压空气的密度，从而达到更好的燃烧室充气效果。由此可降低所需要的增压压力，此外还能降低爆燃危险并提高发动机效率。

299. 如何诊断涡轮增压器系统故障

诊断涡轮增压器系统故障见表9-3。

表9-3 诊断涡轮增压器系统故障

步骤	操作内容	图示
（1）查询故障码	连接故障检测仪查询故障码，要对读出的永久性和偶发性故障码进行记录，然后清除故障码。起动发动机，待冷却液温度达到80℃以上，驾驶车辆进行路试，然后再次查询故障码，进一步确定故障的元件或部位	
（2）排除故障	更换或修复损坏的增压控制电磁阀或其他涡轮增压器系统的电控元件	

300. 如何维护和检查涡轮增压系统

1）发动机机油必须保持清洁，因为涡轮增压器的转轴与轴套之间配合间隙很小，如果机油润滑能力下降，就会造成涡轮增压器的过早报废。

2）空气滤清器需要按时清洁或更换，防止杂质进入进气系统加速涡轮增压器的磨损。注意：在空气滤清器或空气滤清器壳体已被拆下时，不要起动发动机，防止灰尘等杂质进入高速旋转的涡轮增压器叶轮，造成转速不稳或轴套和密封件加剧磨损。

3）涡轮增压器要经常检查有没有异响或者不寻常的振动，机油油管和接头有没有渗漏。

4）检查涡轮增压器壳体是否有裂纹或损坏，涡轮增压器外表面是否有明显的热变色（图 9-8）。

5）检查发动机进、排气管及其管道和固定件是否有松动和损坏。

6）检查涡轮增压器紧固螺母、螺栓、压板和垫片是否有漏装或松动现象。

图9-8　涡轮增压器外表面热变色

301. 涡轮增压器常见故障及原因是什么

1）发动机功率下降，主要原因是涡轮增压器漏油（图 9-9）、涡轮增压器进气道堵塞或脏污、发动机进气或排气管泄漏等。

2）涡轮增压器异常噪声和振动，主要原因是叶轮进入异物或损坏、转子组件平衡件破坏。

3）增压压力下降，涡轮转子转动不灵活，主要原因是涡轮增压器内部漏油引起积炭、过热引起叶轮或转子变形（图 9-10）、异物进入将转子卡死、装配不正确、涡轮轴轴颈弯曲等。

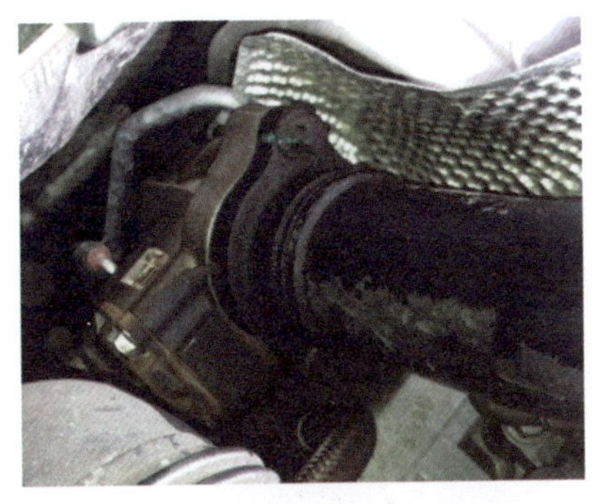

图9-9　涡轮增压器漏油

图9-10　叶轮变形

302. 如何更换涡轮增压器

更换涡轮增压器方法见表 9-4。

表9-4 更换涡轮增压器方法

步骤	技术规范	图示
（1）拆卸涡轮增压器	要求： ①拆卸增压空气管路以及增压空气进气管 ②拆卸机油管及冷却液管 ③拆卸排气系统的排气管联接螺栓，然后取下涡轮增压器 提示： 拆下涡轮增压器后要查看增压空气进气管与排气管内是否有杂物，如有杂物必须清洁干净	
（2）安装涡轮增压器	要求： 按照与拆卸相反的顺序安装好新的涡轮增压器 提示： 安装前要确保涡轮增压器进油及回油管路的清洁通畅，不能扭曲阻塞。安装后确保涡轮增压系统气体无泄漏	

二、排气控制系统的故障诊断与检修

303. 排气电控系统是怎样的

以本田轿车为例，排气电控系统主要由发动机控制单元（ECM/PCM）、空燃比传感器、副氧传感器、三元催化转化器以及各种传感器等组成，如图9-11所示。

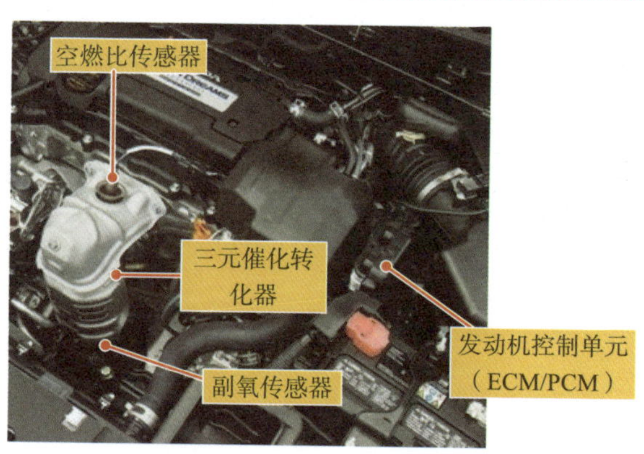

图9-11 排气电控系统结构

304. 排气电控系统是如何工作的

ECM/PCM 接收来自空燃比传感器、副氧传感器以及各种传感器的信号并进行比较，并利用二者的偏差进行反馈控制（图 9-12），然后修正发动机的喷油量。

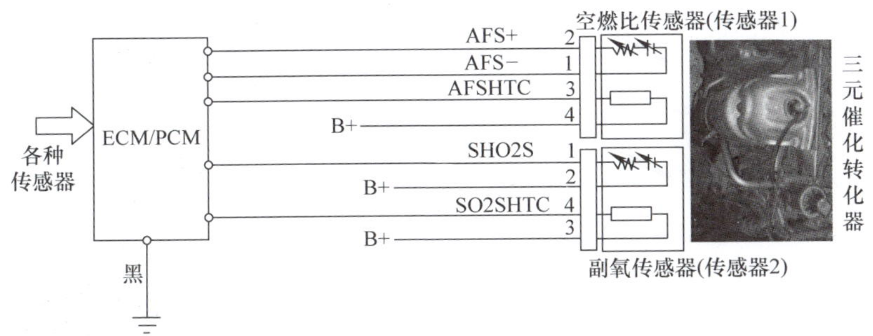

图9-12　排气电控系统工作原理

305. 如何诊断排气系统是否堵塞

诊断排气系统是否堵塞一般采用排气背压测量法。所谓排气背压，就是指排气的阻力压力。如果排气背压过高，则说明测量点的后端排气管路存在堵塞。通常，发动机在怠速时，排气背压不大于 8kPa；在 2500r/min 时，排气背压一般不大于 13.8kPa。具体的操作方法如下：

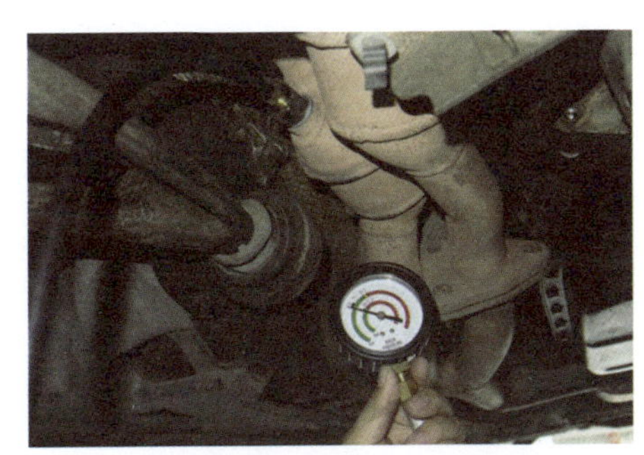

图9-13　排气背压测量

1）首先拆下空燃比传感器，然后在该传感器的安装座孔处接上排气背压表，如图 9-13 所示。

2）起动发动机，并使发动机达到正常工作温度，观察怠速和 2500r/min 两种工况下的排气背压值，如果超过了标准值，说明排气系统存在堵塞。

306. 如何清洗三元催化转化器

清洗三元催化转化器方法见表 9-5。

表9-5 清洗三元催化转化器方法

步骤	操作内容	图示
（1）拆下三元催化转化器	首先从排气系统上拆下三元催化转化器	
（2）吹干净三元催化转化器	使用压缩风枪吹干净三元催化转化器	
（3）堵住三元催化转化器接口	设法堵住三元催化转化器接口	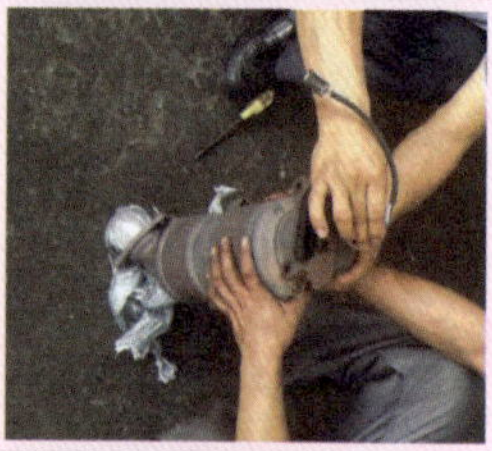
（4）浸泡三元催化转化器	① 将三元催化转化器摆放好，然后向三元催化转化器接口倒入专用的三元催化转化器清洗剂或草酸，让其大约浸泡 30min ② 将三元催化转化器清洗剂或草酸倒出，再次进行浸泡，直到三元催化转化器内的积炭、铁锈及污垢完全干净为止	
（5）自来水冲洗并吹干	使用炭自来水冲洗三元催化转化器内部并用压缩空气吹干，然后安装到发动机即可	

307. 如何清洗氧传感器

清洗氧传感器的方法见表 9-6。

表9-6　清洗氧传感器的方法

步　骤	操作内容	图　示
（1）拆下氧传感器	从三元催化转化器上拆下前氧传感器（也称空燃比传感器）及后氧传感器两个	
（2）浸泡氧传感器	将两个氧传感器分别放入盛有草酸的容器内让其大约浸泡 30min，然后重新更换草酸，让其污垢完全干净为止	
（3）吹干氧传感器	用压缩空气吹干氧传感器，然后安装到三元催化转化器上，必要时重新清除故障码	

308. 如何更换三元催化转化器

更换三元催化转化器方法见表 9-7。

表9-7　更换三元催化转化器方法

步　骤	技术规范	图　示
（1）拆卸自锁螺母	要求： 拆下三元催化转化器与排气管的联接螺栓与自锁螺母 提示： 安全地举升起车辆，并用举升支架进行支撑	

（续）

步　骤	技术规范	图　示
（2）拆卸 A/F 传感器	要求： 拆下 A/F 传感器 提示： 小心地降低车辆然后进行拆卸，同时小心不要烫到手	
（3）拆下三元催化转化器	要求： 拆下三元催化转化器与排气歧管的自锁螺母，然后拆下三元催化转化器 提示： 拆卸之前首先拆开后氧传感器插接器及废气再循环连接管螺栓	
（4）装配三元催化转化器附件	要求： 从旧三元催化转化器上拆下附件（废气再循环管、后氧传感器及三元催化转化器罩） 提示： 按照与拆卸相反的顺序将三元催化转化器附件安装到新件上	
（5）安装三元催化转化器	要求： 按照与拆卸相反的顺序安装三元催化转化器部件 提示： 安装时使用新垫片与新的自锁螺母	

309. 如何排除发动机冒白烟故障

（1）故障现象

当发动机工作时，发动机出现冒白烟（图 9-14）的现象。

图9-14　发动机冒白烟

（2）故障诊断与排除

1）用手掌靠近排气管口，如果排气中的水雾会在手掌上结出一层水膜，或在排气管口有少许水滴滴出，说明发动机工作正常，无须修理。

2）发动机在运转中排气管有大量的水雾和水滴排出，同时还伴有发动机运转不稳、发动机冷却液消耗过大、发动机温度过高等现象，则为发动机气缸盖变形或气缸垫密封不严，使发动机冷却液进入发动机气缸，在燃烧后从排气管排出。此时应拆卸气缸盖，检查气缸盖下平面有无变形，如有变形，应进行修整或更换气缸盖，同时应更换新的气缸垫。

310. 如何排除发动机冒蓝烟故障

（1）故障现象

发动机运转期间，排气管冒出大量蓝烟（图 9-15）。

图9-15　排气管冒蓝烟

（2）故障诊断与排除

1）首先检查发动机机油是否消耗过大，如果消耗过大说明发动机存在烧机油的现象。应分解发动机进行检查。

2）检查缸套、活塞、活塞环是否磨损过大或活塞环对口等，根据情况进行修复。

3）检查气门导管油封是否老化或损坏等，根据情况进行修复。

311. 如何排除排气管烧红故障

（1）故障现象

当发动机在工作时，排气管出现烧红的现象，如图 9-16 所示。

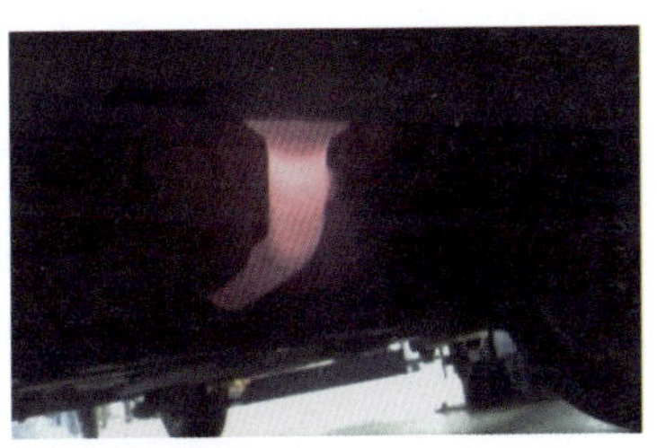

图9-16　排气管烧红

（2）故障诊断与排除

1）点火系统有故障，气缸内没有燃烧的混合气排入排气管后，在高温下再次燃烧导致排气管高温烧红。应更换点火线圈或火花塞。

2）排气门关闭不严，造成在压缩时可燃混合气进入排气管，修复气缸盖或更换气门组件。

3）三元催化转化器损坏或排气管有阻，导致流通不畅，从而排出的高温无法得以迅速散发所致。应检修排气系统。

第十章 充电系统的故障诊断与检修

一、充电系统的基础

312. 发电机基本结构是怎样的

发电机基本结构由转子、定子、整流器和调节器总成、前后端盖、带轮等组成，如图 10-1 所示。

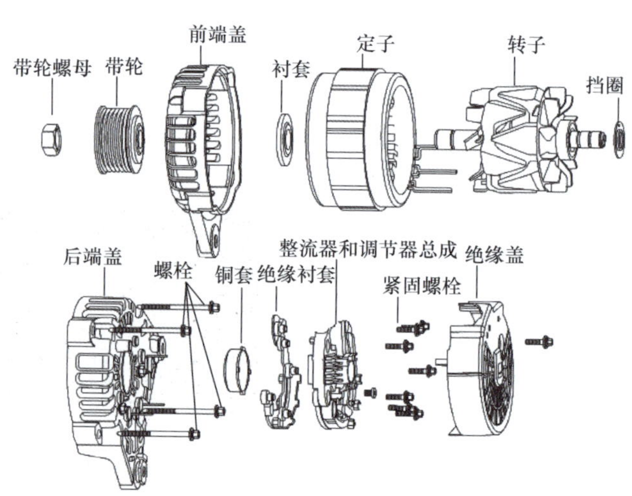

图10-1　发电机基本结构

313. 发电机转子结构是怎样的

发电机转子由铁心、励磁绕组（又称磁场绕组）、爪极和集电环组成，它的作用是产生磁场。爪极有两块，每块上有六个鸟嘴形磁极安装在转子轴上。爪极间的空腔内装有转子铁心和励磁绕组，励磁绕组绕在铁心上，铁心压装在两块之间的转子轴上，如图 10-2 所示。

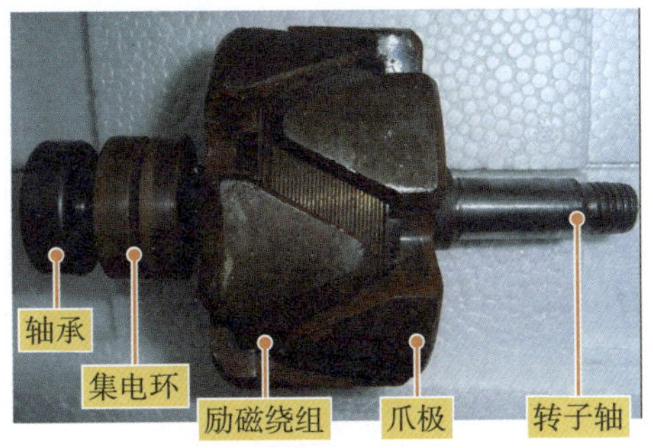

图10-2　发电机转子结构

集电环由互相绝缘的两个铜环组成，压装在转子轴的一端并与转子轴绝缘。励磁绕组的两端分别从内侧爪极上的两个小孔中引出，其中一端焊接在集电环的内侧铜环上，另一端则穿过内侧铜环上的小孔并焊接在外侧铜环上，两个铜环分别与发电机的两个电刷接触。当两个电刷与直流电源接通时，励磁绕组中便有电流通过，并产生轴向磁通，使一块爪极磁化为 N 极，另一块爪极磁化为 S 极，从而形成六对相互交错的磁极。

314. 发电机定子结构是怎样的

定子由定子铁心和定子绕组组成，如图 10-3 所示，它的作用是产生感应电动势。

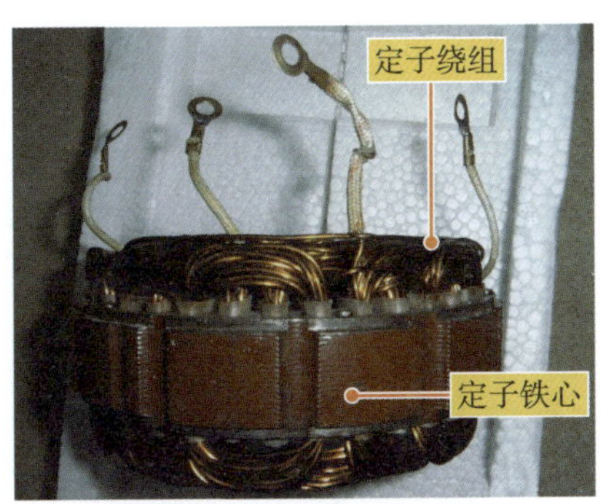

图10-3　发电机定子结构

定子铁心一般由相互绝缘且内圆带槽的环状硅钢片叠成，定子绕组为三相对称绕组，安装在定子铁心的槽内。三相绕组的连接方法采用星形联结，绕组引线端子共有四个，三相绕组各引一个，中性点引出一个。

315. 整流器和调节器总成结构是怎样的

整流器和调节器总成的作用是将发电机定子绕组产生的三相交流电变换为稳压直流电。如图 10-4 所示，整流器一般由六只硅整流二极管

及其散热板所组成。整流二极管的工作电流大、反向电压高。

交流发电机整流二极管有正极管和负极管之分，引出线为二极管正极的称为正极管，引出线为二极管负极的称为负极管。调节器主要调节发电机内部磁场电流大小，转速低时调节的电流就大，转速高时调节的电流就小，从而使发电机可以输出稳压电。

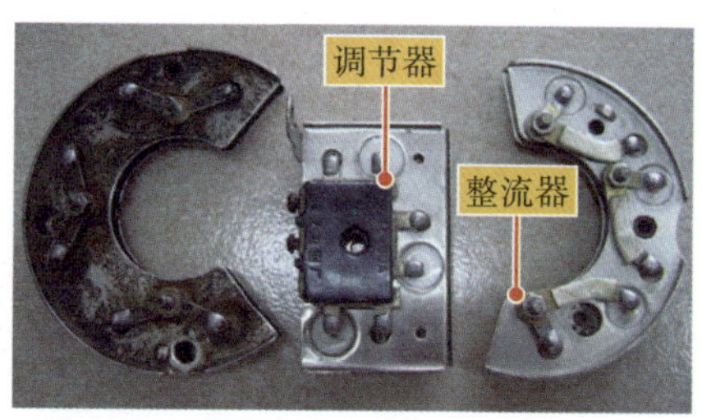

图10-4　整流器和调节器总成结构

316. 电刷总成结构是怎样的

电刷总成由两只电刷、电刷弹簧和电刷架组成，如图 10-5 所示。两只电刷装在电刷架的孔内，借电刷弹簧的压力与集电环保持接触，用于给发电机转子绕组提供磁场电流。电刷架由酚醛玻璃纤维塑料模压成或用玻璃纤维增强尼龙制成，安装在发电机的后端盖上。目前发电机的电刷架可直接从发电机的外部拆装便于更换。

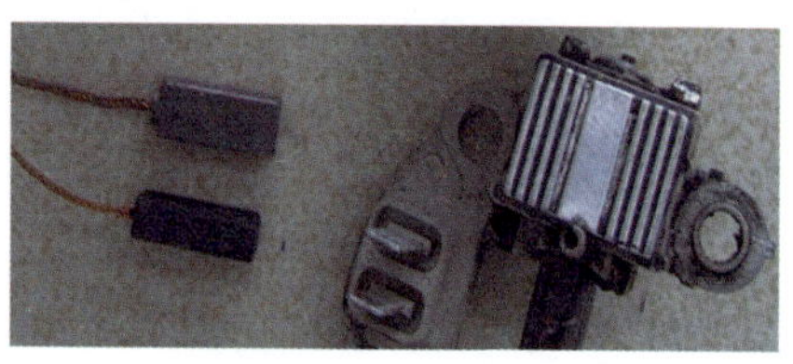

图10-5　电刷总成结构

317. 发电机发电原理是怎样的

1）发动机带动发电机内部转子旋转，产生旋转磁场。

2）磁场外发电机壳体（铁心）上固定有三组线圈（三相定子绕组），三相绕组彼此相隔 120°，如图 10-6 所示。

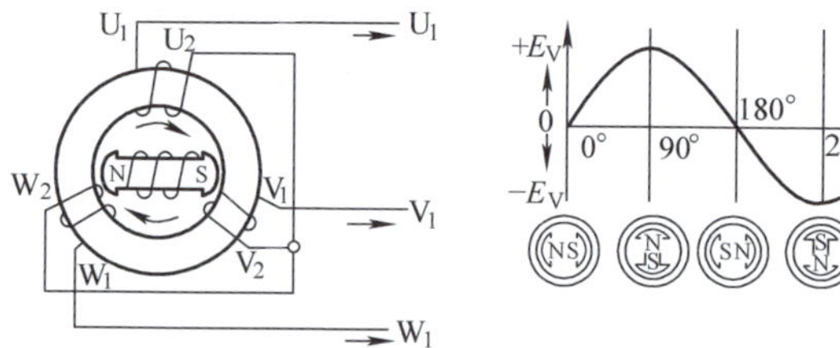

图10-6　发电原理示意图

3）当转子旋转时，旋转的磁场使固定的电枢绕组中通过的磁通量发生变化，而在定子电枢绕组中产生三相感应电动势，是近似于正弦波形的交流电。

318. 发电机整流原理是怎样的

将交流电变成直流电的过程叫作整流。在汽车交流发电机中，就是利用整流器将发电机发出的三相交流电整流为直流电。发电机整流原理如图 10-7 所示。具体内容如下：

1）在 t=0 时，U_{U1}=0，U_{V1} 为负值，U_{W1} 为正值，则二极管 VD_3、VD_5 获得正向电压而导通。电流从 W_1 相出发，经 VD_3、用电设备、VD_5 回到 V_1 相构成回路。由于二极管内阻很小，所以此时 W_1、V_1 之间的电压都加在负载上。

2）在 t_1~t_2 时间内，U_1 相电压最高，V_1 相电压最低，所以 VD_1、VD_5 处于正向电压下而导通，U_1、V_1 之间的电压加在负载上。

3）在 t_2~t_3 时间内，U_1 相电压最高，W_1 相电压最低，所以 VD_1、VD_6 处于正向电压下而导通，U_1、W_1 之间的电压加在负载上。

4）在 t_3~t_4 时间内，VD_2、VD_6 导通，V_1、W_1 之间的电压加在负载上。

5）这样反复循环，六只二极管轮流导通，在负载端便得到一个较平稳的直流电压。此外，有些汽车发电机为了提高发电功率、提高电压调节精度等功能，采用的整流方式有 8 管电路、9 管电路和 11 管电路等几种进行整流。

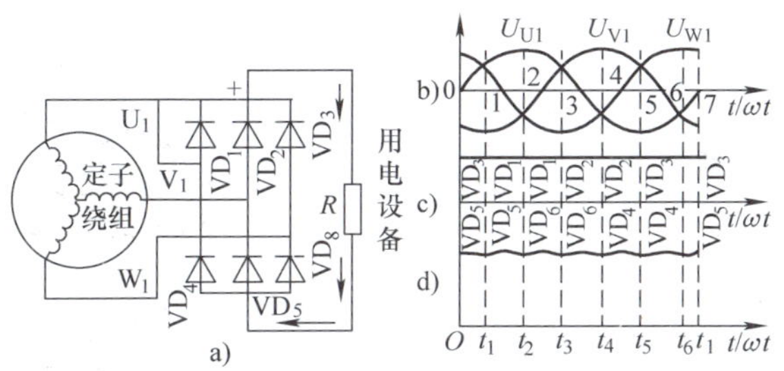

图10-7　发电机整流原理

a）整流电路　b）正弦波形的交流电
c）瞬间导通二极管　d）平稳的直流电压

二、充电系统的拆装与检修

319. 如何拆装发电机

以大众轿车为例，拆装发电机见表10-1。

表10-1　拆装发电机

步　　骤	技术规范	图　　示
（1）拆卸蓄电池负极电缆	要求： 拆卸蓄电池负极电缆 提示： 拆下蓄电池负极电缆，音响、时钟和防盗装置的信息同时被消除，因而拆下蓄电池连接线前要仔细查看并记录保存有用信息	
（2）张紧器定位	要求： 用扳手开口端卡住发电机传动带张紧器上的调整凸块，用力向发电机侧扳动扳手使张紧器顺时针转动一定角度，当张紧器上的定位孔与其支架上的挡块对齐时，将定位销插入定位孔中，张紧器被固定在此位置 提示： 定位销插入孔中后，一定要确认是否牢靠，否则将会弹回伤人	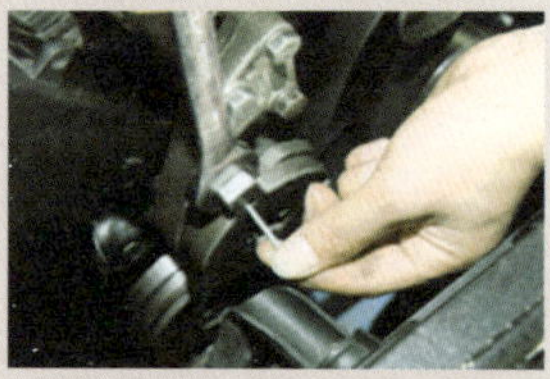
（3）拆卸传动带	要求： 将传动带从发电机带轮、转向助力泵带轮、曲轴带轮上取下来 提示： 拆卸传动带之前必须记住传动带的绕法	
（4）拆卸发电机固定螺栓	要求： 用内六角扳手拧松发电机支架上的两颗固定螺栓 提示： 拆卸发电机固定螺栓由于空间小，操作时必须小心	

（续）

步　骤	技术规范	图　示
（5）拆下发电机接线	要求： 从支架上取出发电机并用扳手拧松发电机后端盖上 B+ 及其他接线柱上固定螺母，将导线脱离接线柱 提示： 记住发电机接线的位置	
（6）取下发电机	要求： 将发电机上的连接线摆放好，然后小心地取下发电机 提示： 在摆放发电机过程中，应轻拿轻放	
（7）安装发电机接线	要求： 将发电机上的连接线按照规定的位置安装好 提示： 安装 B+ 接线柱时要确保接触面清洁无锈、无腐蚀物。否则，电阻增大，发电机输出电压下降	
（8）调整发电机位置	要求： 将发电机下支撑臂插入固定在发动机的支架上，调整发电机位置，使发电机支撑臂的螺栓孔与支架的螺栓孔对齐 提示： 发电机下支撑臂与支架之间配合间隙较小，应放正后左右摆动才能将发电机安装到位	
（9）安装发电机固定螺栓	要求： 安装发电机两颗固定螺栓，并拧紧螺栓 提示： 拧紧螺栓时要按照规定力矩拧紧	

（续）

步　　骤	技术规范	图　　示
（10）安装传动带	要求： 将传动带安装到曲轴和发电机带轮、导向轮和张紧轮上 提示： 保持双手干净，安装后要确认传动带绕法正确	
（11）放松张紧轮	要求： 用扳手卡住传动带张紧轮上的凸块，微量转动，使定位销松动，取下定位销并缓缓放松张紧轮 提示： 定位销取出后有很大的弹力，所以动作一定要缓慢，用力要持续均匀	
（12）检查传动带的松紧度	要求： ①用手按压传动带，传动带下凹10mm左右 ②安装蓄电池的负极电缆，然后检查发电机的工作状态，确保发电机工作正常 提示： 如果传动带的松紧度不合适，则必须进行调整或更换张紧轮	

320. 在发电机拆解前如何检测

发电机的形状各异，但它的结构与原理基本一致，发电机拆解前的检测见表10-2。

表10-2　发电机拆解前的检测

步　　骤	操作内容	图　　示
（1）检查发电机外壳	检查发电机外壳，若无裂纹、破损，则发电机外壳正常	

（续）

步　骤	操作内容	图　示
（2）检查发电机轴承	旋转发电机带轮检查，当转动灵活、无卡滞时表明发电机轴承正常。如果发现轴承卡滞应拆解进行更换	
（3）发电机不分解的测试	用万用表的电阻档位，黑表笔接发电机电枢B接线柱，红表笔接发电机外壳。若阻值在40~50Ω以上，说明整流器二极管无故障；若阻值在10Ω左右，说明整流器二极管有失效应拆检发电机；若阻值为0，说明有不同极性的二极管击穿	

321. 如何拆解和安装发电机

拆解和安装发电机的过程见表10-3。

表10-3　拆解和安装发电机

步　骤	操作内容	图　示
（1）拆卸绝缘套管	拧下B+端子上的固定螺母并取下绝缘套管	
（2）拆卸后端盖罩	拆卸后端盖罩的紧固螺栓，然后取下后端盖罩	
（3）拆卸电刷架和电压调节器	拧下电刷架和电压调节器的固定螺钉，取下电刷架和电压调节器	

（续）

步　骤	操作内容	图　示
（4）拆卸整流器	将与整流器相连接的三相绕组引线及中性点引线的联接螺钉用十字头螺钉旋具拧下，取下整流器	
（5）拆开发电机	从前端盖里取出转子即可将发电机拆开	
（6）安装发电机	按照与拆解相反的顺序装复发电机。装复后确保转动发电机带轮、转子转动平顺，无摩擦及碰击声	

322. 如何检修发电机转子

检修发电机转子见表10-4。

表10-4　检修发电机转子

方　法	操作内容	图　示
（1）打磨集电环	集电环表面应平整光滑，无明显烧损的情况，如果集电环表面粗糙，应使用精细砂纸打磨集电环	
（2）集电环的检测	使用万用表测量集电环之间的电阻，集电环之间的电阻应为3.5~6Ω。如果低于此值为集电环短路，若为∞则为集电环断路，均应更换转子	

（续）

方　　法	操作内容	图　　示
（3）转子绕组绝缘的检测	测量任意集电环与铁心（或转子轴）之间的电阻，应为∞。如果结果不符合要求，更换发电机转子	

323. 如何检修发电机定子

检修发电机定子见表 10-5。

表10-5　检修发电机定子

方　　法	操作内容	图　　示
（1）检查定子绕组短路与断路	使用万用表电阻档，将一只表笔接在中性接线端，另一只表笔分别依次接在其他三个接线端，测得的阻值小于 1Ω 且相等。若三个阻值不相等，较小阻值的两接线端线圈有短路现象；若阻值为∞则为断路	
（2）检查定子绕组绝缘性	用万用表测量四个接线端中任意一个接线端与外壳之间的电阻值应为∞，否则说明有搭铁故障，应更换定子线圈总成	

324. 如何检修发电机整流器

检修发电机整流器见表 10-6。

表10-6　检修发电机整流器

方　　法	操作内容	图　　示
（1）整流正极管正向检测	将万用表调到电阻档位，黑表笔接整流器端子 B，红表笔分别接整流器各接线柱，均应导通。如果结果不符合要求，则整流正极管可能损坏	
（2）整流正极管反向检测	调换两表笔进行测试，此时均应不导通。如果结果不符合要求，说明整流正极管损坏，需要更换	

（续）

方　　法	操作内容	图　　示
（3）整流负极管正向检测	将万用表调到电阻档位，红表笔接整流器的端子 E，黑表笔分别接整流器各接线柱，均应导通；如果结果不符合要求，则整流负极管可能损坏	
（4）整流负极管反向检测	调换两表笔进行测试，此时均应不导通。如果结果不符合要求，说明整流负极管损坏，需要更换	

325. 如何检修发电机电刷

检修发电机电刷见表 10-7。

表10-7　检修发电机电刷

方　　法	操作内容	图　　示
（1）电刷的外观检查	检查电刷表面应没有油污，且应在电刷架中活动自如。电刷架应无烧损、破裂或变形。如有异常，必须更换电刷或电刷架	
（2）电刷的磨损检查	用直尺或游标卡尺测量电刷的长度（如丰田标准长度为 10.5mm），不得少于原长的 1/2。如电刷不符合规定，应更换电刷架总成	
（3）检查电刷的导通性	将万用表调到电阻档位，测量两个电刷与外壳连接端应导通。如电刷不符合规定，应更换电刷架总成	

326. 如何识别发电机的接线柱

（1）直接识别发电机的接线柱

发电机的线束上一般有四个接线端，即“+”（电枢）、F（磁场）、“－”（搭铁）、N（中性点接头），一般可从线端的颜色和粗细加以识别。

（2）用万用表测量识别发电机接线柱

把万用表拨到电阻档，用两表笔分别测量各接线柱与机壳之间的电阻，然后再将两表笔交换位置进行测量。若两次测量中电阻均为零，则为“–”接线柱；电阻均为5~6Ω（12V交流发电机）或19.5~21Ω（24V交流发电机），则为F接线柱（指内搭铁发电机）；电阻值一次为40~50Ω，另一次为10kΩ时，则为“+”接线柱；电阻值一次为8~10Ω，另一次为10kΩ，则为N接线柱。

327. 如何检查发电机传动带

用手指按压两个带轮中间的传动带，如图10-8所示，当压力为100N左右，如果传动带的压下量在10mm左右，则认为传动带张紧力恰好合适；如果压下量过大，则认为传动带的张紧力不足；如果传动带几乎不出现压下量，则认为传动带的张紧力过大。

图10-8　发电机传动带的检查

当张紧力不足时，传动带很容易出现打滑。当张紧力过大时，很容易损伤发电机的轴承。为此，应该把传动带或传动带张紧器更换，使传动带的张紧力调整到最佳的状态。

除此之外，还必须注意传动带的磨损情况。如果传动带磨损严重，将会使传动带和发电机带轮的接触面积减小，导致打滑。传动带的橡胶如果严重老化，必须及时更换新传动带。

328. 如何检查充电指示灯

1）当打开点火开关不起动发动机时，查看仪表充电指示灯（图10-9）是否点亮。

① 如不亮，应检查相应电路或充电指示灯熔丝是否熔断，指示灯灯泡是否损坏，如有应更换。

图10-9　检查充电指示灯

② 充电指示灯点亮，说明点火开关至充电指示灯间的电路正常，无短路、断路及指示灯损坏故障。

2）起动发动机，当发动机转速达到 600~800r/min 时充电指示灯应熄灭，否则说明发电机存在故障。

329. 如何用万用表测量发电机的发电量

将万用表置于直流电压档，黑表笔“－”接蓄电池负极，红表笔“＋”接蓄电池正极，此时所测电压为蓄电池电压，如图 10-10 所示。起动发动机并逐渐提高转速达到中速，此时万用表读数应为 13.5~14.5V，说明发电机发电正常。若发电机电压低于 13V，则说明发电机存在故障，应对发电机、调节器进行全面检修。

图10-10　测量发电机的发电量

330. 如何简单检查发电机工作情况

在发动机运转状态下用一字头螺钉旋具检查发电机转子轴有无磁性，如图 10-11 所示，如有磁性说明发电机励磁电路良好，发电机工作正常；如没有磁性应检查发电机励磁电路有无输入电压，如无输入电压，则检查电压调节器及励磁绕组有无损坏等，必要时应拆检发电机。

图10-11　简单检查发电机工作情况

331. 如何通过蓄电池外观判断蓄电池故障

（1）观察蓄电池指示器判断蓄电池的状态

当指示器呈现出绿色时，表明蓄电池正常；当指示器呈现出黑色时，表明蓄电池需要补充充电；当指示器呈现无色透明或浅黄色时，表明蓄电池内部有故障，应更换蓄电池，如图

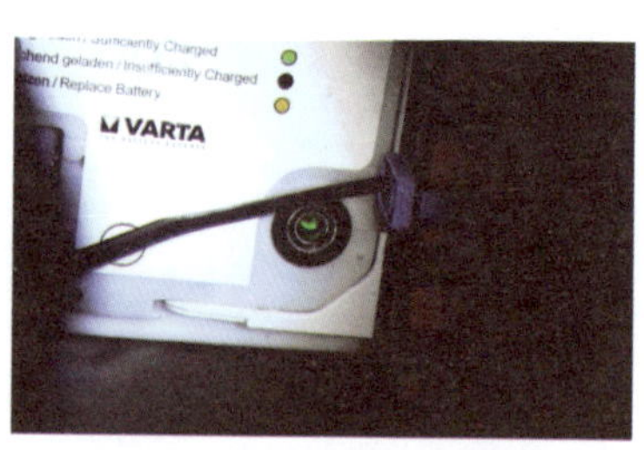

图10-12　检查蓄电池

10-12 所示。

（2）检查蓄电池接线柱的状态

检查蓄电池接线柱是否连接可靠，是否出现桩头氧化物，如有异常应及时紧固或将氧化物清除。

332. 如何测试蓄电池电压

1）在发动机正常温度下，将蓄电池测试仪两表笔分别接在蓄电池的正负极上，如图 10-13 所示。

2）观察蓄电池测试仪的电压读数，对于 12V 蓄电池，如果电压接近 12V，表明蓄电池正常。否则应对蓄电池进行充电或更换。

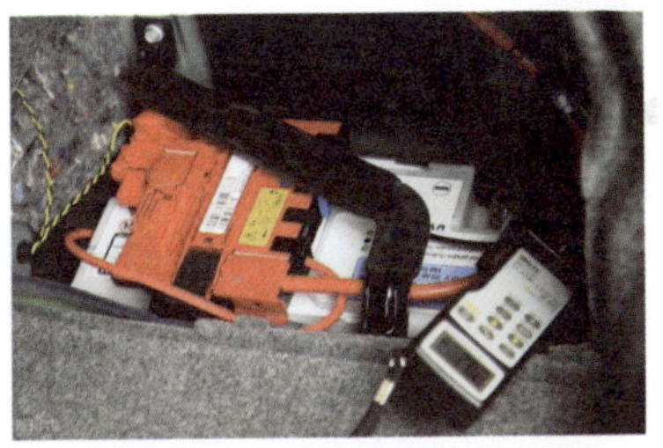

图10-13　测试蓄电池电压

333. 如何测试蓄电池休眠电流

1）在测量前必须先校准电流感应夹钳。电流感应夹钳在校准后才允许连接到导线上。

2）为了保证良好的结果并避免测量过程中可能出现故障，在休眠电流测量前将车辆停放在一个能够不受干扰地进行休眠电流测量的位置。蓄电池必须已充满电且不允许连接蓄电池充电器。如有必要，必须事先对蓄电池充电。打开后行李箱盖，并在后行李箱盖处于打开状态时设法将行李箱盖锁锁住（模拟关闭的行李箱盖）。

3）蓄电池测试仪电流感应夹钳必须连接在蓄电池负极导线上。电流感应夹钳上的箭头必须指向蓄电池，如图 10-14 所示。

4）在带智能型蓄电池传感器的车辆上只能确定休眠电流范围：小于 80mA；在 80~200mA 范围内；在 200mA~1A 范围内；大于 1A。当所有用电器停止工作时只有休眠电流小于

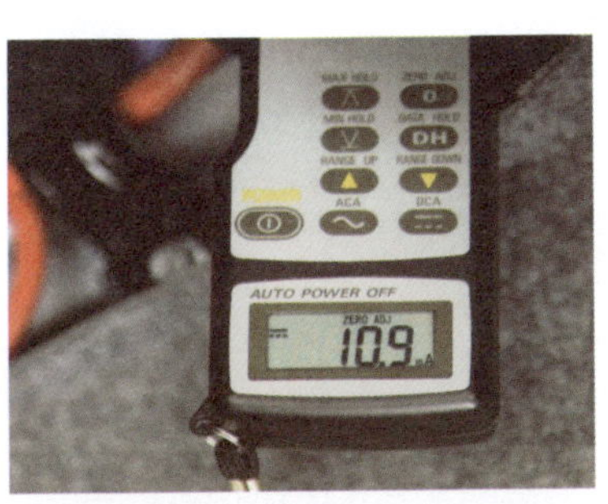

图10-14　测试蓄电池休眠电流

80mA 才为正常，否则说明蓄电池严重漏电应进行检修。

334. 如何判断蓄电池工作状态

1）首先用放电叉检查蓄电池电压，然后静放几个小时后再重新检查，如果电压有显著降低时，便可确定蓄电池为自放电故障，俗称“跑电”。

2）用放电叉检查时，开始电压达到某一数值，瞬即迅速下降，严重时能下降至零，说明蓄电池极板之间内部有短路，需要更换蓄电池；如果电压达到某一规定的范围，即可判断蓄电池的工作状态，如图 10-15 所示。

图10-15　判断蓄电池工作状态

335. 蓄电池如何进行初充电

蓄电池初充电一般用于干荷蓄电池，操作方法如下：

1）充电前检查外壳和封胶是否有裂缝，将通气孔的密封物清除。

2）分清蓄电池接线端子的极性。

3）加注适当密度的电解液，静置 4~6h，待电解液渗入极板和隔板，温度降到 30℃以下。

4）开始充电，充电正常分为以下两个阶段：

第一阶段充电，选用额定容量 1/20~1/15 的电流进行持续充电（图 10-16），直至电解液中出现较多气泡，单格电压达到 2.4V 左右为止。

第二阶段充电，即将电流减少一半，持续充电直至电解液出现“沸腾”，析出大量气泡，并且电解液密度和电压在 2h 内不再升高为止。

图10-16　蓄电池初充电方法

336. 蓄电池如何进行补充充电

蓄电池补充充电适用于干荷蓄电池、免维护蓄电池等，操作方法如下：

1）充电前，按照充电设备的额定电压和额定电流将要充电的蓄电池连接起来，如图 10-17 所示。串联在一路的蓄电池的总电压不能大于充电设备的额定电压。

2）定电流充电的充电电流是根据蓄电池的容量来选择的。定电流充电分为两个阶段进行。阶段一的充电电流是蓄电池额定容量的 1/10，阶段二的充电电流是蓄电池额定容量的 1/20。

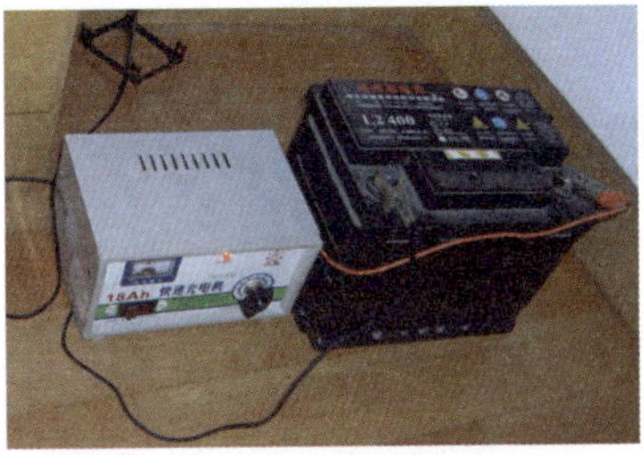

图10-17　蓄电池补充充电

3）蓄电池充完电后，检查电压是否在 12.4 V 以上，且在充电后至少 1h 内保持不变。如果不在规定范围内，应更换蓄电池。

337. 如何更换蓄电池

1）首先拆掉蓄电池的负极，然后拆正极。但有些高档车换蓄电池的时候不可以让车身电器断电，因为断电后需要用专业汽车检测仪解码匹配，可以在换蓄电池前用一个备用蓄电池与车上的蓄电池（两极）并联起来，如图 10-18 所示。此外还要防止在电源线碰到搭铁部分时产生强大火花损坏发动机计算机。

图10-18　备用蓄电池与车上的蓄电池（两极）并联

2）安装时应分清正负极性，并且连接要牢固，搭铁要可靠。换完蓄电池后应在两极端涂抹凡士林，以防氧化生锈影响导电性，并便于以后拆卸。

3）高档轿车还要检查仪表显示灯是否有异常，如宝马轿车还必须用检测仪进行记录更换蓄电池操作，如图 10-19 所示。

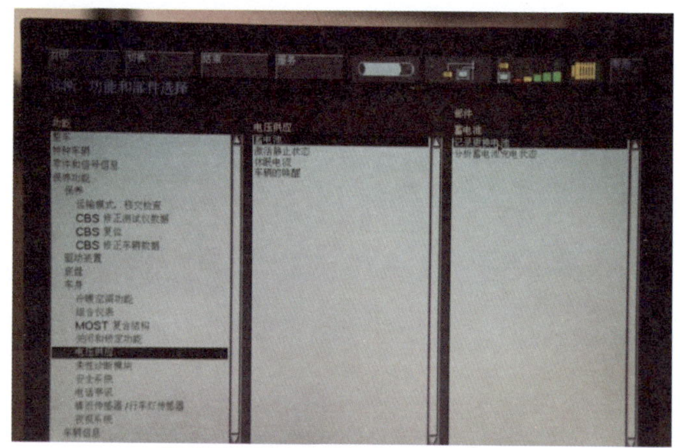

图10-19　记录更换蓄电池操作

三、充电系统的常见故障与检修

338. 如何解决蓄电池休眠电流过大故障

1）要经常保持蓄电池的外部清洁，经常用清洁的布或用纯碱浸湿的布擦蓄电池的外壳。如果蓄电池的外壳上沾上了硫酸、污物，可能会造成短路。

2）要经常检查蓄电池的接线柱和接线端，如图 10-20 所示，如发现有脏物，可用热水冲洗。但冲洗前，要注意拧紧加液孔盖，塞好通气孔，以免脏水流入蓄电池内部。

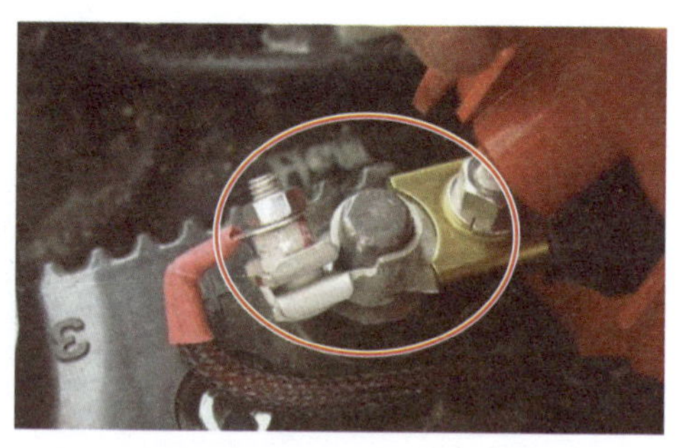

图10-20　检查蓄电池的接线柱和接线头

3）蓄电池加液孔盖上的通气孔应经常疏通。如果通气孔被污物堵塞，蓄电池工作时产生的气体可能使蓄电池胀裂。

4）检查蓄电池是否通过短路故障的用电设备或其连接导线放电。

339. 如何解决蓄电池充不进电故障

1）若蓄电池已经使用了一年以上而出现充不上电故障，应更换新的蓄电池。

2）若蓄电池外壳温度偏高，且长时间行车，可用高率放电计检测蓄电池和各单格的电压值；如果测得某单格蓄电池电压低于1.5V，则说明此单格内部有短路故障，应拆开检修；如电解液非常浑浊，一般为极板上的活性物质已大部分脱落，基本已失去了工作能力，应更换蓄电池。

340. 如何解决蓄电池电解液消耗过快故障

1）先检查蓄电池槽（外壳）有无裂纹。若发现在破裂，必须倒出电解液，将极板组取出，修补或更换蓄电池槽。若是封口胶破裂，可用铁棒烧红后将封口烫合以消除裂缝。

2）检查、调整电压调节器的输出电压。在汽车上，蓄电池过充电的主要原因可能是电压调节器的调节电压太高。

3）若发现某一单格蓄电池的外壳和封口剂很好，则很可能是单格蓄电池中的极板硫化短路。

341. 如何排除发电机异响故障

1）发电机安装不当，紧固螺栓过松等。重新安装发电机或按照规定力矩拧紧螺栓。

2）发电机带轮变形。更换或校正发电机带轮后重新安装。

3）发电机轴承缺少机油或磨损松动。添加机油或更换发电机轴承，如图10-21所示。

图10-21 更换发电机轴承

342. 如何排除发电机充电电流过小故障

1）发电机传动带过松，转子、定子线圈短路或断路，电刷弹簧压力不足，电刷接触不良或磨损严重，接线柱接触不良或松动等。检查并更换损坏的部件。

2）蓄电池内部故障。更换蓄电池。

3）发电机传动带打滑。更换或调整传动带张紧器，如图10-22所示。

图10-22 更换或调整传动带张紧器

343. 如何排除发电机充电电流过大故障

1）发电机励磁电路中的电流没有受到发电机电压调节器的控制。更换发电机电压调节器。

2）发电机电压调节器的弹簧拉力过强或触点烧结打不开。更换发电机电压调节器。

3）发电机定子线圈内部脏污导致线圈短路，如图10-23所示。用棉纱蘸适量清洗剂擦洗转子绕组、定子绕组及其他部件。

图10-23 发电机定子线圈内部脏污

4）蓄电池亏电过多或内部短路。更换蓄电池。

344. 如何排除充电不稳定故障

1）首先排除发电机传动带是否打滑，如果存在异常，更换发电机传动带或传动带张紧器。

2）检查发电机与蓄电池的连接导线是否出现松动或接触不良的异常情况，如果有，重新紧固。

3）检查充电指示灯，如果出现时亮时灭的现象，说明发电机间歇性充电，应排除发电机电刷、集电环、电压调节器等零部件的故障。

第十一章 起动系统的故障诊断与检修

一、起动系统的基础

345. 起动机的结构是怎样的

起动机的结构由直流电动机、单向传动机构和电磁开关三大部分组成，如图 11-1 所示。

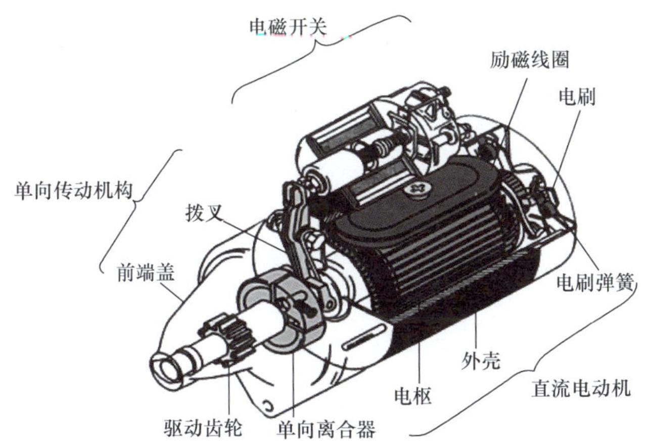

图11-1 起动机的结构

起动机主要部件的作用如下：

1）直流电动机是将蓄电池提供的电能转换为机械能，产生机械转矩。

2）单向传动机构是在发动机起动时，使发动机的驱动齿轮与飞轮啮合，将直流电动机的转矩传递给发动机，而在发动机起动后，产生打滑作用防止电枢“飞散”，并在打滑的状态下使驱动齿轮与飞轮齿圈脱离啮合。

3）电磁开关是接通和切断电动机与蓄电池之间的线路，并使单向传动机构的拨叉产生动作。

346. 起动机的工作原理是怎样的

起动机的工作原理如图 11-2 所示，可分为三个过程，具体如下：

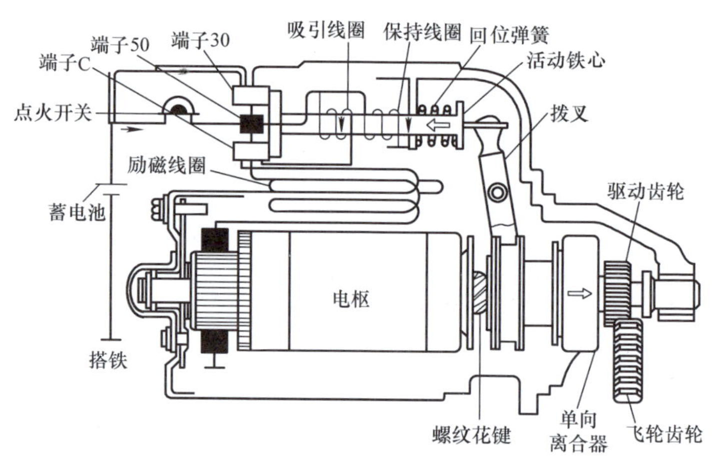

图11-2　起动机的工作原理

1）当点火开关旋至于起动档时，电流方向为：蓄电池→点火开关→端子 50 →保持线圈→搭铁。此时吸引线圈也有电流通过。方向为：蓄电池→点火开关→端子 50 →吸引线圈→端子 C →励磁线圈→电枢→搭铁。此时，吸引线圈和励磁线圈中的电流较小，电动机低速旋转。同时，吸引线圈和保持线圈中的磁场吸引活动铁心左移，使与活动铁心相连的拨叉拨动驱动齿轮和飞轮齿轮啮合。

2）当驱动齿轮与飞轮齿轮啮合后，与铁心连在一起的接触片将端子 30 和端子 C 接通，通过电动机的电流增大，电动机高速运转。此时由于吸引线圈两端电压相等，所以无电流通过。保持线圈产生的电磁力使活动铁心保持原位。此时电流方向为：蓄电池→点火开关→端子 50 →保持线圈→搭铁，蓄电池→端子 30 →端子 C →励磁线圈→电枢→

搭铁。

3）当点火开关回到ON档时，切断了端子50上的电压，此时保持线圈和吸引线圈中的电流方向相反，因此电磁力消失。活动铁心复位，驱动齿轮与飞轮齿轮脱离，同时端子30和端子C间的电路中断，电动机停止转动，起动过程结束。

347. 如何进行起动机试验检测

起动机试验检测见表11-1。

表11-1 起动机试验检测

步 骤	技术规范	图 示
（1）起动机的内部电动机试验	要求： 用跨接线将蓄电池正极与端子C相连，负极与起动机壳体相连，此时起动机应高速旋转 提示： 如果起动机的驱动齿轮未伸出，则说明起动机的内部电动机故障，应维修或更换起动机	
（2）起动机的电磁开关试验	要求： 用跨接线将蓄电池正极与端子50相连，负极分别与起动机壳体和端子C相连，观察驱动齿轮是否伸出 提示： 如果没有伸出，则电磁开关存在故障，应更换电磁开关	

二、起动系统的拆装与检修

348. 如何拆装起动机

以大众轿车为例，起动机的拆装见表11-2。

表11-2　起动机的拆装

步　骤	技术规范	图　示
（1）拔下端子50接线柱插头	要求： 拆卸蓄电池负极电缆，然后当起动机冷却状态下拔下起动机端子50接线柱上的导线插头 提示： 当举升车辆时，确保安全的情况下方可在车辆底下作业	
（2）拆卸端子30接线柱导线	要求： 拆下起动机上的端子30接线柱上的导线紧固螺母，然后拆开导线 提示： 在蓄电池导线没有拆掉连接时，触摸到起动机接线柱30会产生火花将导致损坏电气元件	
（3）拆卸起动机	要求： 拆卸起动机的三个固定螺栓，然后取下起动机 提示： 螺栓位置比较隐蔽且空间狭小，小心操作	
（4）安装起动机	要求： ①将起动机与变速器上的螺栓孔对齐后，用手将螺栓旋入孔中，并按规定力矩拧紧螺栓 ②按规定的位置连接好端子30、50的接线柱，同时确保接头上下接触面清洁，必要时用纱布处理 提示： 安装蓄电池负极电缆，确保起动机能正常起动即可	

349. 如何拆解起动机

拆解起动机见表11-3。

表11-3　拆解起动机

步　骤	技术规范	图　示
（1）分解起动机	要求： ① 首先从电磁开关处断开引线，然后将电磁开关固定在驱动机构外壳上的两个螺母拆开，将电磁开关取下 ② 拧出后轴承盖的两个螺钉，将轴承盖取下 ③ 用一字螺钉旋具将锁止板撬开，取出弹簧和胶圈，接着拧出两个贯穿螺栓，将换向器端框架拆下 ④ 用钢丝钩将四个电刷取出，同时拆下电刷架 ⑤ 将励磁线圈架和电枢等一并取下 ⑥ 用一字螺钉旋具轻轻敲入前端止动圈套，撬出弹簧卡环，然后拆出单向离合器 提示： 分解起动机时必须要仔细观察后再进行拆解，不要用蛮力拆卸	
（2）装复起动机	要求： 清洁干净起动机内部，并按分解的相反顺序装复起动机各零件 提示： 安装时在轴承及小齿轮部位应添加润滑脂润滑	

350. 如何检测起动机电枢轴

检测起动机电枢轴见表 11-4。

表11-4　检测起动机电枢轴

步　骤	技术规范	图　示
（1）检查电枢轴绝缘性	要求： 使用万用表检查换向器与电枢线圈芯之间电阻，阻值应为无穷大 提示： 若阻值为零或有阻值，说明电枢线圈短路，则应更换电枢	

（续）

步　骤	技术规范	图　示
（2）检查电枢线圈	要求： 万用表置于电阻档，用两表笔分别依次与相邻换向器接触，其电阻读数应一致 提示： 若读数不一致，说明电枢线圈断路或短路，则更换电枢轴	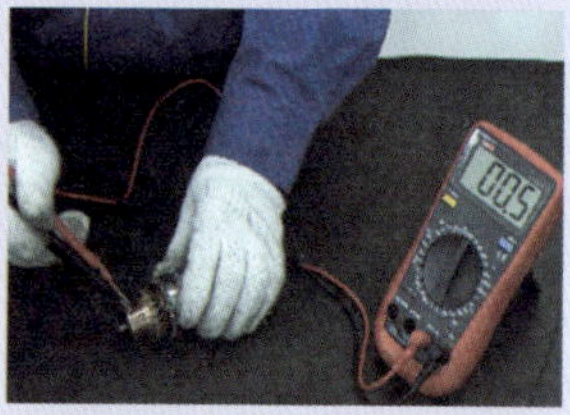
（3）检查换向器表面	要求： 检查换向器表面有无烧蚀和失圆。轻微烧蚀用00号砂纸打磨，严重时应车削，换向器与电枢轴的同轴度应不超过0.03mm，否则需在车床上修整。换向器凹槽深度应不小于0.2mm，否则用钢锯条将云母凹槽切至适当的深度 提示： 换向器凹槽不能太浅或太窄，否则应更换电枢轴	

351. 如何检测起动机定子绕组

检测起动机定子绕组见表11-5。

表11-5　检测起动机定子绕组

步　骤	技术规范	图　示
（1）检查定子绕组绝缘性	要求： 万用表置于电阻档，用两表笔分别接定子绕组的接线柱和外壳进行检测 提示： 若检测的阻值为∞，则正常；若阻值为零，说明定子绕组有短路故障，应更换定子绕组	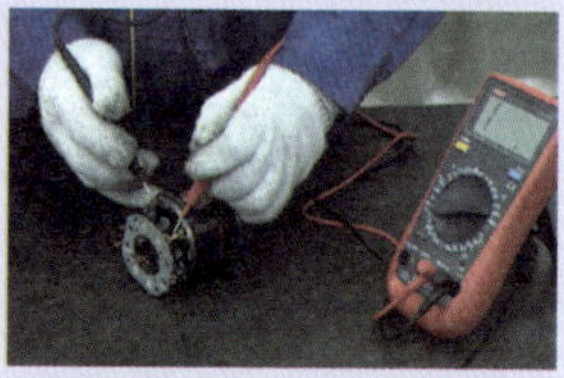
（2）检查定子绕组	要求： 将万用表置于电阻档位，测接线柱与正电刷的导通情况 提示： 如检测结果为不导通，说明定子绕组内为断路，应更换定子绕组	

352. 如何检测起动机电刷

检测起动机电刷见表 11-6。

表11-6　检测起动机电刷

步　　骤	技术规范	图　　示
（1）检查电刷架的绝缘性	要求： 用万用表的电阻档位测两绝缘电刷架与电刷架座盖的阻值 提示： 正常阻值应为无穷大，否则说明电刷架绝缘体损坏，应更换电刷架	
（2）检查电刷架的导通性	要求： 用万用表的电阻档位测两搭铁电刷架与电刷架座盖的阻值 提示： 正常阻值应为零，否则说明电刷架松动或搭铁不良，应更换电刷架	

353. 如何检查起动机单向离合器

逆时针方向转动单向离合器，应自由转动；而顺时针方向转动单向离合器，应锁定。如果与规定不符，说明单向离合器损坏，则应更换单向离合器，如图 11-3 所示。

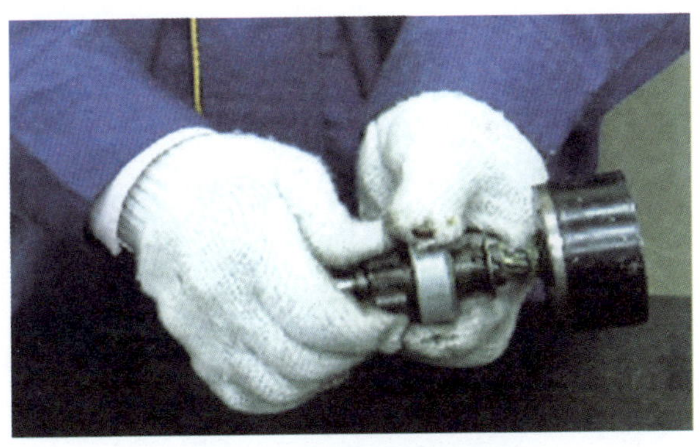

图11-3　检查单向离合器

354. 如何检查起动机的电磁开关

检查起动机的电磁开关见表 11-7。

表11-7　检查起动机的电磁开关

步　　骤	技术规范	图示
（1）检查保持线圈	要求： 用万用表测量电磁开关端子 50 与壳体之间的电阻 提示： 若有电阻，说明保持线圈良好；若电阻为零，则为短路；若电阻无穷大，则为断路	
（2）检查吸拉线圈	要求： 用万用表测量电磁开关端子 50 与端子 C 之间的电阻 提示： 若有电阻，说明吸拉线圈良好；若电阻为零，则为短路；若电阻无穷大，则为断路	
（3）检查电磁开关工作情况	要求： 用手将接触盘铁心压住，让电磁开关上的电源接线柱 B 与起动机接线柱 C 连通，测量两接线柱间的电阻值 提示： 正常的电阻值应为零，否则为电磁开关接触不良，应更换电磁开关	

三、起动系统的常见故障与检修

355. 起动机常见故障有哪些

1）接通起动开关后，起动机高速旋转而发动机曲轴无反应。此类故障可能是起动机驱动齿轮或单向离合器磨损造成。

2）接通起动开关后起动机无法正常工作，驱动齿轮不转。此类故障可能是电源线断路、起动电磁开关烧蚀以及发动机阻力过大等。

3）起动机动力输出不足，无法带动曲轴。励磁线圈短路和蓄电池亏电均可引发起动机动力不足。

4）起动机运转声音刺耳。此类故障可能是单向离合器卡死或起动机安装不当造成的。

5）电磁开关时有“嗒嗒”的声音，但是不工作。保持线圈断路或蓄电池严重亏电导致此类故障。

356. 如何诊断起动系统故障

诊断起动系统故障流程如图 11-4 所示。

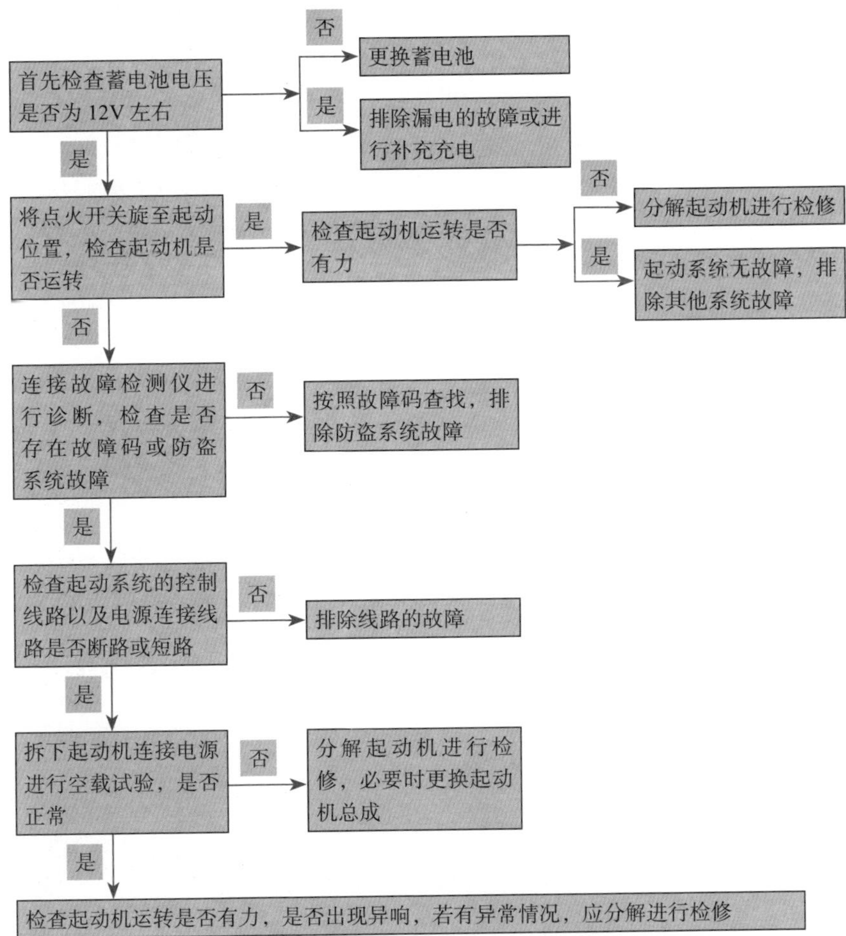

图11-4　诊断起动系统故障流程

357. 如何定期保养起动机

定期保养（一般每年为一个周期）起动机的目的是延长起动机的使用寿命，主要内容包括清洁起动机零部件的脏污和在齿轮上涂抹润滑脂（俗称黄油），具体方法见表 11-8。

表11-8　定期保养起动机方法

步　骤	操作内容	图　示
（1）分解起动机	从汽车上拆下起动机，然后分解起动机，对零部件进行检查，如果发现异常应进行修复	
（2）吹干净各零部件	使用压缩空气将起动机的各零部件吹干净	
（3）涂抹润滑脂	在起动机的轴承及齿轮涂抹润滑脂，增加起动机的润滑效果，有效预防起动机异响	
（4）装配起动机	将清洁干净的各零部件按与安装相反的顺序装配好，然后安装到汽车上	

358. 清洁起动机的零部件有哪些注意事项

1）起动机的电枢轴、定子线圈、电刷、单向离合器总成及电磁开关上的油污，最好用清洁的抹布或压缩机空气吹干净（图 11-5），如果过脏时可用棉纱蘸少量汽油擦拭，但千万要避免电枢轴、定子线圈的部件浸入汽油而损坏绝缘层。此外，单向离合器配件本身内有机油，当它浸入汽油后会洗掉机油而损坏单向离合器。

2）其他起动机零部件可用汽油清洗后擦拭干净，如过脏不易洗掉，可将零部件浸泡一段时间后再清洗干净，如图 11-6 所示。

图11-5　压缩空气清洁零部件

图11-6　汽油清洁零部件

359. 如何用触摸法诊断起动机系统的故障

当起动机无法正常起动时，可以采用以下几种方法诊断起动系统的故障，具体内容如下：

1）连续起动几次起动机，然后用手触摸蓄电池接线柱，若有明显发热现象，说明接线柱接触不良，应重新紧固蓄电池接线柱螺栓。

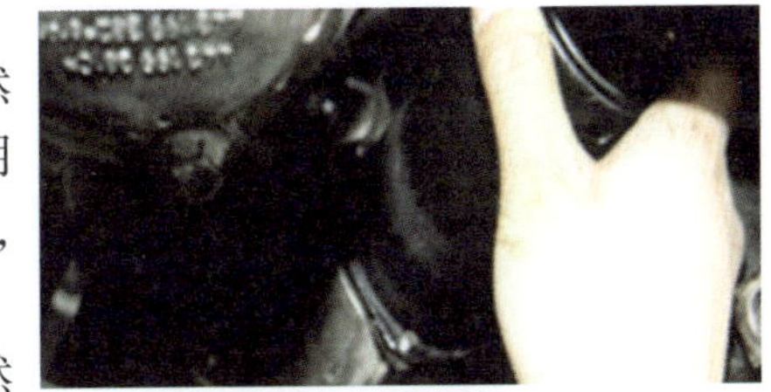

图11-7　用手触摸起动机

2）连续起动几次起动机，然后用手触摸起动机（图 11-7），若起动机有明显发热，说明起动机内部短路，应拆解起动机进行修复。

注　意

触摸时要避免起动机烫到手。

3）如果起动机和蓄电池接线柱均无明显的发热现象，则可能的故障为蓄电池电压不足，应更换蓄电池或重新补充充电。

360. 如何检修起动系统电路故障

以本田轿车为例说明起动系统电路检修方法，具体内容如下：

1）起动系统电路如图 11-8 所示。它的电源电流从蓄电池→黑色导线→ B 端子→ M 端子→搭铁。

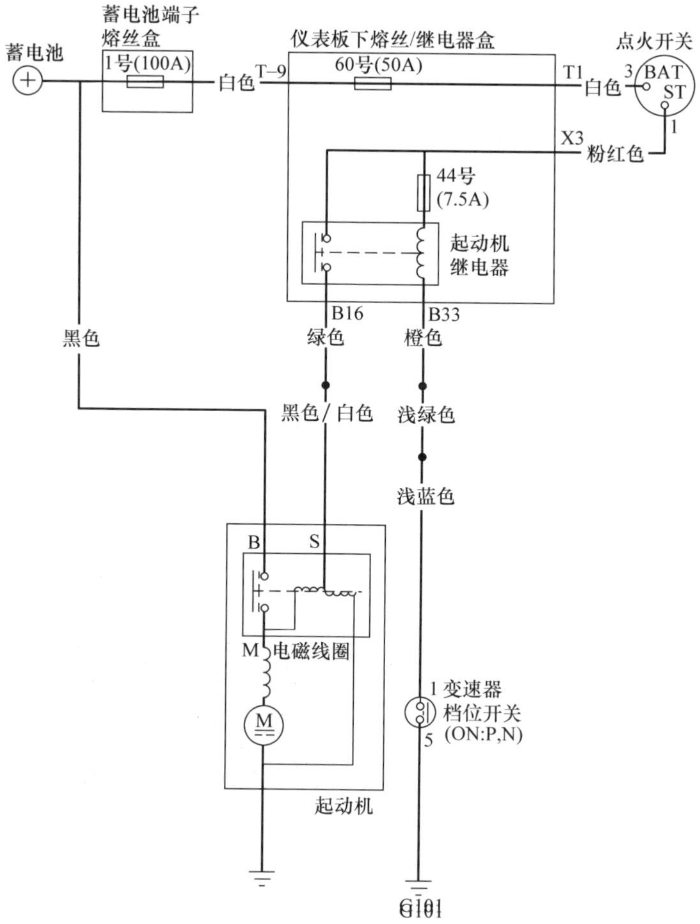

图11-8　起动系统电路

2）首先使用试灯测试 B 端子的电源，当试灯不亮时，说明黑色导线存在断路，应进行检修或更换导线。

3）将变速器换入 P 或 N 位置，并将 S 端子拔下，将点火开关置于“ST”位置，使用试灯测试 S 端子应点亮，否则应检查 B16 端子至 S 端子线路是否断路。

4）当 B16 端子至 S 端子线路正常时，分别用试灯测试仪表板下熔丝 / 继电器盒→点火开关之间的白色导线→点火开关→粉红色导线→ 44 号 7.5A 熔丝→起动继电器→ B33 与变速器档位开关 1 之间的导线→变速器档位开关 5 与 G101 搭铁线是否正常，若出现短路或断路应进行修复。

361. 起动机温度过高或冒烟是什么原因

起动机工作时温度过高并伴有冒烟，是起动机即将烧毁的征兆，主要是由于使用保养不当而引起的。因此，在使用过程中，应严格按照说明书的要求去操作和保养。

起动机温度过高或冒烟多数是由起动机内线圈烧毁而引起的，具体原因如下：

1）连续接通起动机，间歇时间又很短，大电流长时间通过起动机内的线圈而引起温度升高。

图11-9　换向器表面烧损

2）换向器表面烧损（图 11-9）或磨损失圆、积污过多等，使电刷和换向器接触不良，引起工作时换向器冒火花使起动机内的线圈温度升高。

3）定子线圈、电枢线圈局部短路和旋转时电枢与定子磁极摩擦发热。

4）电刷绝缘破损而局部搭铁，也会引起冒烟。

362. 如何排除起动机转动无力故障

1）检查蓄电池和连接导线是否正常，如蓄电池、起动机和搭铁线之间连接是否良好牢固，如果出现异常，应重新更换线束或紧固线束螺母。

2）检查起动机内部是否故障。

① 电刷是否磨损过多或者与换向器接触不良，电刷弹簧力不足（图 11-10）等故障。

② 检查换向器表面是否烧蚀、脏污。

③ 检查起动机轴承是否过紧及转动阻力过大故障。

图11-10　电刷弹簧力不足

363. 如何排除起动机冲击异响故障

1）检查起动机固定螺栓是否有松动，如果有松动，应重新更换螺栓或进行修复。

2）检查起动机啮合的齿轮是否出现裂纹或严重磨损、润滑不良的故障。如果出现润滑不良，应添加润滑脂，如图 11-11 所示。

3）检查起动机电磁开关主电路是否接通过早。

4）检查发动机飞轮是否出现缺齿或严重磨损的故障。

5）检查电磁开关保持线圈是否有断路、短路或接触不良故障。

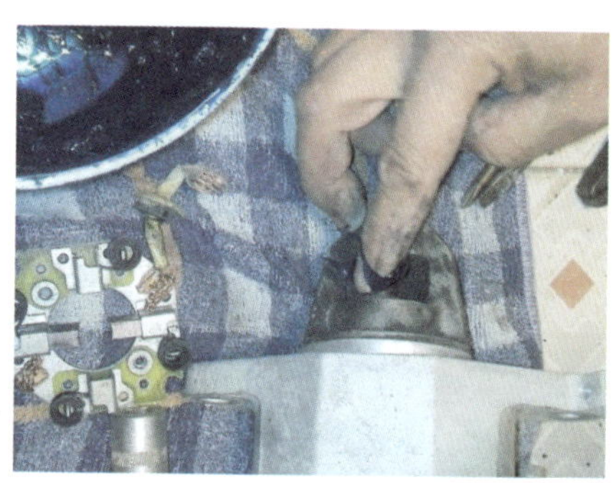

图11-11　添加润滑脂

364. 如何排除起动机转动不止故障

1）检查点火开关是否在起动后能够顺利回位，否则应更换点火开关。

2）检查起动继电器或电磁开关的触点是否被烧结，如果存在故障，应更换起动继电器或电磁开关。

3）检查起动机的单向离合器是否被卡死，如果存在故障，应将其更换。

4）检查起动机驱动齿轮拨叉（图 11-12）是否正常，如果存在故障，应将其更换。

图11-12　检查拨叉

365. 如何排除起动机旋转过慢的故障

1）电磁开关触点接触不良，应修复或更换电磁开关。

2）电枢轴线圈有断路，应更换电枢轴。

3）定子线圈搭铁不良，应修复并拧紧。

4）电刷有破损、变形或电刷磨损超过使用极限，此时应更换电刷。

5）电刷弹簧力减弱，此时应更换电刷弹簧。

6）换向器脏污，此时应清洁干净换向器表面，如图 11-13 所示。

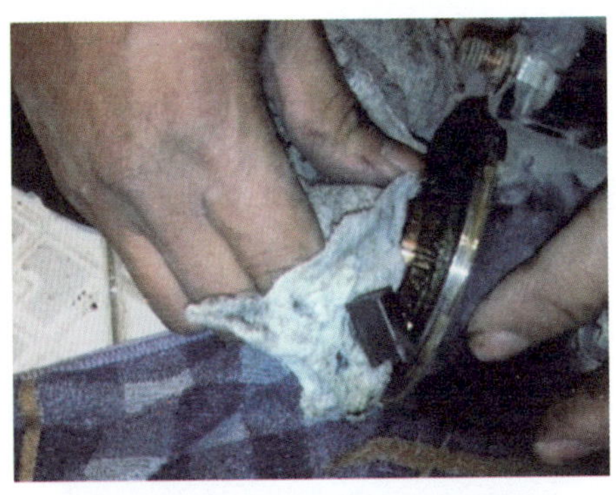

图11-13　清洁干净换向器表面

参考文献

[1] 陈文华. 汽车发动机构造与维修 [M]. 北京：人民交通出版社，2001.

[2] 刘越琪. 发动机电控技术 [M]. 北京：机械工业出版社，2002.

[3] 张凤山. 广州本田雅阁维修宝典 [M]. 武汉：湖北科学技术出版社，2003.

[4] 于秀涛. 汽车快修保养 [M]. 郑州：黄河水利出版社，2011.

[5] 班孝东. 汽车快修窍门点点通 [M]. 北京：国防工业出版社，2011.

[6] 汪立亮. 广州雅阁轿车使用与维修指南 [M]. 福州：福建科学技术出版社，2000.

[7] 皮治国. 本田新雅阁轿车维修一本通 [M]. 南京：江苏科学技术出版社，2010.

[8] 方心明，等. 新编汽车故障诊断与检修问答 [M]. 北京：金盾出版社，2004.